JN219213

地球社会と共生

新しい国際秩序と「地球共生」へのアプローチ

福島安紀子
Akiko Fukushima

明石書店

はじめに

私たちにとって地球は小さくなりすぎた。物質的資源は恐ろしいほどのスピードで枯渇しつつある。私たちはこの惑星に、気候変動という壊滅的な問題を押し付けた。気温の上昇、極地における氷冠の減少、森林破壊、人口過剰、病気、戦争、飢饉、水不足、多くの動物種の絶滅。これらは皆解決可能な問題だが、これまでのところは解決されていない。(1)

これは筆者が大学院での学資を稼ぐために通訳をさせていただいた、科学者スティーブン・ホーキング博士の遺稿『ビッグ・クエスチョン』の一節である。ホーキング博士は、お目にかかった時はすでに言葉も不自由であったのだが、必死に話の内容を理解して通訳をしようとする私を温かい眼差しで見守り色々と教えて下さった。もともと星空をいつまで眺めていても飽きない天文少女だったが、それ以降ホーキング先生の著書はできるだけ目を通してきた。博士はこの遺稿で、私たちはこの「小さくなった地球」と同博士の専門である「宇宙」の両方の課題に取り組んでいかなければならないと力説されている。私たちの足許を見れば、地球が指摘されているように多くの課題を抱え、ますます小さくなっていると実感する。その地球に生きる私たちは地球を小さくしてしまった責任をとり、これらの諸問題の解決に取り組まねばならない。そのためには「共生」の道を真剣に探っていかなければならない。何故なら当面私たちは地球を唯一のホームとして生き続けなければならないのだから。

国際政治学、その中でも国際安全保障を専門とする筆者が「共生」を研究課題の一つとして最初に意識したのは、今から約二〇年余前、旧ユーゴスラビア紛争に揺れた南東欧地域、通称バルカン地域において紛争後の民族の和解を含む平和構築を研究調査していた時であった。紛争中に先鋭化した民族対立は、紛争後のコソボやボスニア・ヘルツェゴビナの地域社会の分断という傷跡を残した。和平合意後も紛争中に敵と味方に分かれて戦った民族が、お互いへの憎悪と恐怖心にさいなまされ、身の安全を守るため、通学や病院への通院には北大西洋条約機構（ＮＡＴＯ）軍や国連ミッションなどの保護を受けなければ自分の生活が営めないという厳しい現実を残していた。自ずからセルビア人やアルバニア人、ボスニア人などの異民族同士の交流はなかった。教育も民族別教育となり、一つの学校校舎の中に壁を設けたり、午前と午後の二部制の授業が組まれていた。当時ボスニア・ヘルツェゴビナで調査に協力をしてくれた現地の青年が、「紛争前は民族の違いを意識していなかったし、違う友人とも普通に遊んでいた。両親が別の民族の出身者という子どもも少なくなかった。しかし、紛争後は親が違う民族の子どもとは遊んではいけないと言う」と悲しそうに語ったことが忘れられない。紛争を経てアイデンティティが変容したことをまざまざと見せつけられた瞬間であった。以来、アフガニスタン、東ティモール、南スーダンなどの紛争影響国において平和構築を研究調査する中で、持続可能な平和の定着のためには、たとえその道のりが不可能と思えるほど険しく遠くとも、紛争当事者間の究極的な和解と共生を目指すことが平和の定着のためには不可欠であることを痛感した。一旦先鋭化したアイデンティティは容易に元には戻らないが、相手のアイデンティティを受け入れて、複数のアイデンティティをも受容する寛容さが醸成されなければ平和の定着には至らないと痛感した。これが実現しない限り、共生は望むべくもなく紛争が再発する悪循環もまた目の当たりにしてきた。ちなみに世界銀行によると一九四五年から二〇〇九年までの間に内戦が勃発した国のうち五七％で内戦が再発している。これは紛争の再発率が極めて高いことを示しており、再発防止をしなければ紛争影響国での平和と安定は望めない[2]。しかも再発の原因は、紛争が終わっても生活が良くならない、一方の民族だけが紛争後の復興支援で贔屓されているという不満などである。そして紛争によりできた社会の断層が対立を誘発している。これは地域社会の紛争後の融和と和解、さらに共生の必要性を示している。

二〇一五年にボスニア・ヘルツェゴビナのサラエボを再訪する機会があった。和平合意後一〇年以上を経て、民族共生への歩みが進んでいるかとの期待を持って訪れたが、見事に期待は裏切られた。サラエボの街は表面的には平穏を取り戻し、銃弾の跡も消え、爆撃された建物もほとんど修復されていた。しかし、依然として民族別教育が続き、民族によって買い物に行くスーパーまで異なるというコミュニティ分断の現実をまざまざと見せつけられた。他方で異民族も近隣や同じコミュニティで生活する以外に選択肢がない場合に「共存」することはできるようになり、少しずつ「共生」への道も見え始めていた。例えば、旧ユーゴスラビアはサッカーの優れた選手を多く輩出しており、国家は複数の国に分裂したが、現在でも各国ともサッカーが盛んである。その一つボスニア・ヘルツェゴビナは紛争後サッカーのナショナル・チームを民族別に結成した。しかしながら、一つの国が複数のナショナル・チームを持つことを国際サッカー連盟（ＦＩＦＡ）が認めず、二〇一一年に一本化するまではワールドカップ出場が認められず資格停止となった。ワールドカップに参加すべく同国内にナショナル・チーム正常化委員会が設けられたが、この委員長についたのが、旧ユーゴスラビアの最後の代表監督を務め、日本のナショナル・チームの監督も務めたイビチャ・オシム氏であった。その努力によりボスニア・ヘルツェゴビナで民族混合の代表チームが結成され、二〇一四年のワールドカップブラジル大会から出場している。これはサッカーワールドカップに参加したいという一念が民族間で共有されて、いわば「共生」が実現された例といえよう。さらに現在もボスニア・ヘルツェゴビナ国内には民族別のサッカークラブが多いが、日本人の元代表選手などが支援する民族混合の子ども向けのサッカーアカデミーもでき、練習が重ねられている。

さらには紛争の脈絡を越えて、共生の必要な局面は広がっている。例えば、急増する激甚災害後の被災地内外の人々の共生も難題であることは、二〇〇四年末のインド洋スマトラ沖地震・津波や二〇〇五年のアメリカにおけるハリケーン・カトリーナ、さらに二〇一一年の東日本大震災後の復興を通じての教訓となった。この場合は同じ被災者の中でも被害の程度の違い、あるいは被災者とその他災害の影響を受けなかった人々の共生が被災地内、そして避難先で課題となり、これを乗り越えるための努力が被災後も続けられてきている。

加えて現在の共生の課題は、紛争地や被災地などに限定されるものではなく、平時でも重要なものになっている。例えば難民、移民、外国人人材の流入などを含む人の移動（migration）の規模が大きくなるにつれて、民族、歴史、言語や信仰などが異なる人々の共生が国内外で大きな社会問題となっている。このような課題は難民問題を超えて幅広い分野に波及し、国内外の政治問題にも発展している。イギリスの欧州連合（EU）離脱を巡る国民投票や、シリア難民を積極的に受け入れたドイツをはじめとする欧州各国において、流入した人々によるとされるテロ事件が頻発したため、移民・難民政策への反発が強まり、選挙では人の流入に反対する極右政党が得票するという情勢となった。そのためドイツ、イタリア、イギリスなど各国政府は難民受け入れ政策の見直しを迫られる状況に追い込まれた。また、人口減少や高齢化、それに伴う労働力不足を抱える日本を含めた国々でも外国人人材は労働力確保や経済活性化のために不可欠となっている。しかし、コミュニティの在留外国人と住民の共生をどのように図るかが大きな課題となっている。

今後、地球から紛争がなくなることはなかなか想定しがたい。また、激甚自然災害の発生は気候変動と共に増加の一途を辿っている。さらにこのような有事の場合のみならず、政治・経済・文化のグローバル化は進展し、人の移動も多様な形態で今後とも増えることが予想される。それだけにますます小さくなる地球では、平時の共生もグローバル化が多面的にスピードアップする中で今後増すことはあっても減じることのない課題である。筆者は紛争地での経験から共生が容易に実現できるとは考えていない。むしろ、響きは綺麗だが、実現はなかなか困難であると考えている。しかしながら、いかに難しかろうとも現実的に可能な共生こそが地球市民の目指すべき究極の理念であろうと確信している。そのことからこの共生の課題を、専門とする国際政治学の視点を中心に様々な角度から考察してきた。特に第二次世界大戦後維持されてきた国際秩序に綻びが目立つようになってきたことに危機感を覚え、近年新たな秩序を追究し、思索をしてきた。新しい国際秩序は複数考えられることから英語では複数形で「new global orders」ないしは「new world orders」の語が用いられることが多いが、本書では「地球社会」との対比の観点から、あえて日本語では「地球秩序」としてみた。これまでの研究を本書としてまとめ、タイトルを「地球社会と共生」と銘打った。

ちなみに日本では、「共生」という言葉には馴染みがある。いつ頃から共生が語られるようになったか、その起源ははっきりしないが、日本では古くは生物学上の共生ないし共棲という概念が用いられてきた。広辞苑によると「きょうせい（共生、共棲）」とは「ともにところを同じくして生活すること、生物学上は異種の生物が行動的・生理的な結びつきを持ち、一緒に生活している状態」と説明されている。

ところが一九八〇年代以降は本書で述べるように生物学の世界を超えて、障害者への社会福祉政策、環境保護政策や出稼ぎや婚姻により増加する在留外国人への支援など、様々な社会的な脈絡で「共生」が語られるようになった。さらに二〇二〇年東京オリンピック／パラリンピックとの関連においても、東京大会のコンセプトとして「平和」「復興」と並んで海外からの選手、観客をも含む「共生」が掲げられている。そして、政府の政策目標としてオリンピック「二〇二〇年東京大会を契機として障害の有無にかかわらず、誰もが生き生きとした人生を享受することのできる共生社会の実現に向けて社会的障壁の除去に取り組みます」と謳われており、この中には「心のバリアフリー」も含まれていることが、内閣官房の東京オリンピック・パラリンピック推進本部事務局の「二〇二〇年東京オリンピック・パラリンピック競技大会に向けて――二〇二〇年とその先へ」と題したパンフレットにも記載されている。

ここでいう社会的な「共生」は、日本語に固有の表現であり、英語などの外国語への翻訳が難しい。いわば日本発のコンセプトである。そもそも外国語、英語であれ、フランス語であれ共生にぴったりする単語が見当たらない。生物学上の共生の英語訳はいうまでもなくギリシャ語を語源とする「symbiosis」である。しかし、社会的な脈絡での共生や共生社会の英語訳は「living together」「harmonious society」「peaceful coexistence」など多様な表現が提案されているが、日本語でいう共生の語感にはなかなかぴったりしない。むしろ「*Kyosei*」という日本語を英語に浸透させた方が良いという意見すらある。

さて、本書で用いている地球共生とは耳慣れない言葉であろう。これは一言でいえば、地球社会の共生を指す筆者の造語である。すなわち、二一世紀にはグローバル化と呼ばれる地球社会の現象が当初の経済分野のみならず、政治、安全保障、さらには文化にまで及んでいる。しかも情報通信技術（ICT）の革新的な発展により、グローバル化のペースは未曽有のハイペースで進み、影響は正負両面ある。それだけにグローバル化への反発や不満も渦巻く。主要国の中には国内政策が重視され、「自国優先」政策がとられる事例も見られるのも一例である。そのような中でグローバル化と反グローバル化の間で摩擦が生まれ、衝突すら起きかねない様相を呈している。そのために手探りの「共生」が内外の秩序を混乱に落とし入れかねず、「共生」の原点を見直す必要性が生まれているといえよう。この問題を「地球共生」の課題として追究したい。

筆者はこれまで「人間の安全保障（Human Security）」を研究テーマの一つとしてきた。これを追究する中で人々が「恐怖から自由」になり、「欠乏から自由」になり、さらに「尊厳を持って生きる自由」を享受するというアプローチが国家安全保障と並行して必要であると考えてきた。これまでの研究は紛争などの有事を対象としてきた。本書では、有事の場合は無論のこと平時においてもこの三つの自由を確保しながら立場の違いを超えて「共生」すること、そのための方途を模索したい。換言すると、人間の安全保障では紛争の発生の予防、そして不幸にして紛争発生となった後には事態収拾後の平和構築、復興を中心に考察してきたが、本書では紛争前や紛争後の平和構築のみならず平時の状況も含めて、ホーキング博士のいう「小さくなった地球」上での共生、いわば紛争に至らない状況を作るための「地球共生」の探究に焦点を当てたい。

さて、共生という言葉は心地よい響きかもしれないが、現実的な問題は底知れず深い。そこで第一章ではそもそも「共生」とは何かを考えてみる。第二章では共生の前提となる地球社会の現状とトレンドを考察する。すなわち地球共生のベクトルを考える際にこれを促すような地球化、いわゆるグローバル化のベクトルがスピードを上げて作用している一方で、グローバル化に反発する反地球化のベクトルもまた強く作用している。後者は一九八〇年代後半から盛んにグローバル化が理論化され、議論された時以来指摘されたグローバル化のネガティブな側面の主張がさらに増幅されるという現象に現れている。今、グローバル化と反グローバル化の摩擦はますます激しくなっている。この位相を考察し、地球共生への課題を考察する。そして第三章ではこれらの地球共生の諸課題をどのように解いたら良いのか、第二次世界大戦後構築され、冷戦終焉後変容しつつも維持されてきたリベラルな国際秩序を二一世紀の地球共生を支える新たな地球秩序へ繋げる道を模索する。そして終章で地球共生への道を考察する。

これまで研究してきた共生という課題、特に地球共生という課題とそれへの取り組みを本書にまとめ、個々人からコミュニティ、地域社会、国さらには地球社会と多次元的なレベルでの共生を考え、そのポテンシャルと課題を追究する。「共生」という課題は奥が深く、かつ難しくとても一冊の本にまとめられるものではないが、本書を上梓することで江湖のご批判、ご意見をいただき、さらに地球共生という大きな課題に対して研鑽を積んでいきたい。

地球社会と共生■目　次

はじめに　3

第一章　共生とは何か

一　「共生」とは何か　18
◇生物学に見る共生　18
◇宗教で説かれる共生　19
◇共生のかたち　22
◇国際政治学に見る共生　24

二　社会的な共生への取り組み　28
◇日本における共生を巡る議論　28
◇日本における多文化共生への取り組み　31
◇海外における多文化共生への取り組み　40

三　なぜ「共生」が必要なのか　47
◇グローバル化が必要とする共生　47

◇反グローバル化の台頭　48

四　「地球共生」とは何か　51
◇地球全体の共生　51
◇国境では止まらない自然災害　53
◇国境をまたぐ感染症　54
◇内戦後の共生　55

第二章　地球化と反地球化の相克

一　地球化のベクトル　62
◇グローバル化のうねり　62
◇経済の地球化の潮流　67
◇情報通信技術（ICT）による地球化の潮流　72
◇文化の地球化の潮流　77

二　反地球化のベクトル　80
◇グローバル化への反発　80
◇反グローバリズムの潮流　84
◇人の移動と反グローバリズム　93
◇環境と反地球化の潮流　98

◇文化にも渦巻く反地球化の波　102
三　地球社会分裂のリスク　111
◇対立するベクトルの行く末　111
◇分裂のリスク　112

第三章　新地球秩序と地球共生

一　地殻変動を起こす地球儀　118
◇「不満」と「不安」が地球儀を塗り替えるか　120
◇国際秩序の変容の歴史　131
◇ヨーロッパの協調から国際秩序へ　134
◇リベラルな国際秩序の変容　137
◇国際秩序から新しい地球秩序へ　143
◇地球秩序の求心力　148
◇地球秩序を支える機能的協力と地域協力　155
二　文化が紡ぐ地球共生　168
◇グローバル関係で周縁ではなくなった文化　168
◇北大西洋条約機構（ＮＡＴＯ）の文化財保護への取り組み　178
◇地球共生の紐帯としての文化・芸術・スポーツ　184

◇スポーツと共生　190
◇音楽と共生　197
◇共生への触媒としての文化活動と潜む落とし穴　205
三　新しいグローバル関係のベースとしての地球共生——209
◇二一世紀地球社会の共通利益と共通価値　210
◇地球共生のコスト　211
◇地球共生の利得　214
◇地球共生のコストパフォーマンスの計算　215
終わりに　地球共生への道
◇地球共生の構図　220
◇地球共生への覚悟　224
あとがき　229
注　244

第1章
共生とは何か

本章では、そもそも共生とは何かを先行研究などを参照しつつ考察する。そしてまず身近な日本国内における共生を巡る議論や政策をレビューし、その上で海外での共生、特に多文化共生を巡る議論をレビューして、なぜ今地球共生かを論じてみたい。

一 「共生」とは何か

◇生物学に見る共生

まず、「共生」とは何かから話を始めたい。そもそも日本では「共生」は長く生物学上の用語として用いられ、時には「共棲」の漢字も当てられてきた。共生というと小学校の教科書でイソギンチャクとヤドカリやホンソメワケベラの共生の話を習ったことを思い出す向きも多かろう。つまり、ヤドカリの天敵はタコだが、ヤドカリはくっついているイソギンチャクが刺胞と呼ばれる毒針を出すので、タコを撃退できる。一方イソギンチャクは自分で動ける範囲は岩に限られるが、ヤドカリの力を借りて砂場も移動できる、という両者にメリットがある関係の話である。もう一つ教科書に出てくる共生の例がホンソメワケベラである。ホンソメワケベラは、サンゴ礁などに暮らす全長一〇センチほどの小さな魚だが、他の魚に取り付いた寄生虫や食べかすを食べるというユニークな食性を持つ。一日に二〇〇〇匹もの魚をクリーニングし、一〇〇〇匹以上の寄生虫を食べ、寄生虫を食べてもらった方の魚は元気になるという。そのためにホンソメワケベラは「海のドクター」や「海の掃除屋」とも呼ばれる。さらにホンソメワケベラは寄生虫を食べるついでに他の魚の食べかすも頂戴するので餌に困らないという関係である。[1] ホンソメワケベラが掃除する対象の魚はサンゴ礁に生息する魚類であり、魚食性であるがクリーニングをしてくれるホンソメワケベラを餌にすることはない。むしろ掃除しやすいように口を開くそうである。

ブリタニカ国際大百科事典で共生を引いてみると、やはり生物学の例が引かれており、「共生は二種類の生物が、一方あるいは双方が利益を受けつつ、密接な関係を持って生活することをいう」とされ、フジナマコとカクレウオの例が引用されている。カクレウオがナマコの体を宿にして昼間は眠り、夜になると外に出て甲殻類を餌として食べ、朝になると再びナマコの体に戻って休む。この共生関係では、ナマコには「家賃」は払われないので利益はない。このような一方のみが利益を受けるものを「片利共生」、イソギンチャクとヤドカリの関係やホンソメワケベラのように双方が利益を受けるものを「相利共生と呼ぶ」と紹介されている。辞書によっては「共利共生」と紹介しているものもあるが、指しているものは同じである。

◇宗教で説かれる共生

「共生」は、このような生物学でのみならず、宗教さらに建築学などでも昔から言及されている。色々な文献にも登場しており、初出がいつかについてはなかなかはっきりしないが、宗教に共生のルーツを認める識者が多い。[2] 例えば、堀内俊郎は「ともに生きるという共生」は明治二一年の三好学の論文に初めて用いられたと指摘している。

建築家の黒川紀章はその著書『新　共生の思想』の中で、この思想は、生物学の「共棲」と仏教の

「ともいき」を重ねて黒川が作ったコンセプトだと論じている。[3] 黒川は「ともいき」は大正一二年に近代仏教を推進した推尾弁（しいおべん）の考え方に遡ると解説している。[4] そして推尾師の仏教講話を引用し、「人間は肉や野菜を食べることなしには生きていかれない。無機物のミネラルがなくては生きていけない。それどころか腸に様々な他の生命菌がいてくれるおかげで人間は生きることができる。人間は他の生命、自然によって生かされているのです。そして人間は死んで灰になり、土にかえることによって植物や動物など他の生命に食べられている。この生かし生かされる関係が共生（ともいき）である」[5] と記している。

黒川以外にも仏教に共生の考え方のルーツを見出している論者がいる。例えば志水宏吉は、「共生という言葉は、浄土宗の『ともいき』という読みを持つ仏教用語としてずっと以前から使われている」と紹介している。[6] また竹村牧男と松尾友矩は、著書『共生のかたち』の中で、「ともいき」には「今の世での生き物」同士の共生のみならず、「過去から未来へと繋がっている命」が共生することが含まれていると論じている。[7] しかしながら、誤解を避けるべく付言するならば、いずれの論者も共生の考え方の基盤に仏教思想があったことを紹介しつつ、現在、共生はルーツを超えて広い世界の領域に拡大された思想になっていると論じている。

しかし、共生は仏教思想に限られたものではない。例えば東方敬信（青山学院大学名誉教授）の著書『地球共生社会の神学――シャローム・モデルの実現を目指して』の中では、旧約聖書の平和の教えの中の共生が紹介され、平和の教えの中に自然との共生が含まれているとされている。イザヤが「砂漠は喜びて花咲き」と記し、「狼は子羊と共に宿り、（中略）私の聖なる山においては何ものも害を加えず、滅ぼすこともない」と記していることを引用して、「人が本当の平和という全体性の中で生きる時」豊かな交わりがあるとの視点から平和と関連づけて共生を語っている。[8]

また、イスラーム教の「ウンマ」の中にも共生の考え方が見られるとの論考もある。岩波イスラーム辞典によるとウンマは「共同体」と紹介され、さらに「とくに宗教に立脚した共同体、現代アラビア語では、民族共同体も指す。アラビア語の古典では『ムハンマドの共同体』とも呼ばれているが（中略）世界中のムスリムを含むボーダーレスでグローバルなものと認識される」と説明されている。[9]この説明ではイスラーム教の信者のみの共同体のような印象を受けるが、片倉もと子はその著書『イスラームの世界観』の中で「区別的共生」または「まあい共生」という概念を導入し、中東では人はそれぞれ違うのが当たり前であり、異なる宗教を信ずる人々がいることを前提に共生できるとの見方を示している。[10]その例として「アンダルス（スペイン）地方で、八世紀前半から一四九二年に至るまでイスラーム政権が存続した時代にも、ムスリム、キリスト教徒、ユダヤ教徒などの様々な諸集団がともに暮らしていた[11]」ことをあげている。これは「お互いに異なることを前提にして、つまり、区別はしながら互いに交流しようとするものである。時には、物理的に棲み分けがなされたこともあったが、必ずしもそれを必要とせず、混住のまま、互いにほど良い、『まあい』を持って区別と交流がなされていた事例が中東地域の歴史上、日常的に見られるものであった[12]」と説明している。このまあい共生の例として引用されているのは、オスマン帝国におけるミッレト制である。ミッレトとはもともと「宗教共同体」を意味していたが、近年では国家という意味でも用いられているそうである。これはイスラーム教徒がそれ以外の宗教を信じる人たちに対してそれぞれの宗教的価値観を認めたまま、自治を行うことを認めた制度であると[13]紹介されている。

◇共生のかたち

さらにどのような形で共生するかということについての考え方も先行研究を見ると様々な論陣が張られている。前述の黒川は、『新　共生の思想』の中で共生と共存の違いについて次のように論じている。「共生とは対立、矛盾を含みつつ、競争、緊張のなかから生まれる関係で、お互いの持つ個性や聖域を尊重しつつ、お互いの共通項を広げようという思想なのである。（中略）共存はこれに対して米ソ共存のようにお互いに（中略）敵対しつつ、破滅を避けて並存する関係に使う」[14]と峻別している。すなわち、黒川の共生はお互いの伝統的な聖域、社会を尊重しあう共生を語り、お互いの場所、すなわち聖域を侵さない形という発想である。黒川はさらに「共生の思想は調和、妥協、共存、混合、折衷とは本質的に異なる思想である。共生は異質な文化、対立する二項、異質な要素、二元的対極の中に存在する〈聖域〉を認め、敬意を表明することによって可能となる（中略）お互いの〈聖域〉があまり広範囲であれば共生は不可能となる」とその考え方を明らかにしている。[15]興味深いのは、黒川はお互いの聖域の間に対立や緊張関係を緩和するための「中間領域」が必要としていることである。[16]建築の脈絡では、例えば縁側が建物と庭、石と木、内部と外部の中間領域だと論じていることである。

このような黒川の考え方に対して、前述の片倉は、「共存」という言葉を用いて次のように峻別して考察している。共存とはそれぞれが存在することとしている。したがって内政不干渉を前提とし、異質な他者との交わりを持つことは求められないという理解である。今ほど人々が地球上で往来し、移動する時代ではなく、社会の中で異なる文化や異なる宗教を信じる人々がただ共にそれぞれが存在することが許されたという解釈を示している。[17]筆者は共存は共生へのプロセスの第一歩と考えている。

すなわち、異なる人々がそれぞれの立場を変えることなく空間を共有する状態と考える。

　このような様々な「共生」の考え方に対して法哲学者である井上達夫は、著書『共生の作法』の中で正義と善のために異なる人々がそれぞれの主張を話し合うべき作法を説き、その中で共生を、異質な人々が、異質性を維持しつつ対話し、多様な生を語ることで共に生きることとしている[18]。竹村牧男は、「共生とは自立と連帯の中で、誰もが十全に自己実現を果たすことが可能である社会」のことと定義している[19]。そして個々の人間が自立し、他者と連帯・協働する形を想定している。

　一方、尾関周二（東京農工大学名誉教授）は、共生を「聖域的共生論」「競争的共生論」「共同的共生論」の三種類に分類し、前述の黒川の共生は聖域的共生論、井上の共生は競争的共生論と位置付けている。これに対して尾関自身は自らの共生の考え方を「共同的共生論」と名付け、「競争的共生論」にも共感を示しつつも共同体を同質性を強いるものではなく、お互いに協力しあう人間の「共同性」「平等性」を認める共同体構築を志向するものとしている[20]。さらに尾関は共生が「静止的な状態ではなく、ある種のプロセスとして考えていく必要がある」のではないかと論じている。すなわち、異質なものが接触する時には、まず「敵対」から始まって、「共有」、「共生」、「共同」へと発展していくプロセスが生まれると述べている[21]。これはまさに紛争地などにおける対立するグループの紛争収拾後の平和に向けての関係構築に当てはまるものである。すなわち紛争中は敵と味方に分かれて対立し激しい流血の戦闘さえ展開する。そのプロセスの中では憎悪や対立が先鋭化する。敵対した紛争当事者は和平合意以降に近隣もしくは同じコミュニティの中で共存を始める。時間の経過と共に現実的な必要性、例えば暮らしのために対立関係を超えて対話をすることから共生のプロセスが始まり、さらには共通の目的に向かって協働するというプロセスに発展することが平和構築上の共生の理想的な形であろう。紛争影響国においては共存までは到達することは多いが、紛争当事者間の共生が難しいことが多くあり、これが紛争の再発に繋がることもまた少なからずある。

さらに尾関は「共生」という言葉は「実践的探究の指針の言葉であり、また社会の目指すあり方を示すものとなっている」と指摘している[22]。この考え方は異なった背景を持つ人々の接触や出会いが求められている今日的共生の特色を表しているといえよう。また、日本では人間と自然の関係、人間と人間の関係という二つのものを含めて共生と呼ばれていることから、共生の概念全体を両方の意味を包含するものとして「多元的共生社会」と呼んでいる[23]。

これらの論調を辿ってみると異なる人々がお互いに分かれて共存することは可能であり、歴史的にも多く事例が存在するが、異なる人々が入り混じり、接触して共に生きる共生はそのこと自体に同化を求めるのか、どこまでの異質性を許容する寛容性を求めるのかなど課題が多いことが指摘されていることがわかる。他方、分かれて暮らすことが可能であった時代には共存の段階でとどまることができたが、グローバル化が進展し、人の往来、情報の往来が活発になっている現在、共存だけでは収まらず、やはり共生まで含めて考えること、行動することが不可避な時代に入っていることもまた現実であろう。

◇国際政治学に見る共生

国際政治学の立場からも共生について多様な論陣が張られている。外交史を専門とする五百旗頭真

（神戸大学名誉教授）は、一九二四年加藤高明内閣の外相も務めた幣原喜重郎が外交演説において、日本外交は「所謂侵略主義領土拡張政策と言うが如き事実不可能なる瞑想に依って動かさる、ものではありませぬ」と述べたことを引用し、軍事手段による国益増大は相手国の意思を無視し、一方的に相手国を粉砕して有利に立とうというもので「大局的・長期的合理性」が持続しないと指摘している。幣原自身も著書の中で「相手を誤魔化したり、騙したり無理押しをしたりすることを外交と思ったらそれは大間違いであって、外交の目標は国際間の共存共栄、すなわち英語でいうリブ・アンド・レット・リブ（live and let live）ということにあるのだ」と述べている[24]。この幣原外交の本質に五百旗頭は今でいう「共生」の哲学を見出している[25]。これは今から一〇〇年以上前の外交論であるが現在にも通ずるものがあり、小さくなる地球での国際関係を考える上でも大きな示唆を与えてくれる。

軍縮問題の専門家である黒澤満（大阪大学名誉教授）は、編著書『国際共生と広義の安全保障』の中で「国際共生」という理念を導入し、「国際共生とは国際社会における行動主体の間において、お互いに積極的に努力し協力し、両者にとってプラスに働く状況を作り出すことであり、国際社会全体をより平和で公正なものにすることを目指すものである。また国際共生は個々の主体間だけでなく国際社会全体の利益を促進するという意味で地球的問題群にも関わってくる」と定義している[26]。これは競争的共生論と共同的共生論を組み合わせた考え方であり、共生の対象が国際社会や軍縮を含めた地球規模課題に広がっているのが特徴である。かつその国際共生の担い手が従来の安全保障論の特色であった主権国家に限定されず個々の人々も含め、様々なコミュニティを包含したものになっている。

また、筆者も参加した、位田隆一（京都大学名誉教授）が研究代表の公益財団法人国際高等研究所

「多様性世界の平和的共生の方策」研究会では、日本発の「平和的共生」の思想を打ち出し、そのため平和的共生指標を作成した。当初は課題を「平和的共存（peaceful coexistence）」としていたが、この平和的共存という概念は歴史的に見ると冷戦時代に旧ソビエト連邦が主張していたことからイデオロギー的な響きがあり、国連の議論でもソ連がこの用語を主張したために加盟国が受け入れず、国連では「友好的関係（friendly relations）」の用語が選択された経緯があることが指摘された。その例が一九七〇年の国連総会決議二六二五号「国際連合憲章に従った諸国間の友好関係及び協力についての国際法の原則に関する宣言」（略称　友好関係原則宣言）である。したがって同研究会では平和的共存に代えて「平和的共生（peaceful co-living）」という用語を用いた[27]。

平和的共生は、「第一に、国家や諸グループの間で価値観や理念に相違があったとしても、相違があるから対立するとは考えない。自己の価値観や理念を相手に押し付けようとはしない。むしろ様々な価値観・理念のあることを受け入れる（多元主義）。第二に、自己の価値観・理念を信じるものの、相手の価値観・理念をも尊重する。これが共生の意味である。地球社会全体についても、多様性のあることを認識し、多様な価値観・理念が存在することを受け入れるのみならず、むしろ、地球社会全体にとり望ましいとすらみなす。（中略）第三に自己の価値観・理念を相手に押し付けようとはしないゆえに、共生の方法は暴力的なものはあり得ず、平和的になる。なお、他者との関わりをできるだけ少なくし、共生するという消極的な共生（例えば鎖国）もありうるが、グローバル化が進展する現代では、関わりを少なくすることは困難であり、積極的共生を想定する」[28]と定義した。そして、平和的共生とは人間の安全保障と人間の尊厳が確保されていることが最低条件と整理した。

さて、このような共生という概念の英訳や外国語訳にはぴったりしたものがない。黒川は、もともとの生物学上の表現である「symbiosis」を用いて「共生の思想」を「Philosophy of Symbiosis」と英訳して書物にも表している。また、共生にはコンヴィヴィアリティ（conviviality）という表現も用いられているが、これには「共に楽しむ」という意味があり、今日語られる共生とは少し趣が異なる。オプヒュルス鹿島ライノルトによるとこれはオーストリア系アメリカ人の哲学者イヴァン・イリイチがその著書『コンヴィヴィアリティのための道具（Tools for Conviviality）』（一九七三）で使用したものである。しかし、この概念は産業主義に冒されないエコロジーを尊重する社会という趣旨で用いられており、鹿島は「conviviality」を産業主義への反語と位置付けている。[29] この意味ではコンヴィヴィアリティも本書で取り扱う共生とは異なると思われる。筆者が考える共生は、前述の五百旗頭真の指摘した「共生」や位田隆一の「平和的共生」に近く、かつ積極的な共生である。人間の安全保障の三つの自由、すなわち「恐怖からの自由」「欠乏からの自由」と「尊厳を持って生きる自由」を異なる背景を持つ人々の間で実現するものである。英語に訳すならば「peaceful co-living」が近い。さらに踏み込んで「*kyosei*」と日本語をそのまま用いるか、あえて英語にするならば「global collaboration for global peace」としたいところである。

このように共生は様々な視座から分析されており、前述の尾関らが中心となって二〇〇六年に共生社会システム学会（The Association for Kyosei Studies）が設立されている。この学会は「二〇世紀第四四半世紀に日本で始まった共生や共生社会の議論の高まりを背景に多分野の研究者が集まって共生社会を可能にするような社会システムを学際的に研究する目的で発足した」[30] ものである。この学会名称ではちなみに共生を*Kyosei*と表記している。

本書では、「共生」を「異なる背景や立場、アイデンティティや価値観を持つ人々が平和裡に共存することを越えて、何らかの相互関係を積極的に持ちながら共に尊厳を持って生きる状態。その相互作用は共通の目的である地球規模課題の解決と究極的な地球平和のために協働や共創する段階にも至る」と考えて論を進めたい。これは異なるものを全て受容することを意味するものではない。無理な受容は諍いの元になる。しかし、相手の立場や価値観を理解し、尊重しつつ、違いを認めて積極的に共生することを考えたい。そして、共生のプロセスの中では、当初は片利共生の場合も少なくなかろうが、長い時間軸で見た場合に相利共生が成立する見通しがあることが、地球社会の共生を持続可能にするのではなかろうかと考える。

二　社会的な共生への取り組み

◇日本における共生を巡る議論

日本では社会的な共生はどれほど議論されてきているのだろうか？　まず、新聞紙面で「共生」という言葉が用いられている記事件数を検索してみると、図1－1のような結果となった。

新聞紙面のキーワード検索が可能な一九八〇年代では、前半はほとんど記事の掲載はなく、一九八七年から少しずつ増え、一九九〇年代に急増して年間一〇〇〇件を超える共生に言及した記事が登場している。二〇一〇年代に入ると記事件数は一旦減少したが、二〇一五年以降東京オリンピック／パ

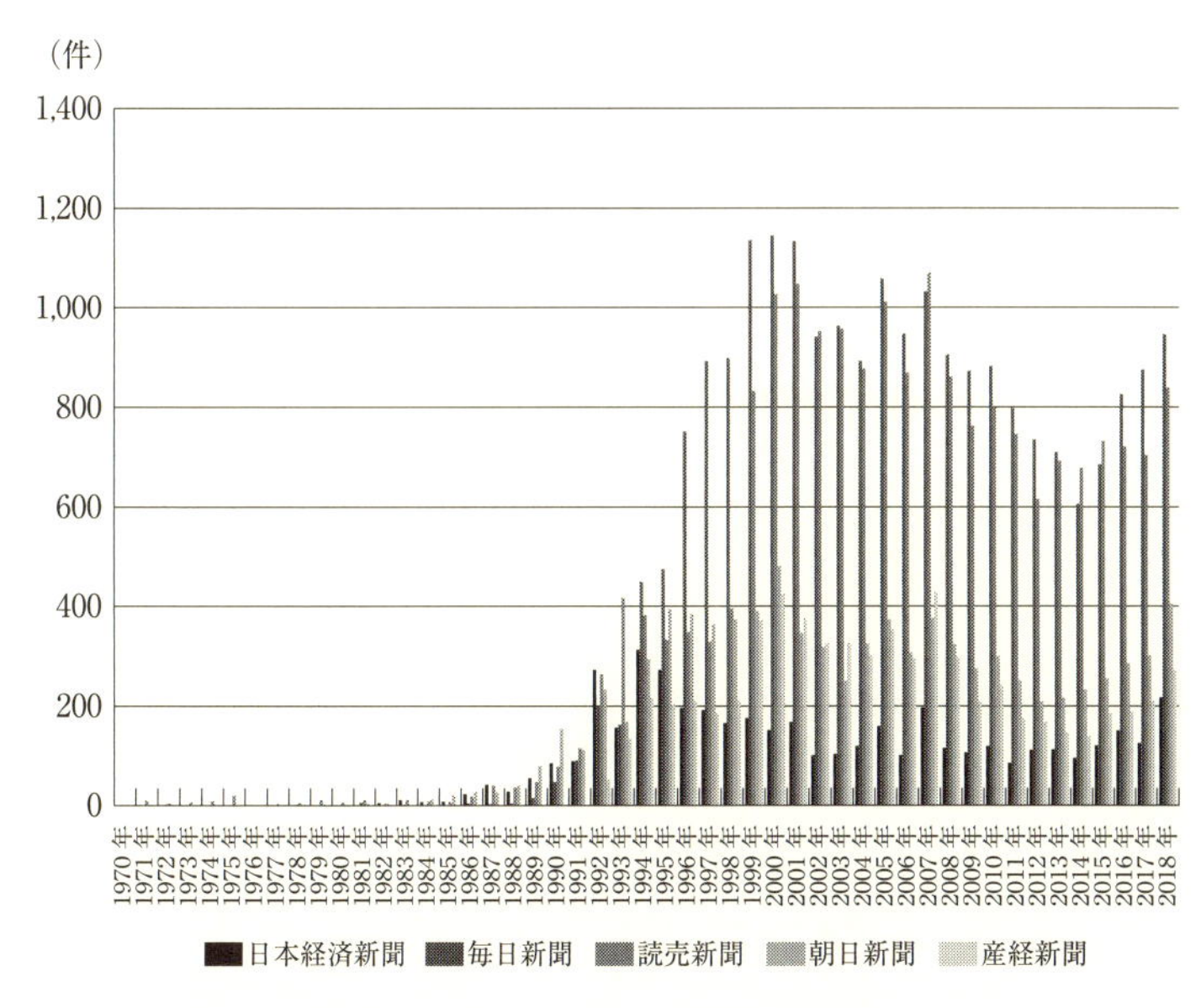

図 1-1　新聞紙面に見る「共生」用語の使用頻度のトレンド

参考：日経テレコン21、毎索（マイサク）、読売新聞データベース「ヨミダス歴史館」、朝日新聞記事検索（聞蔵Ⅱビジュアル）、DNA for Library、産経新聞データベース

ラリンピックの誘致、開催準備の脈絡における健常者と身体障害者の共生、あるいは人口減少を受けての外国人人材の受け入れに伴う、外国人と日本人の共生が活発に議論されるようになったことを反映して、記事件数は増加を示している。無論新聞各社により具体的な記事件数は異なるが傾向にはいずれも共通性が見られる。

一九八九年に日本の合計特殊出生率は女性一人当たり一・五七人まで落ち込み、ショックが走った。出生率はその後も変動はあるが、現在では毎日一〇〇〇人ずつ人口が減っており、二〇一五年から二〇三〇年までの間に人口の五・五％を失うと予測されている。さらに日本の人口の年齢の中央値はすでに世界第一位の高さであるが、やはり同時期四六・三歳から五一・五歳まで上昇すると高齢化も指摘されている。[31]

この人口減少予測を反映して外国人労働者の受け入れが進んでいる。図1－2は在留外国人数の推移を一九九八年から示しているが、長期在留者は毎年増加傾向にある。この在留外国人の多くが就労目的と推察されるが、二〇〇九年から二〇一二年にかけては日本の景気が長期に低迷した影響から在留外国人数が一時的に減少した。これが共生に関する記事件数にも反映され少しタイムラグがあったが、二〇〇一年頃から二〇一四年頃まで新聞紙面上での共生への言及は減少した。しかし、その後景気が回復し、再び外国人労働者の流入が増えたこともあり、共生に関する記事件数は増加に転じた。特に多文化共生の脈絡で在留外国人との共生が新聞紙面で多く取り上げられている。

図1－1の検索結果を見ると日本において共生は、一九八〇年代後半には生物の共生という意味から発展して社会的な人と人との共生という趣旨で用いられるようになり、その後より幅広く社会の中の異なるアイデンティティや背景を持つ人々の共生という意味に用いられるように変化してきているといえよう。ちなみに図1－1を作成するために記事検索したところ、「多文化共生」という用い方が最も多く、次いで「共生社会」という表現が最近の記事には多く用いられている。そして「共生社会」という表現が用いられている場合は、障害者との共生も論じられることが近年増加している。さらに頻度は少なくなるが「国際共生」という表現も散見される。また、二〇一八年の紙面を見ると「環境共生」「民族共生」などの表現も用いられ、さらにデジタル、人工知能（ＡＩ）などの技術革新を背景としてロボットが製造工程のみならず介護現場やホテルあるいはペット代わりまで生活の様々

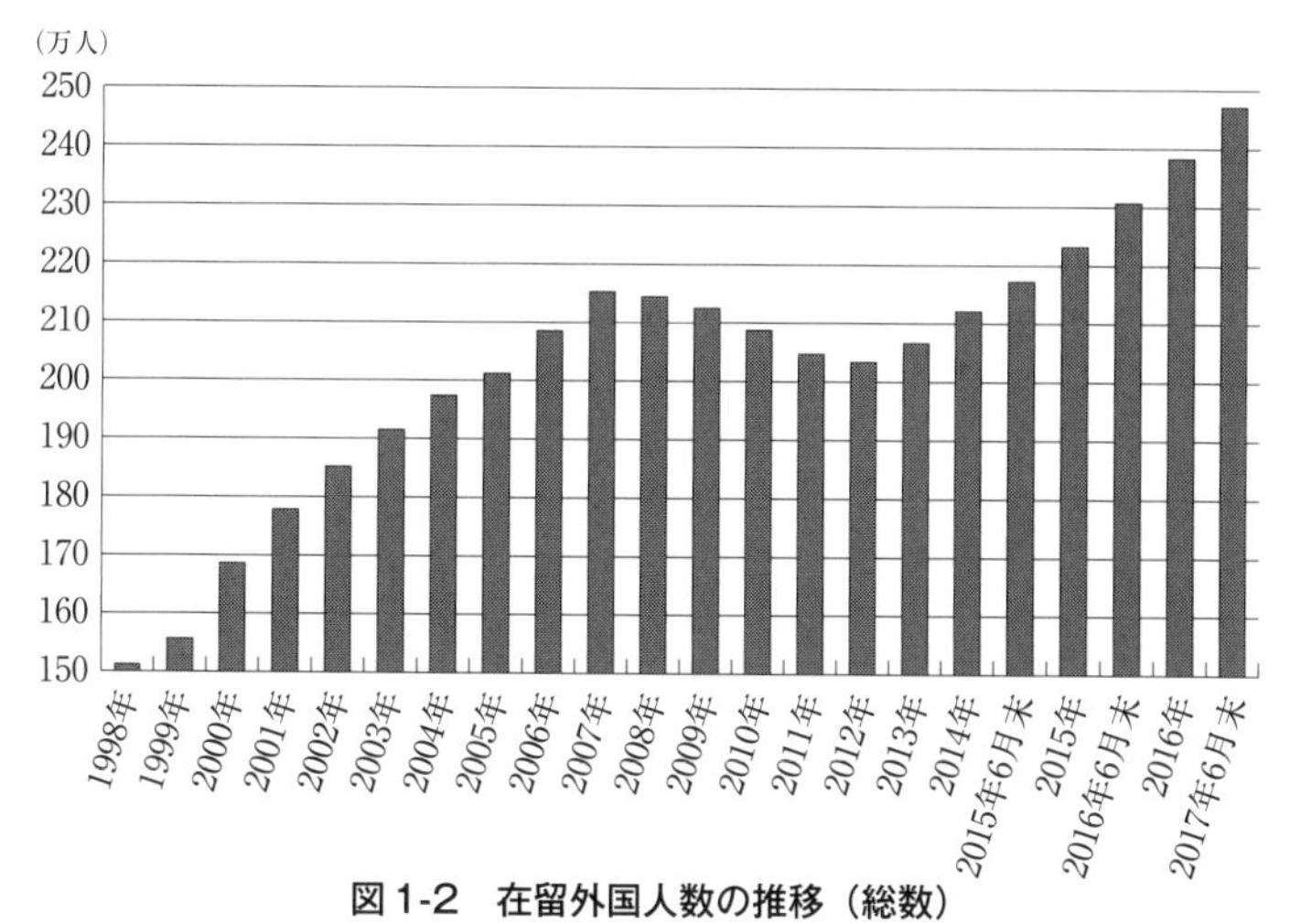

図1-2　在留外国人数の推移（総数）

出典：法務省【平成29年末】確定値公表資料

な局面に入ってきていることから「ロボット共生」などという表現も登場している。このように共生の対象が近年ますます広がっている。

◇日本における多文化共生への取り組み

日本において多文化共生への言及が新聞紙面上で多いことから、その原因となっている在留外国人数の推移を見たい。

図１－２に示すように在留外国人は一九九八年には一五〇万人を超え、その後一時二一〇万人をも超えたが、二〇〇八年からリーマンショックの影響を受け、外国人労働者が失職して帰国したのか一旦減少に転じた。その後景気の回復と比例するように在留外国人数は二〇一三年以降再び増加に転じ、二〇二〇年には二五〇万人にも達するかとも予想されている。

これら在留外国人数を同時期について国籍別に見ると（図１－３）、一九九八年には約六四万人と

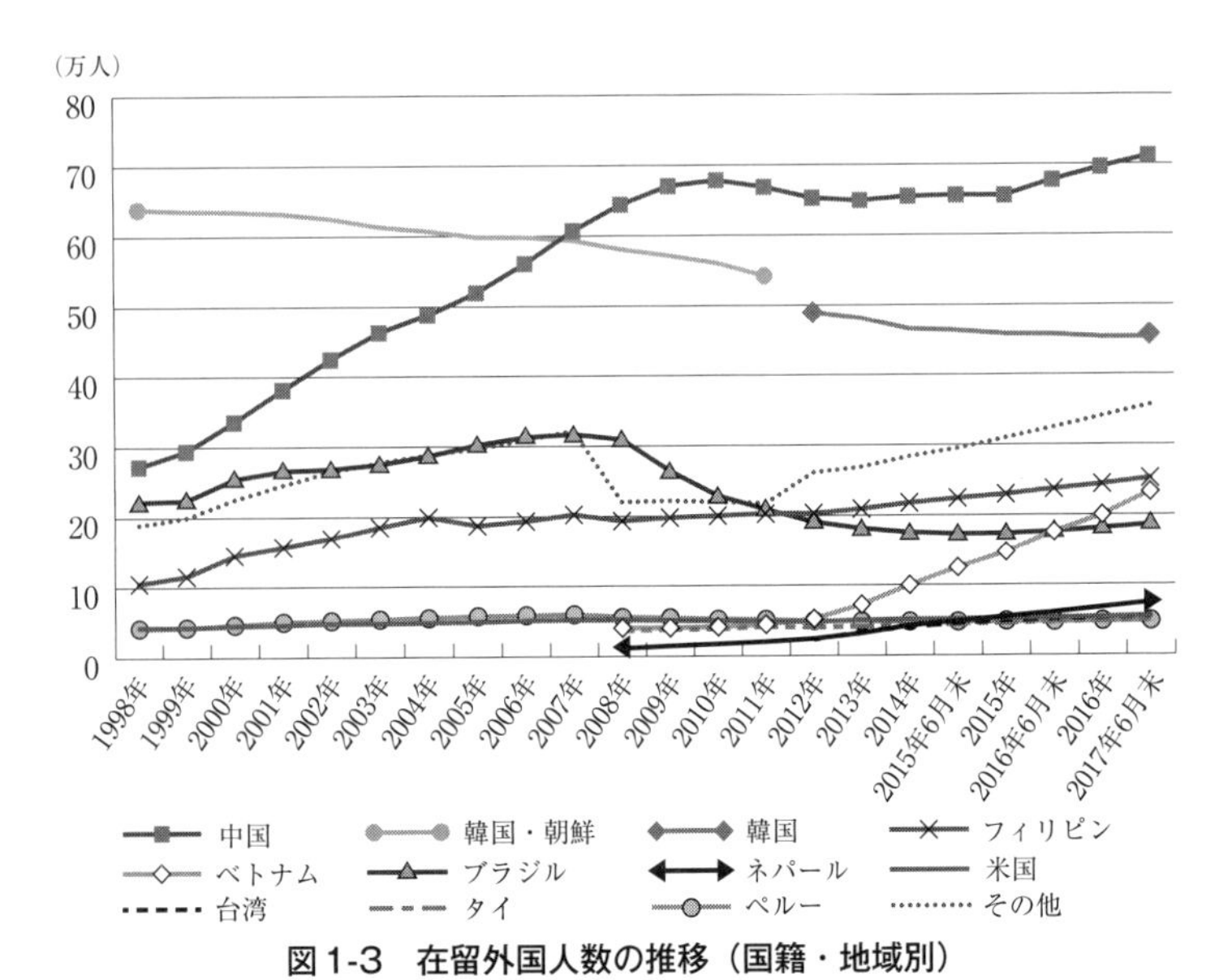

図 1-3　在留外国人数の推移（国籍・地域別）

出典：法務省【平成29年末】確定値公表資料、法務省【第1表】国籍（出身地）別外国人登録者数の推移

注：朝鮮半島からの在留外国人については2011年までは韓国・北朝鮮出身者が合計で表示され2013年以降は韓国出身者のみのデータが表示されているため、グラフ上ギャップが生じている。

一位であった朝鮮半島出身者が二〇一七年には約五〇万人弱と減少した一方、一九九八年には約二七万人と二位であった中国出身者が徐々に増え、七〇万人を超えている。一時期多かったブラジルからの在留者は働き口の関係か約二〇万人強で推移している一方、ネパール、フィリピン、ペルー、タイ出身者が増えており、これらの人々は外国人労働者として就業している事例や留学生が多いと推量される。このように在留外国人が増えると文化やものの考え方の違い、また言語の違いによるコミュニケーション不足などから、ゴミの出し方が悪い、路上駐車を平気で繰り返す、公衆マナーが守られない、外国人による窃盗・詐欺などの犯罪が増えて、治安が悪くなるのではないかなどとの懸念が口にされるようになり、次第に外国人の流入や定住への反発が出始めた。

このような在留外国人の状況から、新聞記事上でも「多文化共生」が多く取り上げられていることも納得できるところである。また、今後の日本国内の人口減少を念頭に置くとこのような傾向は今後とも継続するであろう状況を踏まえて、日本政府は多文化共生や共生社会に関する政策、例えば外国人の在留資格について後述するように新たな取り組みを進めている。

外国人の日本への受け入れにあたっては政策面では二つの柱がある。一つは水際でどのような外国人の入国を認めるか否かという「出入国管理政策」がある。もう一つがまさに入ってきた外国人と日本社会の共生であり、「多文化共生」に関する政策である。前者は日本政府による政策である。後者の多文化共生については中央政府と地方自治体の両方に関わる政策であるが、日本では外国人を受け入れているコミュニティである自治体が先行して様々な政策や方針を打ち出してきた。特に日本で「多文化共生」という用語が用いられるようになった始まりは神奈川県川崎市の政策だといわれている。川崎市には在日コリアンが多く暮らし、一九七〇年代から国民健康保険への加入や市営住宅への入居に国籍による制限をなくしてきた。そして在留外国人との共生を政策の中に導入し、一九八〇年代からは異なる文化的背景を持つ外国人が増える中で多文化、多民族の共生が強く意識されてきた。[32]

そして一九九三年一月に神奈川県で開催された「開発教育国際フォーラム」では分科会の一つで川崎市桜本地区のフィールドワークが紹介され、これを報道した新聞記事（毎日新聞東京夕刊、一九九三年一月一二日）が日本の新聞紙上で初めて多文化共生という用語を掲載したといわれている。ここで注目すべきはそれまでの在留外国人支援という視座、つまり支援する側が一方的に助ける形の共生、すなわち生物学上の用語を用いるならば片利共生から、お互いに接触し、影響しあい、貢献しあうというわば相利共生の考え方に転換していることである。現在の日本国内の共生では、在留外国人も日本人の異文化理解などに貢献すると共にコミュニティの一員として、他の外国人特に新たに日本に居住するようになったニューカマーを支えたり、地域社会の発展に尽くすという考え方に変化しつつある。

政府の取り組みとしては二〇〇六年三月の総務省『多文化共生の推進に関する研究会報告書～地域における多文化共生の推進に向けて』が共生を巡る政策論議の大きな転機となったといわれている。同報告書は、外国人住民の人数が二〇〇万人にも達するかという状況の中で、地方自治体の外国人受け入れ体制をさらに充実すべく、総務省に多文化共生を推進する研究会が設置されてまとめられたものである。この中では、地方自治体は一九八〇年代から国際交流と国際協力を通じた地域の国際化を促してきたが、これに地域内の多文化共生の柱も追加すべきとされた。同研究会では、日本の人口が減少することが予想される中でグローバル化の進展により、人の国際移動が活発になり、日本でも外国人を生活者、地域住民として受け入れる必要が生まれているとの認識が示され、「外国人を含めた全ての人が能力を最大限に発揮できるような社会作りが不可欠であり、地域において多文化共生を推進する必要性はより一層高まることとなろう」という問題意識のもとで検討が重ねられた。ここでは地域における「多文化共生」を「国籍や民族などの異なる人々が、互いの文化的違いを認めあい、対等な関係を築こうとしながら、地域社会の構成員としてともに生きていくこと」[33]と定義している。そして研究の中では在留外国人を「住民」として捉え、基本的に日本人と同等の行政サービスを提供すること、必要なコミュニケーション支援、生活支援を行うことに力が入れられている。したがって、同報告書では日本語教育、不就学児童への支援、医療保険などのサービス、防災対策などの包括的な支援が謳われており、これがそれ以降の日本の多文化共生政策の基礎となっているといっても過言ではない。

また、同研究報告を受けて二〇〇六年三月には総務省が「地域における多文化共生推進プラン」を発表している。ここでは外国人の出入国は国の所管だが、一旦入国した外国人の地域社会への受け入れは地方自治体が中心となって担うとされ、国際人権規約、人種差別撤廃条約などに基づき外国人の人権尊重を重視することが示された。そしてこのような共生を実現することが地域社会の活性化にも繋がり、ひいては地域産業・経済の振興に繋がるとの考え方が示された。さらには多文化共生の町づくりを進めることで、住民の異文化理解力も向上し、異文化コミュニケーションに秀でた若い世代を育成できるともされている。[34] いわば、地方自治体の多文化共生は外国人住民を受け入れ、支援するという片利共生ではなく、受け入れることのメリットも含めた相利共生の考え方へと舵が切られている。

この多文化共生推進プランの発表から一〇年を経て、二〇一七年三月には総務省より「多文化共生事例集～多文化共生推進プランから一〇年　共に拓く地域の未来～」[35]が発表され、全国の取り組みの実践例、いわゆるベスト・プラクティスが紹介された。同事例集の中では在留外国人の人数が一〇年前より増えて約二二三万人になり、日本の総人口の一・七六％を占めるに至ったことがまず指摘されている。また、在留外国人の国籍も一〇年前には韓国、北朝鮮や中国、ブラジル出身者が多かったのに対して図1－3に示すように留学生や技能実習生の増加によりフィリピンやベトナム、ネパールといった東南アジア、南アジア諸国の出身者の伸び率が高く、在留外国人の多国籍化が目立つことも指摘されている。そして一九九〇年代に南米系の日系人の流入が増えた地域では、地方自治体が積極的に外国人住民を対象とした政策に取り組んでいることが紹介されている。また、それぞれの地方自治体が取り組むのみならず、浜松市など同様に先進的な取り組みを進める自治体の間のネットワーク化が進んでいることが報告されている。具体的な多文化共生のための政策としては、外国人住民に対するコミュニケーション支援として多言語ややさしい日本語による情報提供、大人の日本語学習支援、居住、教育、労働環境、医療・保健・福祉、防災を含む生活支援、さらには多文化共生の地域づくり、地域活性化の取り組みが行われていることがあげられている。[36]

また、防災面では災害時の在留外国人への情報提供や避難誘導などが課題になっているが、仙台市では外国人住民による防災訓練も実施し、地域住民全体の防災意識の向上が試みられている。また、滋賀県草津市では留学生を中心に外国人住民を消防団員に任命し、外国人住民への災害に関する啓発を行っている。草津市には留学生を中心に二〇〇〇人の外国人が住んでいるが、日本語が話せない住民もいて災害発生時の避難や避難所での生活に支障をきたすことから母国語、英語、日本語が堪能で日本の生活習慣や文化に理解の深い留学生に対して、協力を呼びかけている。このような対策を通じて、日本人住民が在留外国人を助けるという一方通行の構図の共生のみならず、外国人住民同士の共助も進み、留学生が周りの人を助けることも増えて双方向の共生社会へとモメンタムが発展していることがわかる。[37] すなわち、同報告書に収載されている事例を見ると多文化共生推進にあたり、外国人住民を単なる支援対象者と位置付ける段階を超えて、外国人住民同士、特に在住歴の長い外国人住民（オールドカマー）と新たに来日した外国人（ニューカマー）の相互支援、あるいは外国人住民と日本人住民の共助の形をとる事例が多いことに気づく。このように単なる在留外国人住民への支援という一方通行ではなく、双方向の試みがなされている。(38)

共生社会は、外国人住民と日本人住民の間の多文化共生のみに限られない。異なった世代、背景を持つ人々の共生も取り上げられている。例えば、二〇一七年二月に発表された厚生労働省「我が事・丸ごと」地域共生社会実現本部の「地域共生社会の実現に向けて」という政策文書では、「個人や世帯単位で複数分野の課題を抱え、複合的な支援を必要とする（中略）状況が見られ、対象者ごとに縦割りで整備された公的な支援制度では困難なケースが浮き彫りになっている」という問題認識が示された。例えば、介護と育児の両方、障害を持つ子と要介護の親を持つ世帯への支援が同時に必要になったり、精神疾患患者やガン患者、難病患者など地域生活を送る上で福祉分野に加え、保健医療や就労など分野横断的な支援が必要とされるようになっていると指摘された。同文書では「『地域共生社会』とは制度・分野ごとの『縦割り』や『支え手』『受け手』という関係を超えて『丸ごと』繋がることで住民一人ひとりの暮らしと生きがい、地域をともに創っていく社会を目指すものである」と定義されている。ここでは、行政のみならず地域住民が他人事ではなく、我が事として共生を目指すことで暮らしの豊かさが実現されると指摘されて、地域全体の連帯が目標に掲げられている。地域社会共生の実現では高齢者、障害者、子どもという世代や背景の異なる人々の共生が取り上げられ、世代や背景の違いを超えて相互に支えあう地域社会づくりが謳われている。(39) ここでも様々な行政措置を分野別に分断せず、共助に繋がる政策、すなわち相利共生が模索されている。これはまたとりもなおさず人間の安全保障の分野横断的かつホーリスティックなアプローチによる尊厳を持って生きる自由に繋がる共生への道といえよう。

そして、障害がある、ないにかかわらず、老若男女を問わずお互いの人権や尊厳を大切にし、支えあい誰もが生き生きとした人生を送ることができる社会が「共生社会」であるという政策文書も出され、「誰もが暮らしやすい社会を目指して～心のバリアフリーについて学ぼう～」という呼びかけもなされている。この背景には二〇〇六年に採択された障害者権利条約がある。この条約では障害があったり、肌の色が違ったり、女性だから、子どもだからと、様々な違いを理由にダメだと言ったりすることとなく、異なることの中にこそ、その人らしさがあって、異なること、違うことを大事にしようということが人権擁護の視座から主張されており、これを「心のバリアフリー」と位置付けて提案されている。さらにこの考え方が二〇二〇年東京オリンピック／パラリンピックに向かっての共生という概念にも反映されている。ちなみにオリンピックの開会式、閉会式では「平和」「復興」「共生」がコンセプトとして推進されている[40]。この共生では多文化共生と合わせてパラスポーツとオリンピックの共生と発展への願いが込められている。

日本における共生への取り組みについては、二〇一八年七月には日本の人口減少に伴い、人手不足が深刻になり、外国人材を受け入れて、共生を進める必要性が認識された。前述のように在留外国人の人数は増加してきており、在留外国人の比率は日本の人口が今後とも減少することを勘案するとさらに高くなることが予想される。これを受けて「経済財政運営と改革の基本方針二〇一八」においてこれまでの専門的・技術的分野における外国人材に在留資格を限定せず、移民は認めないが、新たな就労目的の外国人材の在留資格が検討され、在留期間は上限通算五年であるがその期間に試験に合格するなど高い専門性があると認定されたものは、より長期の滞在や家族の帯同が認められる制度の創設が打ち出された。そして在留資格の取得にあたり、技能水準は受け入れ業種で働くために必要な知識と技能とされ、分野別に設定されることになった。また、悪質な紹介業者を防止するための受け入れ制度の周知・広報も方針の中に盛り込まれた[41]。これは日本社会が外国人労働者なしでは成り立たなくなっていることも背景にある[42]。それは製造業のみならず、農業、小売・外食産業も然りといわれる。そのために新しい外国人人材の受け入れ制度の整備が進められている。二〇一八年一一月には人材不足を解消することを目的として外国人労働者の受け入れを拡大する出入国管理法改正案が国会で成立した。これは「特定技能」という新しい在留資格制度を導入し、五年間で一四業種で約三四万人を受け入れようという計画である。そして、この改正を踏まえた外国人人材の受け入れ体制の整備が進められている。このような措置への反響は大きく、予想以上の希望者が殺到した。今後さらに在留外国人が増えることを想定すると、外国人と地域社会が共生するための課題も増えるであろう[43]。外国人との共生社会の実現に向けて「外国人材の受け入れ・共生のための総合的対応策」が総理官邸から示され、共生を促すためのコミュニケーション、日本語教育、行政の多言語化、医療・福祉サービス、社会保険の加入などのさらなる検討が決定された[44]。二〇一八年末からは政府は外国人人材の受け入れ・共生のための総合的対応策を検討している。特に外国人が日本で暮らしやすくなる環境の整備を政策の柱とし、外国人が多く住む自治体などに約一〇〇カ所の多文化共生総合相談ワンストップセンター

（仮称）を設置して、在留手続きや医療、教育など生活全般に関する相談に応じる計画である。また、行政サービスの多言語化も推進される。合わせて日本語教育の充実も進められ、日本語教室を増やすことが計画されている。[45] しかしながら、多数の外国人労働者の流入には市民の間に警戒感もあり、「共生社会の実現は未知数」[46] との見出しや外国人人材の受け入れへの不安や反論も少なくない。これが外国人人材の受け入れにあたって恒久的な定住を意味する「移民」という表現が避けられている理由の一つでもあろう。

このような経緯を経て進化する日本の多文化共生は、今や中央政府と地方自治体が協力して推進する時代に入っている。当初は生活支援を特徴とし、地域の国際化の脈絡で語られてきた多文化共生は、二〇一〇年代に入り、外国人材の活躍支援、そしてコミュニティの多様性（ダイバーシティ）をいかにうまく活用するかという視点へと発展している。

以上のような取り組みがあるものの、人口減少・高齢化を抱える中で、日本経済の発展のためには現在想定されている外国人人材の受け入れだけではとても十分ではないと推定されている。様々な国が経済的な事情から外国人人材に門戸を開放していくことを想定すると、日本が今後必要な人材を海外からも確保したいのであれば、単なる賃金格差だけではなく、外国人にとって日本が来てみたい国、住んでみたい国、働いてみたい国、共生を実現する国という魅力がなければ、外国人材の継続的な流入は期待できないことも忘れてはならない。

◇海外における多文化共生への取り組み

目を国際社会に転じると、異なる背景を持つ人々の共生の課題の歴史は古い。ここでは日本との比較も勘案して多文化共生の先駆的国家として知られるカナダとオーストラリアを取り上げる。「多文化共生」という表現は日本で作られた用語だが、カナダやオーストラリアの多文化主義（multicultural-ism）から派生したものである。カナダは多文化共生のパイオニアであり、現在も文化的・言語的多様性（diversity）をいかにうまく生かすかに注力している。カナダでは、先住民のインディアンと欧州から移民して来たケベック州を中心に居住するフランス系住民とその他の地域に居住する英語を話す住民――イギリス系カナダ人――が共存し、その共生が課題となってきた。当初ケベックもイギリスの植民地であったが、フランス系住民が分離独立を模索するようになった。イギリスはこのケベックの動向を見て独立を阻止するべく、フランス系住民の社会面、精神面での指導者であったカトリック教会の既得権益を認める「ケベック法」を一七七四年に導入した。そして、フランス系、イギリス系住民の両方を連邦に入れる枠組み法として英領北アメリカ法が一八六七年に成立し、カナダにおいて両方の住民の共存の枠組みが決まった。しかしながら州によりフランス系とイギリス系の住民の割合は異なり、様々な軋轢は依然として残った。さらに少数であったフランス系住民の不満が高まる中で一九六〇年代から一九七〇年代にかけて特別調査委員会が各地の対立・共存状況を調べることになり、この調査報告書で初めて「多文化主義」という言葉が用いられたといわれている。

そして一九六八年にフランス系カナダ人のピエール・トルドー首相が就任すると連邦主義を推進することを方針とし、フランス系カナダ人がケベックに閉じこもるのではなく、連邦レベルの政治や行政にもアクセスできるようにするとの方針が打ち出された。これによってフランス系カナダ人による分離主義や民族主義的なナショナリズムを抑えたいという考え方もあったといわれている。さらに一九六九年には公用語法を制定し、英語とフランス語の両方を公用語として推進することになった。現在でもカナダの政治家は公式の演説では必ず一部分をフランス語にしている。

このようにしてカナダでは英語とフランス語という二言語・二文化が推進されたが、次第にフランス系、イギリス系以外の言語、文化を背景とする市民から複数の文化の認知が求められるようになり、カナダ南部に住むドイツ系住民からの反発をきっかけとして、トルドー首相は一九七一年に二言語・多文化を志向することを表明した。またカナダ全体の出生率の低下から労働力不足をきたし、非白人のアジアやアフリカからの移民を受け入れるようになり、これがトルドー首相の一九七一年の多文化主義宣言に繋がったといわれている。[47]またカナダは本格的な多文化主義の道を歩むようになり、これが現在のカナダの多様性に富んだ社会の構築へと繋がっている。最近では多文化主義という言葉よりも「多様なカナダ」という表現が用いられており、カナダの州政府の組織や政策文書にも最近では多文化主義という表現に比べ多様性という表現が多く用いられている。

カナダは多文化を受け入れる伝統を貫いてシリア難民の受け入れにも積極的な政策をとった。自由党のジャスティン・トルドー氏は、二〇一五年末までに二万五〇〇〇人のシリア難民を受け入れるということを公約に掲げ、同年一〇月に選挙に勝利し、政権を一〇年ぶりに奪還した。さらに難民の急増を受けて二〇一七年一月にトルドー首相は、「カナダ人は迫害やテロや戦争から逃げてくる人たちを歓迎します。多様性は私たちの力です」[48]と「カナダへようこそ」というハッシュタグをつけてツイートした。カナダの多様性を軸とする共生は他国が難民受け入れに及び腰になる中でも貫かれており、民間の難民受け入れ活動も活発である。

カナダに次いで多文化主義の道を選択したのがオーストラリアである。オーストラリアは歴史的に移民政策において移住制限法に基づき、白豪主義（White Australian Policy）をとってきた。同国が非白人の移民を認めたのは、第二次世界大戦後経済復興のために労働力として受け入れて以降である。当初はイタリア、ギリシャなど南欧からの移民を受け入れたが、ベトナム戦争を契機に低賃金労働者として利用できる非英語圏労働者を受け入れることを決めた。そのため一九七三年には白豪主義の放棄、一九七五年には人種差別禁止法を制定し、ウイットラム政権時代に本格的に多文化主義への道を歩み始めた。一九七〇年代半ばからはまずインドシナ難民を大量に受け入れ、アジア系人口が増加した。そして、移民に対してオーストラリアへの同化や融合を強制するのではなく、個々の文化の維持を認め、人種を基準とした差別を法的に禁止した。そして英語の話せない人々のために教育や職業について不利益が起きないように非英語圏出身者のための英語教育にも力を入れた。これを多文化主義（multiculturalism）や文化的多元主義（cultural pluralism）と呼んだ。さらに一九八〇年代に入るとオーストラリアはかつて宗主国であったイギリスとの関係を薄め、むしろアジア太平洋国家と自らを位置付けるようになり、オーストラリアは「ハニー・カラード」社会であるとの表現も飛び出した。

現在のオーストラリアは二〇一八年八月に人口が二五〇〇万人に達したことが発表されたが、二〇一五～一六年の国勢調査では中国出身者が二・二％、インド出身者が一・九％を占めている。その他フィリピンやベトナムからの移民も多く、全体で移民は人口の約四分の一を占めるに至っている。それだけに新たに非英語圏からオーストラリアに移住するニューカマーも多く、地方自治体は英語習得支援、医療通訳支援などを手厚く実施している。他方オーストラリアの中にも、急速に移民が増え、人口に占める割合が高まるにつれて、多文化主義への批判も出ている。二〇〇六年にグレッグ・クランシーは、「多文化主義はオーストラリア社会を分断し、国家の結束を弱体化させた」と述べ、移民の受け入れが犯罪の増加に繋がると警鐘を鳴らした[49]。このような論説が増えている中でオーストラリアでも多文化主義という表現を避けてカナダ同様に「多様なオーストラリア」あるいは「コスモポリタン」という表現が用いられることが増えている。

ある意味で皮肉なことに、日本で多文化共生社会が議論の俎上に載った頃は、欧米では多文化主義の概念、多文化主義的な社会を維持することに疑義が挟まれた時期であった。多文化主義は「異邦人や見ず知らずの人と平和に暮らすための非現実的で受け入れがたい義務」であるとの批判が展開され、多文化主義の滅亡もしくは衰退とまで論じられた[50]。これに対し、ギルロイらは「寛容、平和、互いの尊重」を主張して多文化主義を擁護した。ギルロイや前述の井上は共生を「conviviality」と表現し、異なる人々が暮らす社会で恐怖や敵対心を持つのではなく、一緒に居住することを可能にすることを説いている。欧米の論調では、人口比が高いグループがマイノリティーを吸収するような統合政策への反発が強い。例えばカナダでは多数を占める英語系カナダ人がフランス語系を統合しようとしているのではないかとの懸念が強い。そのために英語圏カナダとフランス語圏カナダを同等に扱うインターカルチャリズム（間文化主義）とすべきとされ、両者は統合されるのではなく、それぞれが自らの文化を維持しつつも共生するという考え方がカナダ政府によって打ち出されている[51]。インターカルチャリズムは現在ヨーロッパでも用いられている。このように多文化共生の考え方は先住民族の位置付けを含めて各国で様々な問題に直面しているため、多文化共生という表現ではなく、「多様性」という表現を用いながら、多民族、多文化共生が進められている。この経緯を振り返るにつけても共生が必要であることには異論がないものの、その実現には様々な抵抗や反発があることを痛感させられる。

例えば、欧州では難民・移民の流入総数は、報告されている人数にはばらつきがあり、正確な数字は不明であるが、シリアからの難民が二〇一五年以降一〇〇万人強流入したといわれている。しかしイスラム国（ＩＳ）が勢力を失い、シリアの紛争状況が収束の兆しを見せるとともに徐々に減少し、二〇一八年には一五万人強にまで減った。しかしながら、積極的にシリアなどからの難民を受け入れてきたドイツでは、二〇一七年の選挙において極右政党「ドイツのための選択肢（ＡｆＤ）」が台頭し、連立与党が大敗するという状況が展開した。さらには、それまで積極的に難民を受け入れてきたイタリアでは政権交代により反移民の立場に立つコンテ政権が生まれた。そのために難民はイタリアへの上陸を諦め、二〇一八年には親移民の立場をとるサンチェス政権のスペインに流入した。国際移住機関（ＩＯＭ）によると二〇一八年にスペインに入った移民は前年比約二・三倍の約六万五〇〇〇人であった。そのほとんどがアフリカからの難民である。このような急増により、スペインにおいても移民排斥の主張を掲げる極右政党が州議会で初めて議席を確保するなど国内政治の構図が不安定化した。アフリカや中東から欧州を目指す難民・移民は地中海沿岸諸国に最初に上陸することが多いが、欧州連合（ＥＵ）には最初に移民が入った加盟国が保護に責任を持つというダブリン規則がある。そこで沿岸国は負担の軽減を狙って、この原則の見直しを働きかけている。[52]

また、流入する難民・移民を襲撃する事件も相次いでいる。二〇一一年七月にはノルウェーの首都オスロと郊外のウトヤ島で、男が爆弾と銃乱射で七七人を殺害、動機を「欧州をイスラムの支配から救うためだった」と発言した。二〇一四年五月にはベルギーのブリュッセルのユダヤ博物館で男がイスラエル人観光客ら四人を殺害、反ユダヤ主義者の犯行と報道された。二〇一五年一月にはフランスのパリで週刊新聞「シャルリー・エブド」が襲撃され、犯人はユダヤ系スーパーでも立てこもり、市民ら一七人が死亡。実行犯はイスラム過激派を支持していたと伝えられた。同年六月にはアメリカのサウスカロライナ州の黒人が集う教会で男が九人殺害、ヘイトクライム（憎悪犯罪）の可能性があると警察が発表した。二〇一七年一月にはトルコのイスタンブールにあるナイトクラブで男が銃を乱射し、三九人が死亡。犯人は「IS幹部」から指示されたと主張。二〇一九年三月一五日には治安が良いとされてきたニュージーランドのクライストチャーチにあるイスラム教のモスクで男が信者たちを銃撃し、事件当日には四九名の死者、四八名の負傷者が出た。犯行声明では「自分は普通の白人だ。労働者階級で低所得の家で育った。移民によって殺害された数千人の仕返しをしたかった」と述べた。(53) ちなみにクライストチャーチの人口は約三九万人（二〇一八年）、そのうち八五％が欧州系でイスラム教徒は〇・八％だったという。

このような事件を見るについても多様な価値観、信仰を背景とする共生は、分断へのベクトルが作用しやすく容易な課題ではないことがわかる。しかし、何らかの共生への努力なくしては社会の平和と安定は期待できないことは明らかである。

三　なぜ「共生」が必要なのか

◇グローバル化が必要とする共生

さて、ここで立ち止まって、本来生物学的な発想であった共生が、なぜ社会の人と人の脈絡で用いられるようになったのかを考えておきたい。第二章に詳述するが、共生が語られ、政策にも反映されるようになった要因として、まずはグローバル化の進展がある。経済活動では生産の分業化が進み、一つの製品が複数の国で生産されることが急増し、グローバル・ヴァリュー・チェーンが発展している。いわば国境の垣根は経済活動においては下がったことを実体経済が表している。これはまさにジャーナリストのトーマス・フリードマンが著書『フラット化する世界』の中で指摘したことである。フリードマンはインドのバンガロールにインフォシス・テクノロジーズ社の取材のために出張した経験から、「世界はもはやフラットだ」との論陣を張った。これには様々な反論も出されたが、フリードマンは今や世界のどこにいようが、情報通信システムで繋がっており、仕事上の差異はないと記述し、フラット化していると論じた。さらにグローバル化は、地球のサイズを縮小し、グローバル化の便益は以前のような欧米だけに与えられるものではなく、地球上の全ての人が享受できるようになっているとの趣旨でフラット化を論じた[54]。

特に科学技術、その中でも人の移動に関わる飛行機、車両、鉄道などの交通手段から、情報の入手、交換、共有などに関わるインターネット、ＳＮＳ、自律的に情報を処理し行動できる人工知能（ＡＩ）、さらにはドローン、ロボットなどに至るまでの情報通信技術（ＩＣＴ）は目覚ましい進歩を遂げ続けている。これによって、地球上で物理的に遠く離れているとしてもお互いに接触する頻度も高くなり、ある意味ではＩＣＴの世界では地理的な距離すら縮んでしまったか、なくなってしまったことは事実である。その結果国境を越えて異なった背景やアイデンティティを持つ人々が接触し、そして情報を共有する機会が歴史上これまで経験したことのないスピードで増えている。そのために私たちは、年齢、性別、さらには各種のアイデンティティを異にしていても小さくなる地球では共に生きていかざるを得ず、そこには何らかのインターアクションが生まれざるを得なくなった。それだけに放置しておいても自然に共生するというわけには行かず、多様な衝突や障害も発生している。さらに多様な地球規模の課題もますます共通化されるようになっている。これがいやが応にも共生を促している。なお、グローバル化やグローバリゼーションの意味するところは一九九〇年代から盛んに議論される中で変遷を遂げていることから、今日的グローバル化については、筆者はこれを「地球化」と呼びたい。すなわち次項の反グローバル化は「反地球化」と表現することになる。

◇反グローバル化の台頭

一方で、フラット化する世界の国境の垣根を再び築くような政策も台頭している。いわゆる反グローバリズムの動きである。例えば、貿易や投資が活発になると国内経済や雇用に影響が出る、そのために関税賦課や貿易制限措置が必要であるとの意見が出て、それに応える政策もとられている。あるいは移民・難民の流入もテロや内戦の発生に比例して増加傾向にあり、この弊害も懸念され、人の移動を制限する政策も打ち出されている。

グローバル化する世界にあっても国際社会の主要な構成要素である主体（アクター）は、今もって主権国家である。しかしながら、冷戦終焉後各地で内戦が頻発し、国家が弱体化して、本来の国家としての責務であるところの国民の安全を守れない状況が生まれた中で、国際社会の単位はまず人間であり、コミュニティであり、そして国家であり、地域、さらには地球社会だという発想が生まれた。国際関係で人、国、世界という三つの次元を考えることは一九八〇年代からケネス・ワルツやバリー・ブザンが論じており、その中で一九九〇年代には人間の次元も重要であるという考え方が示されてきた。これが、国家安全保障と並んで人間の安全保障（Human Security）が語られるようになった所以でもある。当初人間の安全保障が国家安全保障に取って代わると一部で議論されたが、現在では国連総会決議の「人間の安全保障に関する共通理解」の中で示されたように両方の安全保障が必要だと理解されるに至っている。さらには人々の安全を脅かす脅威が単に戦争のみではなく、背景を異にする人々の間の紛争や、テロ、特に無差別テロの頻発、ＨＩＶ／ＡＩＤＳやエボラ出血熱、重症急性呼吸器症候群（ＳＡＲＳ）といった感染症の発生、環境の劣化に伴う山火事、煙害、地球温暖化、気候変動による激甚災害の発生などにも拡大したという認識が生まれることによって、グローバル化は、経済のみならず様々な脅威もまた国境を越える時代を招いたという理解がなされた。人々がこれらの多様な脅威、すなわち恐怖から自由になること、貧困や教育、水や様々な食料、資源といったことが欠乏することから自由になること、そして何といっても人間として尊厳を持って生きる自由が確保されるべきだという人間の安全保障が論じられるようになった。そこから紛争後のコミュニティや地域、紛争は勃発していないが、対立が続き、紛争発生や再発の蓋然性が次第に高まっている地域で

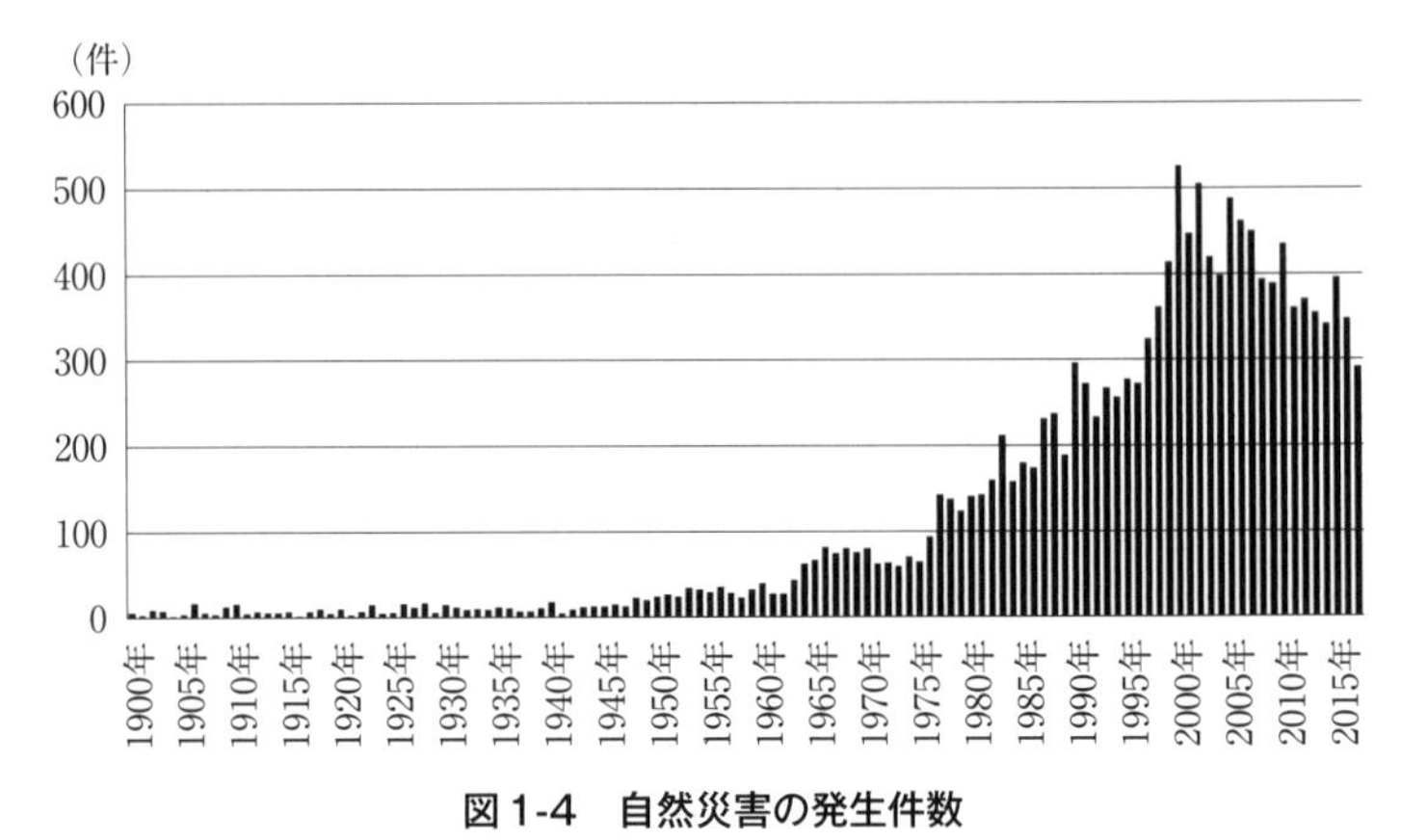

図1-4　自然災害の発生件数

出典：Our World in Data

も分断を防ぐべく人々の共生が必要であるという意識が生まれている。そして国家レベルのみならずコミュニティレベルでの共生を考えることも不可欠となり、性別、身体障害の有無、年齢などの異なる者との共生なども議論されている所以である。

さらには、人と人の共生のみならず、人間と自然の共生もまた意識されるようになっている。その背景にはいくつかの現象があるが、その一つが激甚災害の増加である。図1-4に示すように、自然災害の発生件数は一九七〇年代から増加し、近年著しく増えている。

このような災害は、家屋の倒壊や浸水による死傷者、さらに水、ガス、電気などのライフラインの供給中断など私たちの生活に大きな影響を与える。それだけに災害の一因ともなる気候変動や温暖化、環境保全・保護への意識が高まり、再び人間と自然の共生が認識されるようになった。自然災害は、そこに暮らす人々から生命、健康、財産など多くの大切なものを一瞬にして奪ってしまう。自然災害の発生が図に示すように増えていることは、同時に私たちの自然との付き合い方に、また自然との共生の仕方に根本的な反省を促してもいる。このように自然災害が増えている背景には地球温暖化への対応が不十分であったことがあげられる。ホーキングの言葉を再び借りれば、私たち自身が地球を小さくしてしまったのである。したがって、私たちが生きていく上で様々な要素が国境を越えて共通の課題になっていることを十分に認識して、エゴをむき出しにして一国が片利共生を貪ろうとしてもこれが持続性がないことをも意識しつつ、難しくとも全体の相利共生を目指す方向に考えることが求められていることを認識したい。

四　「地球共生」とは何か

本章の最後に地球社会と共生、すなわち「地球共生」とは何かを考察したい。

◇地球全体の共生

地球共生とは地球社会全体の共生を指す。前述のように地球共生は筆者の造語である。筆者が専門とする国際政治の脈絡で語るならば、現在グローバル化、すなわち地球化が進み、いやが応にも国境を越えて人々が仕事のために、レジャーに、あるいは内戦の勃発や激化を恐れて他国へ逃れるために、あるいは経済的な利得を求めて海外で働くなど多様な理由により、頻繁に地球を往来するようになっている。しかもたとえ自分自身が移動しなくとも様々な異質な人々の来訪・流入を通じて、時間軸の長さは多様であるが、何らかの形で共に生きることが求められるようになっている。ましてやＩＣＴ

の発達により、ヴァーチャルな世界ではそのようなモメンタムがさらに加速度的に進展している。そしてこのような地球化は、国家の単位をしっかりと残しつつも一方でボーダーレスな世界を生み、これが人類共通の地球規模課題（グローバル・イシューズ）を生み出している。しかもその多くは一つの国だけで解決することができなくなっている。これらの課題を解決するためには国家のみならず、企業、市民社会、NGO、NPO、さらには一人ひとりの個人まで多様な主体（アクター）が連携して取り組み、地球上で共に生きることを可能にしなければならない。これが地球共生である。

しかしながらコミュニティの中であろうが、国家内であろうが、地球社会レベルであろうが、共生は本章の冒頭で述べたように、不可能とはいわないまでも決して容易ではない。今、地球社会では、民族、歴史、言語、貧富、信仰、価値観などを異にする人々が移動し、共に暮らしている。このような様々な差異が社会に亀裂を生み、分断する力が勢いを持つことが少なからずある。したがって、地球社会が一つになっているのかと問えば、それには程遠い。まず、ウエストファリア条約以来の国民国家、そして国境という線引きはフラット化やグローバル化の議論にも関わらず現在もなお厳然と存在する。そして国際社会の主要なアクターは依然として国民国家、主権国家である。そこには国益が蠢く。しかしながら、二一世紀に入り、地球社会のアクターは主権国家に限られなくなっていることも現実である。市民社会、それぞれバックグラウンドを共有するグループ、地域社会などが多層を構成しつつ地球社会を形作り、私たちはその中で生きている。

このような地球社会で私たちが直面する課題は、単なる紛争のみならず、感染症、気候変動問題、環境問題からテロまで多様化しており、かつこれらの問題が複合的かつボーダーレスに繋がっている。

しかもこれらの諸課題は単体で存在するのみならず、何らかの形で連結している。このため、これらの諸課題に対して対峙するアクターが国境で線を引くのみでは、有効な解決策を打ち出すことも実行することもおぼつかない。感染症のウイルスも自然災害の洪水も地震もパスポートを持っているわけでもなく、国境管理など歯牙にもかけずに複数の国をほぼ同時に襲ってくる。地球規模課題に有効に対処するには国境という概念を超えた連携と行動も不可欠な時代である。課題に挑むアクターの立場はそれぞれ異なるかもしれないが、課題が共通である以上、違いだけを強調していては、人間が尊厳を持って生きる自由など瞬時にして奪われてしまう。

◇国境では止まらない自然災害

前述したように、自然災害を例にとってみると先進国、発展途上国を問わず襲いかかってくる。被災地域では、防災の備えや避難方針、復興への公的補助や対策によって被害の多寡や影響の時間的な長さは異なるものの、経済が発展していても被害を避けることはできない。その上このような自然災害が発生しても対岸の火事だから放置しておくということで済む時代ではない。しかも国際緊急人道支援は何もチャリティーだけで行われているわけではなく、放置しておくことで自国にも影響が出る事態にも及ぶ可能性があるから実施されているのである。自然災害や感染症が発生し、回復・復興が遅れた場合は経済活動が滞ることにもなりかねない。今や経済活動、企業活動はもはや一国内で完結することの方が珍しい。様々な国で部品を製造し、これを一カ所で組み立てて供給する生産ネットワークが世界に広がっており、部品生産地域に何らかの支障が発生する、例えば洪水が発生すると、工場が影響を受けて生産中止に追い込まれ、当該部品の供給が滞ることになり、他国での完成品の生産をストップせざるを得なくなることもある。すなわち自然災害の経済活動への影響は被災地に止まらない。例えば二〇一一年一〇月タイを大洪水がおそい、チャオプラヤ川が氾濫して二メートルの冠水となり、日本企業の現地工場が地区によっては生産を数カ月にわたって中止しなければならない状況に追い込まれた。しかも一カ月以上にわたって冠水した工場も少なくなく、生産施設を全て作り直さなければならず、工作機械を新たに調達しなければという状況にも追い込まれた。生産停止に追い込まれた中には自動車、デジタル製品などの工場もあり、この影響はサプライチェーンを通じて世界に広がった。一方すでに組み立てを終えていた完成製品も水をかぶり出荷できない状態となり、スクラップをしなければならなくなった。その分を日本国内で生産してまかなうことも行われ、タイの洪水による日本企業の被害総額は一兆八〇九億円とも報道された。タイ国家経済社会開発委員会（NESDB）が発表した二〇一一年の実質GDP成長率は洪水の影響を受けて前年の七・八％から〇・一％にまで下落し、ほぼゼロ成長となった[55]。このように自然災害一つを例にとってもその影響は自然環境や被災地の暮らしのみならず当該国を越えて製造関係にある国々の経済にも波及する。分野的にも地理的にも一つの出来事の影響は多様に広がるのである。

◇国境をまたぐ感染症

また、一見経済活動とは結びつかない感染症も経済に大きな影響を与える。例えば感染症の一つである重症急性呼吸器症候群（SARS）が二〇〇二年一一月に中国広東省で発生した時には、感染が北半球のインド以東アジア、カナダに広がり、二〇〇三年には世界保健機関（WHO）がグローバルアラートをかけるほど感染が広がった。短期的には観光産業が大きな痛手を被り、ホテルの滞在客数が前年度比八〇％マイナスとなり、旅行代理店の収益も六〇％減となったと伝えられた[56]。さらに、二〇〇三年の中国のGDPが〇・五％減であったという調査結果も発表された[57]。感染症のウイルスも国境管理など歯牙にかけない。一方でその影響は簡単に越境して広がる。

◇内戦後の共生

また、民族対立による内戦が続く地域では戦闘による直接の被害のみならず、他の分野にも影響は及ぶ。一例をあげれば、紛争地からは観光客の足は遠のく。現地情勢が安定すれば、観光客は戻ってくる。一九七〇年三月のクーデター以来ポルポト派やクメルルージュ、そして周辺国が絡む抗争が続いたカンボジアも一九九一年のパリ和平合意以降、平和構築、平和定着の努力が重ねられ、世界遺産であるアンコール・ワットも国際社会の協力を得て修復された。その結果、アンコール・ワット観光をお目当てにするカンボジアへの観光客は図1－5に示すように一九九〇年代は低迷したが、カンボジアが安定したという認識が広がると共に二〇〇四年頃から急増し、年間五〇〇万人を超え、同国の収入源になっている。このトレンドはカンボジアが国家としての安定を維持することができれば今後とも持続可能であろう。文化財の修復は地元の市民にとって目に見える復興のシンボルにもなり、また誇りの回復になると共に経済効果も高い。しかし、カンボジアの政治的な安定や復興、あるいは安定したというイメージが損なわれるようなことがあれば、このトレンドは一瞬にして反転する。

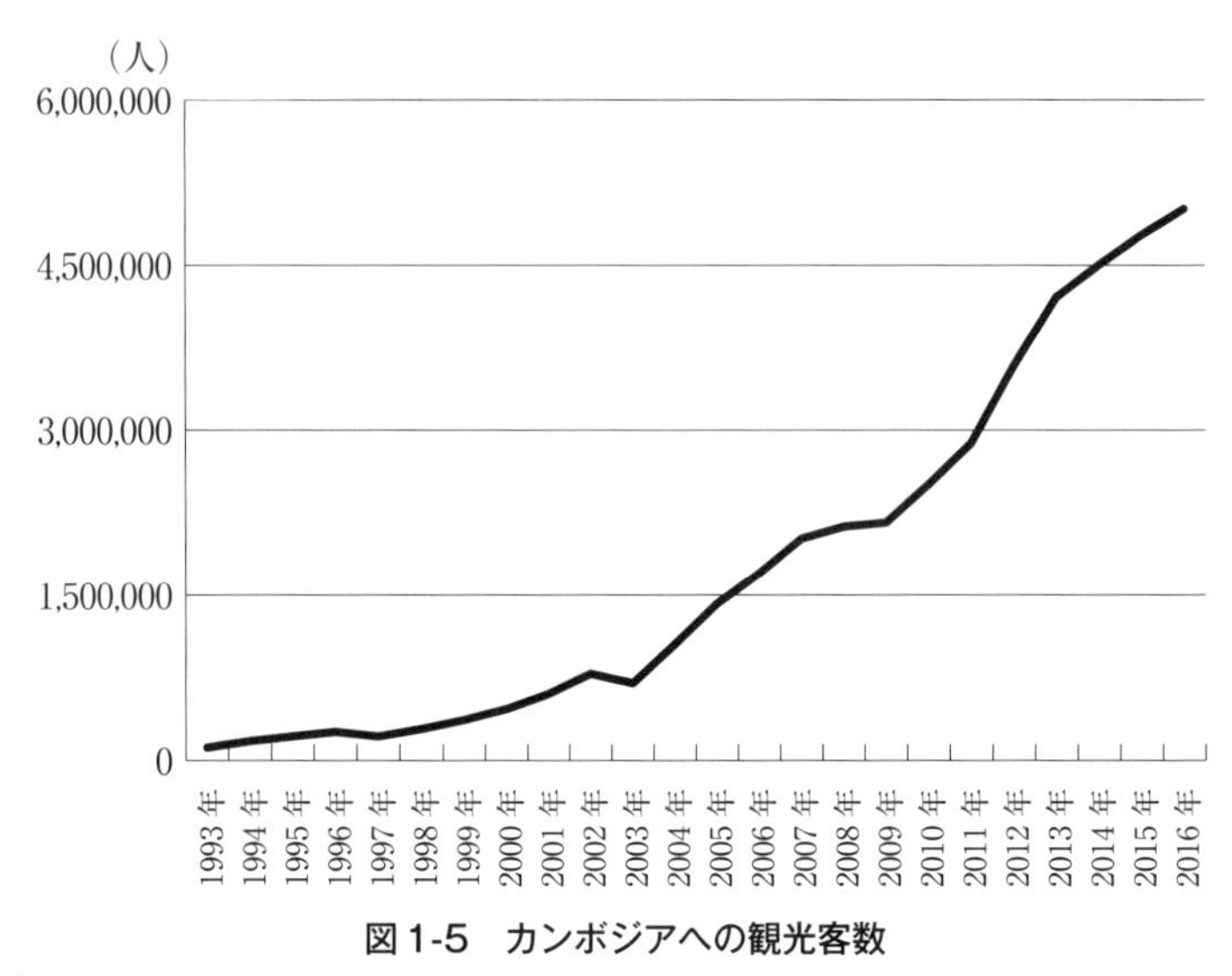

図1-5　カンボジアへの観光客数

出典：The ministry of tourism, Cambodia. "Executive Summary Report in April 2017"

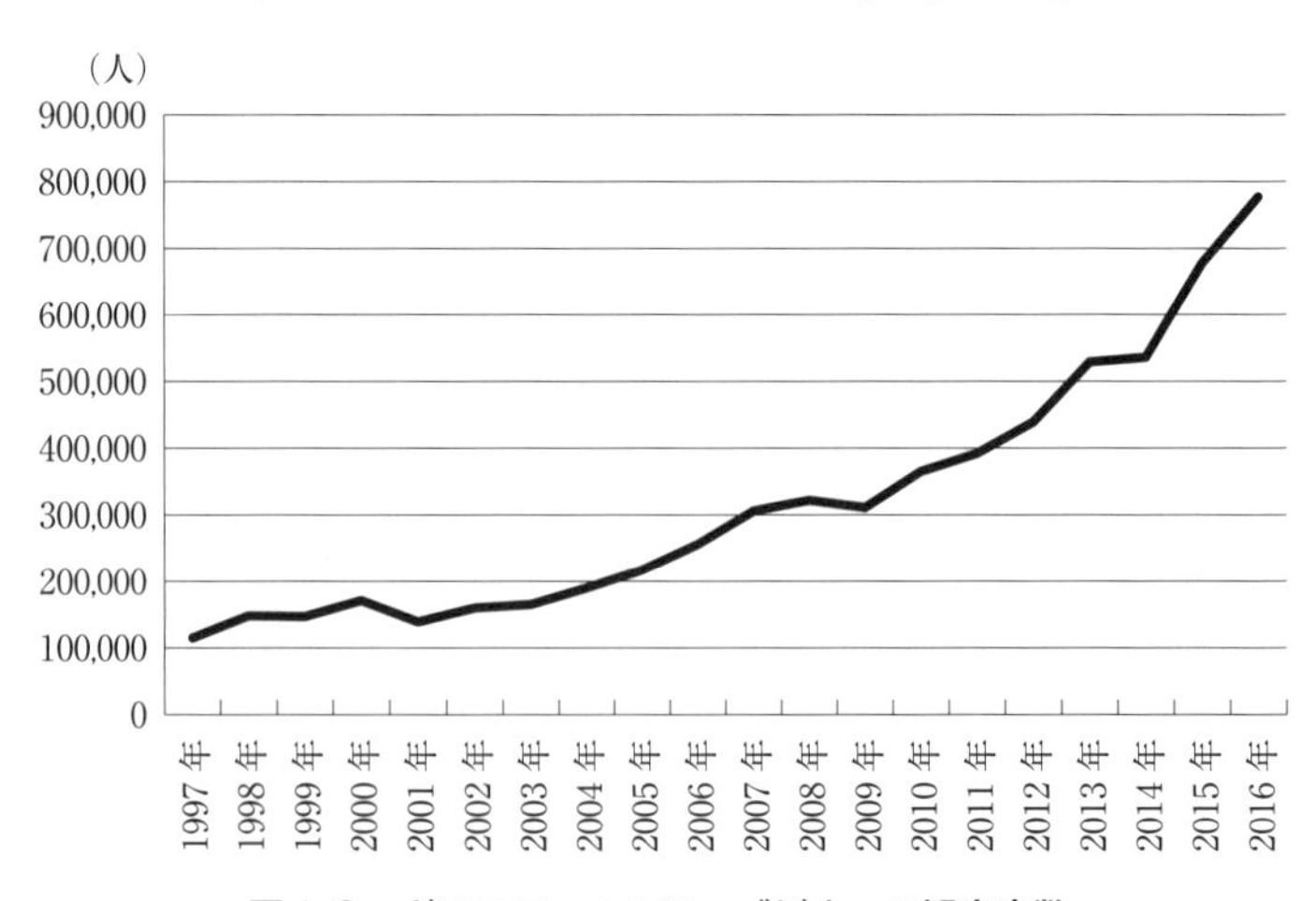

図1-6　ボスニア・ヘルツェゴビナへの観光客数

出典：World Development Indicators

同様に一九九〇年代、バルカン紛争の戦場となり、サラエボ包囲網も展開されたボスニア・ヘルツェゴビナへの観光客も二〇〇〇年代後半から徐々に増加している。しかしながら、この地はまだ民族対立が残っており、民族別の教育も続いている。ボスニア・ヘルツェゴビナは独立を果たしたとはいえ、平和が定着し国家として発展する上で多くの課題を抱え、カンボジアほどの観光客をまだ集客できていない。それでも紛争後修復された橋で有名なモスタルなど風光明媚な土地を訪れる人々は次第に増えて、観光客数は八〇万人近くまで増加している（図1－6）。今後さらに観光産業が発展することが、同国の経済発展にとって重要であるとされているが、そのためには現在抱えている周辺国との関係や国内の民族対立の解消なども含めて、政治的に安定することが不可欠の条件となる。換言すればボスニア・ヘルツェゴビナが民族の共生を実現できることが鍵となろう。

このように内戦、政治的安定、経済発展、気候温暖化、自然災害、そして感染症、テロ、人の移動などの地球規模課題は第二章で詳述するように、一見無関係に見えるが実は様々な相関関係があり、一国のみでは十分に解決できないことが多い。この地球化の時代には、お互いの様々な違いを超えて国家や地域が連携して取り組むことが必要な時代に入っている。このような厳しい現実を踏まえ、地球社会の共生、すなわち地球共生を考えなければならない時代を迎えていることを認識しておきたい。本書ではこのような地球規模の共生の追究を試みるものである。

第2章
地球化と反地球化の相克

第二章では、地球社会は共生が必要なほどに、「地球化」（筆者の造語）、あるいは巷間議論されてきた言葉を用いるならばグローバリゼーションないしはグローバル化が進んでいるのか否かをまずは考察したい。文献を参照すると地球化に繋がる表現として日本語では一九八〇年代後半から一九九〇年代には「グローバリゼーション」ないしは「グローバル化」という表現が多く用いられている。この二つの表現の指す内容には大きな違いが見当たらないことから、本書では以後直接引用の場合などを除いて「グローバル化」という表現に統一したい。また、もう一つの表現として「グローバリズム」がある。グローバル化とグローバリズムの違いについては、グローバル化は世界で動いている客観的な変化の現象を指すのに対して、グローバリズムは主観的にグローバル化をどのように認識するか、変化をどのように受け止めるかを指すという違いがある。[1] グローバリズムは特に反グローバリズムというグローバル化の動きに反対する主張のうねりを表現して用いられることが多い。

グローバル化については英語では「globalization」という表現が用いられているが、フランス語ではグローバル化は英語のグローバリゼーションからとって、綴り方をフランス語風にした「globalisation」という言葉が用いられている。ところが、フランス語には、同じような言葉として「mondialisation」と「mondialisme」がある。この二つの使い分けをフランスの識者に尋ねると「mondialisation」は昔からある国と国との交流を意味し、どちらかというと自然発生的なものだそうである。しかも経済のみならず、社会、文化、環境などの多様な分野で発生している現象を想起させる表現だそうである。フランスの地理学者などは「mondialisation」は多次元的な交流から究極的には一つの世界に誘（いざな）うという考え方さえ抱いているとしている。これに対して「mondialisme」は認識として世界が一つの国になり、国々のオリジナリティ、個性、魅力、文化、文明なども一つになるという認識だそうである。「mondialisme」にはどちらかというとグローバル化がグローバル・スタンダードの名前を借りたアメリカン・スタンダードの押し付けと受け止められたのと近いニュアンスがある。[2]これは日本語でいうところのグローバリズムと同じように、現在起きているグローバル化をどのように認識するかという考え方と通ずるものといえる。また、さらに問うてみると、フランスの識者は「globalisation」という表現については英語圏における経済活動や金融活動の変異を指すと理解している。「mondialisation」が本書で検討している地球化に近いニュアンスであるが、地球化では世界が究極的に一つになるというところまでは論じていないという点が大きく異なる。

そして中国語ではグローバル化は「国際化」と示されることが多く、「全球化」という呼び方も用いられている。そしてちなみに「共生」という言葉も中国語には日本語と同様の漢字を用いてあり、生物学的な共生のイメージだそうである。人と人との共生までの発想は中国の識者との議論では出てこない。

一方で、グローバル化が活発に議論され始めた一九八〇年代からこれに反対する意見も多く出されたが、それから約三〇年余の月日を経てグローバル化に対する賛成派、懐疑派ないし反対派の議論はその後どのようになっているか、グローバル化に反発するベクトル、いわば反地球化のベクトル、今風にいえば「反グローバリズム」のベクトルはどのような作用を起こしているのか、地球化の潮流にどのように挑戦しているのかも本章で検証したい。

一　地球化のベクトル

◇グローバル化のうねり

今日的地球化はグローバル化やグローバリゼーションと同じなのかをまず考えておきたい。

グローバリゼーションについては、日本では図2－1に示すように新聞紙面上では一九八〇年代後半から取り上げられ、一九九〇年代から二〇〇〇年代を通して活発に議論されてきた。「グローバル化」についても同様に新聞紙面上で用いられている頻度をプロットしてみると図2－2のようになり、件数の推移は「グローバリゼーション」と類似しているが、掲載件数はグローバル化の方がはるかに多いことがわかる。「グローバリゼーション」と「グローバル化」はいずれも英語の「globalization」の日本語訳であり、大きな意味の違いはないが、グローバル化という表現の方が片仮名が続くよりも落ち着きが良いのか、より多く用いられているようである、両図共に二〇〇〇年以降は、一九九〇年代よりやや頻度が下がっているものの、「グローバリゼーション」および「グローバル化」が紙面で言及されている件数は、合計するとなおも年間一〇〇〇件を超えている。これは目新しい概念として盛んに議論された一九八〇年代後半から一九九〇年代と比較すると、グローバル化が当たり前のことになっているということを示しているとも受け止められる。

一方、図2－3に示すように「グローバリズム」という用語は、一九九〇年代末から二〇〇〇年代初めに言及が増えた。そして最近では二〇一六年から数年間「グローバリズム」に関する記事件数が増えている。これはグローバル化現象そのものを扱っているというより、特に単独主義が目立つよう

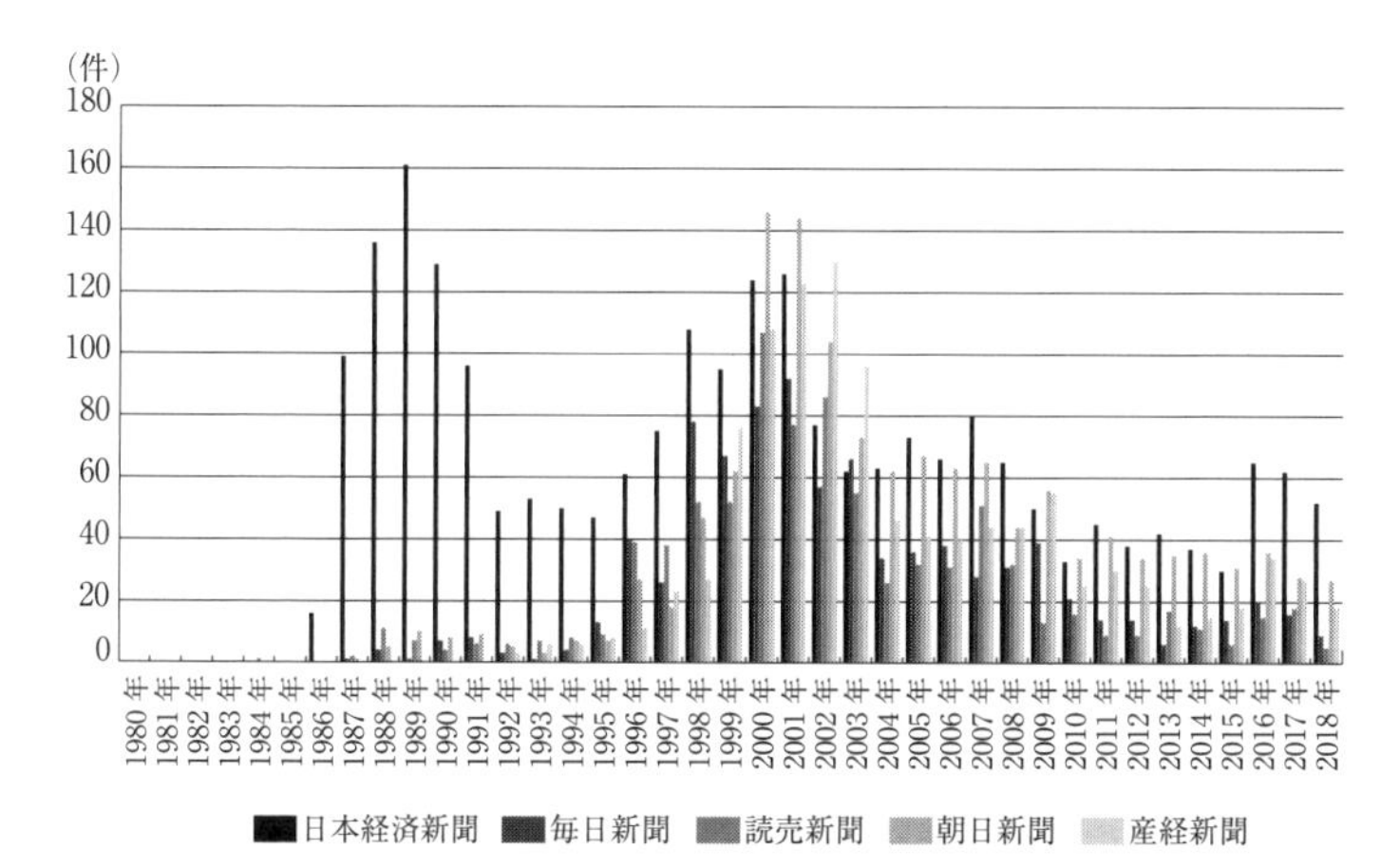

図2-1　新聞紙面に見る「グローバリゼーション」用語の使用頻度のトレンド

参考：日経テレコン21、毎索（マイサク）、読売新聞データベース「ヨミダス歴史館」、朝日新聞記事検索（聞蔵Ⅱビジュアル）、DNA for Library、産経新聞データベース

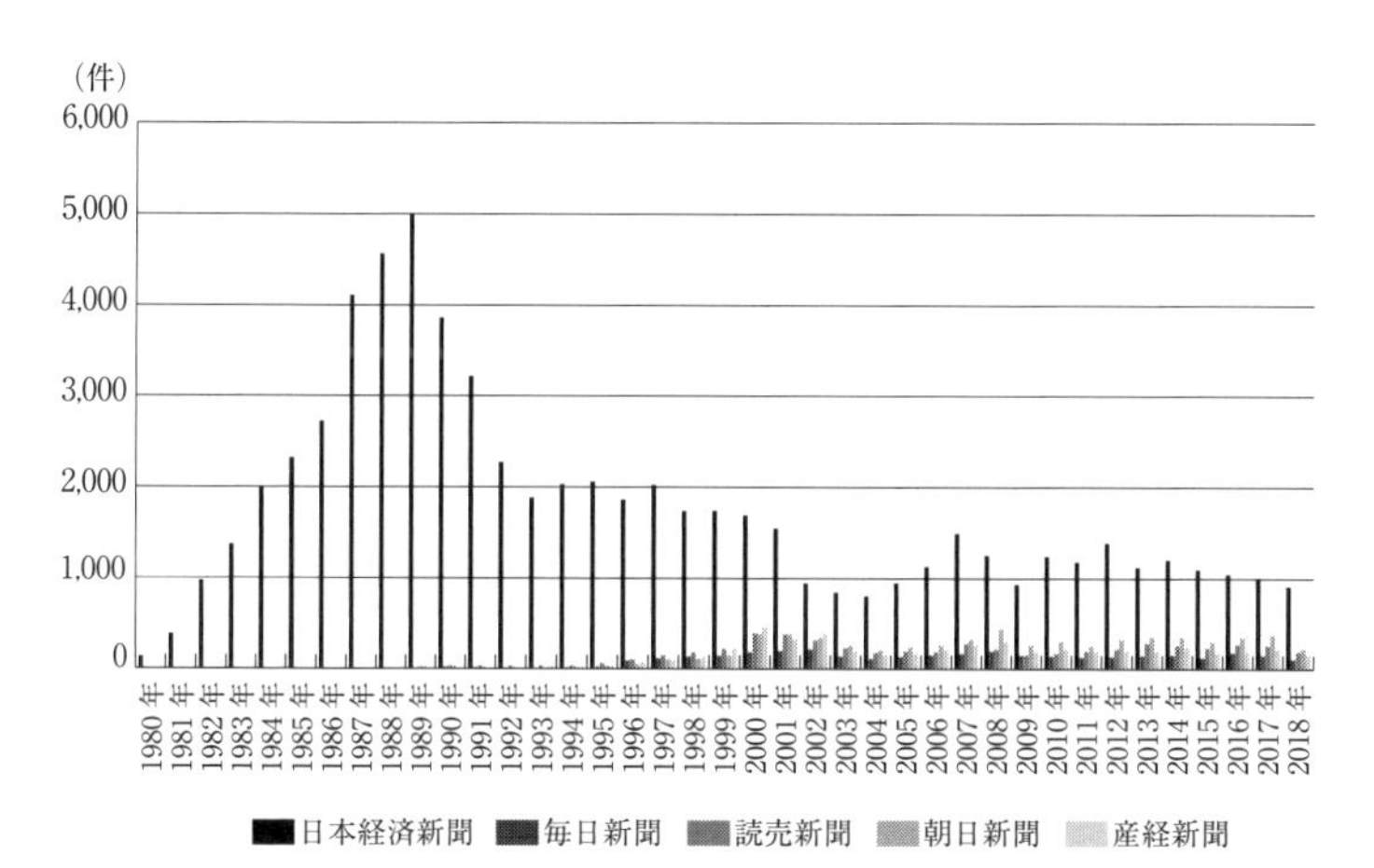

図2-2　新聞紙面に見る「グローバル化」用語の使用頻度のトレンド

（出典は図2-1と同）

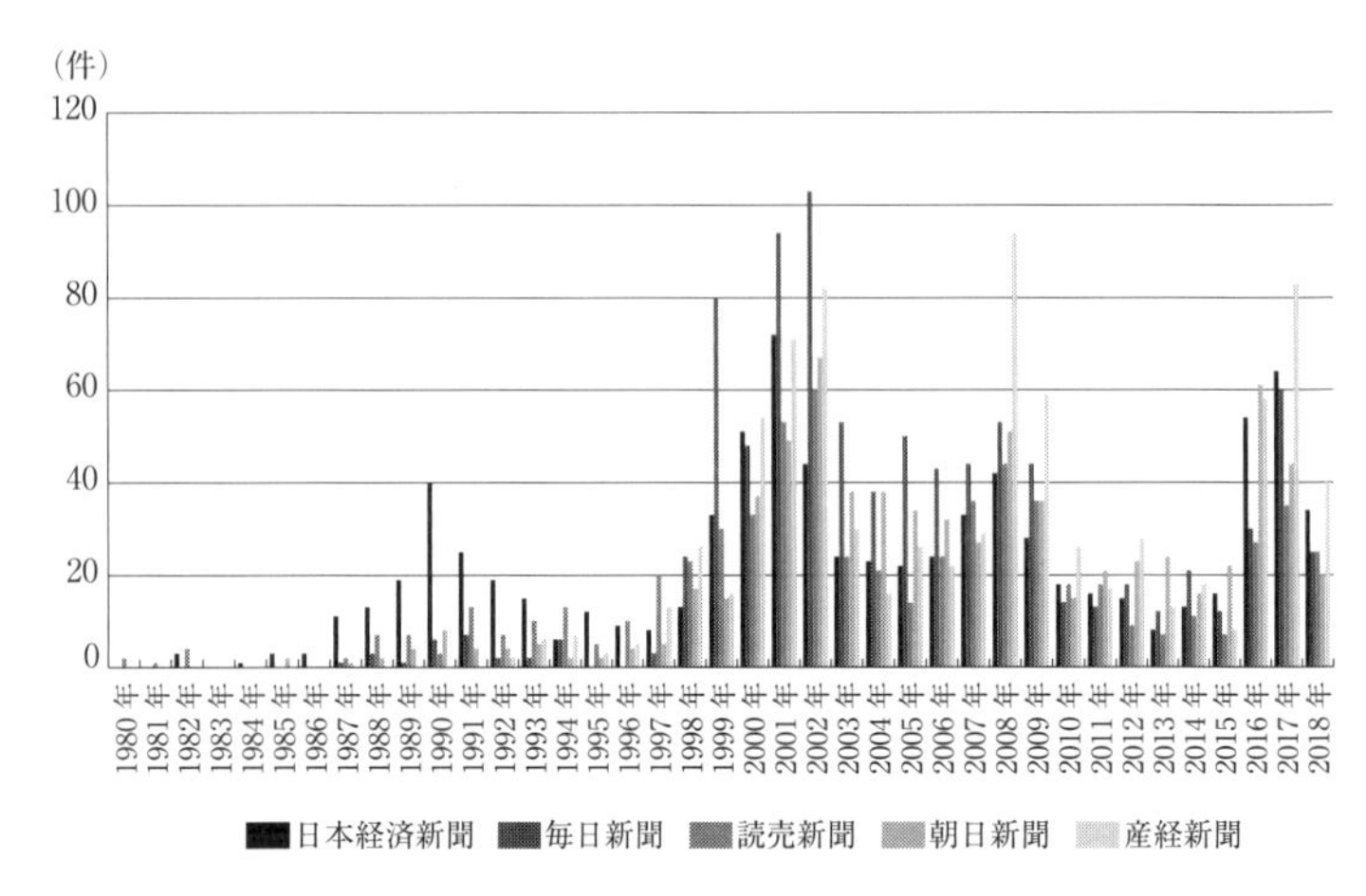

図2-3　新聞紙面に見る「グローバリズム」用語の使用頻度トレンド

（出典は図2-1と同）

になってきた脈絡の中で「反グローバリズム」として用いられたものである。

さて、このように新聞紙面に採り上げられてきたグローバル化であるが、今日的地球化は一九八〇年代後半から議論されてきたグローバル化とは何が異なるのであろうか。まず、一九八〇年代後半からのグローバル化は経済分野が中心であった。しかし、今日的にはグローバル化は政治、社会、自然、文化などの多分野を巻き込む。かつ、これらの分野が各々にグローバル化しているのみならず、分野横断的かつ有機的に連結してグローバル化が進んでいる点が異なる。いわば、多次元的・複合的グローバル化が起きているのである。しかもグローバル化の進行スピードが飛躍的に速くなっている。

では、そもそもグローバル化とは何か。文献を見ると巷間議論され始めた頃には、多くの場合経済分野で活動が国境を越えるようになったことがやはり議論の中心であった。そして、一九八〇年代末から一九九〇年代前半にかけては経済のグローバル化が進むことによりあまねく便益を生み出し、世界に繁栄をもたらすという肯定的な論調が多く展開された。例えば、ギデンズは「グローバル化とは様々な社会的状況や地域間の結びつきの様式が、世界全体に網の目状に張り巡らされるほどに拡張していく過程を基本的に指しているのである」[3]とした上で、「グローバル化は、ある場所で生ずる事象がはるか遠く離れたところで生じた事件によって方向付けられたり、逆に影響を与えるという形で遠く隔たった地域を相互に結びつけていく、そうした世界規模の社会関係が強まっていくこと」と定義づけている。その上でグローバル化により「新たな形の世界的規模の相互依存関係が生まれている」と論じた。そしてウエストファリア条約以降中心的な国際社会の単位であった国民国家体制が変化し、国境の垣根が低くなったか、なくなりつつあると論じた[4]。このような論は、グローバル化は貧困を軽減し、結合度が高くなり、経済は成長するという肯定的な論調に繋がった。

他方、ノーベル経済学賞を受賞し、世界銀行の上級副総裁兼チーフエコノミストも務めたジョゼフ・E・スティグリッツは、二〇〇〇年代にグローバル化を狭義と広義に分けて次のように定義している。狭義のグローバル化は「経済において商品、サービス、資本、労働のフローが増加することにより、世界各国の経済がさらに緊密化すること」である。そして、広義にはグローバル化は「発想や知識の国際的な流出入も、文化の共有も世界的な市民社会による地球規模の環境保護運動も、全てグローバル化に含まれる」とした。つまり、知識、資本から人々に至るまでの往来や交流が技術やインフラの整備により、より容易になり、世界各地の出来事が他の地域に影響を与えることも多くなり、相互依存の度合いも深まったという見解を示した。そしてこれにより問題の解決には国際的な協調行動が必要になってきたと論じた。[5]

そして二〇〇〇年代半ばにかけてはスティグリッツ論じる広義のグローバル化の議論が活発になり、グローバル化は経済分野のみならず、政治、文化、社会など幅広い分野にわたって発生するプロセスだという理解が次第に共有されるようになった。例えば、マンフレッド・B・スティーガーは「グローバリゼーションとは、世界規模の社会的な相互依存と交流とを創出し、増殖し、拡大し、強化すると同時に、ローカルな出来事と遠隔地の出来事の連関が深まっているという人々の認識の高まりを促進する一連の多次元的な社会的過程を意味する」[6]と定義したが、このグローバルとローカルの双方向の作用についてはジョン・トムリンソンが、グローバル化と文化の関係をテーマとした著書『グローバリゼーション――文化帝国主義を超えて』の中で論じている中にも出ている。グローバル化は、「近代の社会生活を特徴付ける相互結合性と相互依存性のネットワークの急速な発展と果てしない緻密化を意味する」[7]としており、グローバル化が経済、政治、文化などにおける多義的な結合であるとしている。そしてグローバル化を経験的状況として見る時に商品から資本、人材、知識、イメージ、さらには信仰から犯罪、汚染物質、麻薬などが国境を容易に越えて流れている現象としている。これらの結びつきをトムリンソンは「複合的結合性」[8]としてのグローバル化と位置付けた。また、社会学の視点からはコーエンとケネディも、「経済・テクノロジー・政治・社会・文化といったグローバリゼーションの全ての次元が同時に結び合わされ、それぞれが互いにインパクトを強化し、増幅しあっている」と語り、グローバル化を多次元的かつ同調的に発生する現象と位置付けている。[9]本書で論じる地球化は、スティグリッツの広義の解釈に立ち、スティーガーの指摘する「多次元的な社会的過程」に近い考え方である。すなわち、グローバル化はプロセスであり、様々な分野で同時に変化が起きており、かつそれがグローバルにもローカルにも連関しているとみなす。

◇経済の地球化の潮流

まず、グローバル化の議論で先鞭をつけた狭義のグローバル化、すなわち経済面のグローバル化について考えてみたい。経済的なグローバル化については様々な議論が展開されてきたが、本書ではジュネーブ国際高等問題研究所のリチャード・ボルドウィンの *The Great Convergence*（邦訳『世界経済 大いなる収斂』）[10]を参照してグローバル化を考察したい。グローバル化というと一九八〇年代からの最近四〇年ほどの現象のように思いがちであるが、ボルドウィンはグローバル化の始まりを古く産業革命、特に蒸気機関の発明にまで遡って論じた。すなわち、グローバル化は蒸気動力が発明されたことにより、モノを移動させるコストが下がったことから進んだと分析する。産業革命以前の世界では輸送手段が限られていたために、距離が制約となり、消費は地理的に生産地近隣の周辺地域に限られていた。陸の輸送は人力と家畜の力に、海の輸送は帆船によるため風力に頼らねばならなかった。よって生産地に近いところでしか消費は発生せず、生産と消費はボルドウィンの言葉を借りれば一緒に括られて「バンドリング」されていた。そして生産と消費の物理的空間を制約するバンドリングには距離のコストとして①モノを動かす、②アイディアを動かす、③人を動かすという三種類のコストがあるとし、そしてこのような制約がなくなることをバンドリングが解けるという意味で「アンバンドリング」と呼んだ。ボルドウィンはグローバル化とは漸進的にこのバンドリングの制約から解放されることで実現したと説明している。

そして、蒸気動力の発明による輸送技術の進歩によって輸送コスト、特にモノを動かすコストが下がったことから生産と消費のバンドリングが弱まり、地理的に離れたところで生産されたものも手に入るようになったと論じた。例えばイギリスの中間所得層はインド産のコットンで作られたテーブルクロスの上で、アメリカ産小麦で焼いたパンを食べ、中国産茶葉で茶を入れ、ジャマイカ産砂糖で甘みをつけた紅茶をするようになったと語る。このような複数の産地から届いたモノの消費は、一八二〇年代に始まったとされており、ボルドウィンはこれを最初のアンバンドリング、すなわち「第一次アンバンドリング」と呼んでいる[11]。今や私たちの食卓を見ると輸送手段や冷蔵・冷凍技術がさらに進歩したことにより地球の様々なところから届いた食品で溢れている。塩も料理に合わせてヒマラヤからフランス、そしてイギリス、さらには国内の産地から届いたものが楽しめる。フルーツも南米やオセアニアなど四季が異なる地域からも届き、食卓を豊かにしている。テーブルに並ぶ食品の原産国を数えてみると両手の指では足らないほど第一次アンバンドリングの恩恵を受けている。

確かに国際物流の進歩によって様々な地域で生産されたものを遠く離れたところで楽しめるようになったことを考えると、第一次アンバンドリングが地球に暮らす私たちの生活にもたらした影響は大きく、多くの場合暮らしは豊かになったといえよう。そしてこれは消費に必要な物資を世界各地から調達することができるようになったという意味においてグローバル化の一つの現象である。

しかし、ボルドウィンによると第一次アンバンドリングによりモノを動かすコストは安くなったが、第二、第三のバンドリングの対象である残りの二つのコスト、すなわちアイディアや人を動かすコストはあまり下がらなかった。したがって、生産のためのアイディアは先進国に残り、発展途上国にはなかなか移転されず、工業生産は主に北に集中した。これが南北の経済格差を生み、そして先進国ではさらにイノベーションが進み、経済成長を促したと観察している。[12]

しかしグローバル化は、情報通信技術（ＩＣＴ）の革命的進歩によりさらに進展した。ボルドウィン流にいえば、このグローバル化は二番目のコストであるアイディアの移動のコストが下がったことから第二次アンバンドリングが起きたことによる。つまり、ＩＣＴの発達によりアイディアの移転コストが下がったことにより、先進国が新しい製造ノウハウを生み出し、これを使って先進国は自国内で生産せず、発展途上国の中で労働力が安い地域で生産をするようになった。例えば、高級掃除機で有名になったダイソンはイギリスのサウサンプトン近郊の町、マルムズベリーで設計、開発、製造を行ってきたが、組み立て製造工程を二〇〇三年にマレーシアに移した。この製造アイディアを生み出したイギリスと実際の製造を担うマレーシアの組み合わせで、ダイソンの掃除機は斬新な設計・性能にリーズナブルな価格設定があいまって大ヒットした。海外で生産を行う企業は製品に関するアイディアから経営の知識までも賃金で比較優位のある生産国の企業に移転していき、いわゆるグローバル・ヴァリュー・チェーンが形成されていった。このようにＩＣＴ革命による第二次アンバンドリングでアイディアの境界はもはや国境線とイコールではなくなり、むしろ企業の生産ネットワークの輪郭によって境界線が形成されるようになった。[13]ここに第一次アンバンドリングとは様相を異にする第二次アンバンドリングによるグローバル化が進んでいった。

しかしながら、ＩＣＴの発達によってアイディアの移動コストが安くなったとはいえ、地球全体で

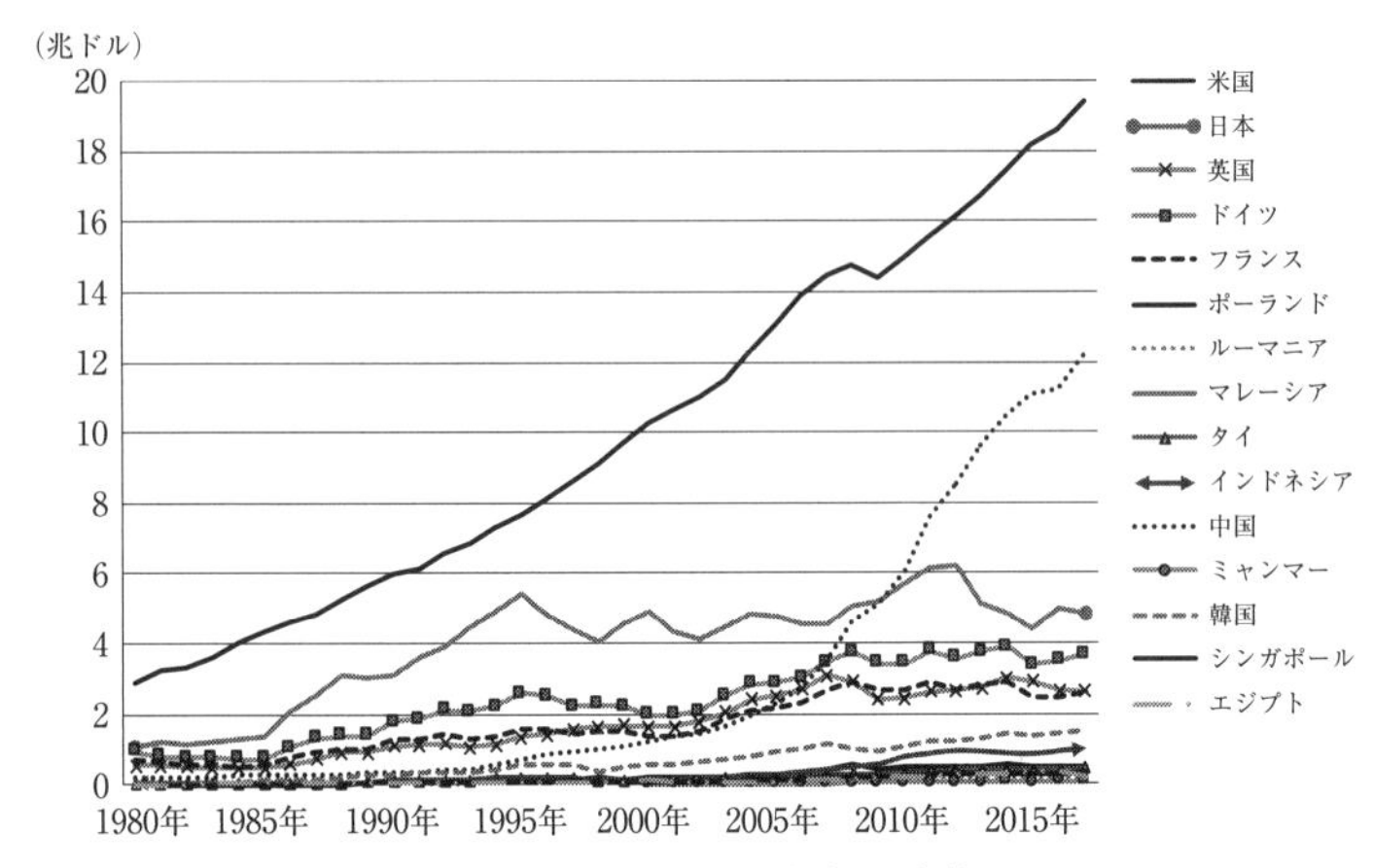

図2-4　各国GDP総額の変化

参考:World Development Indicators

あまねく新しいアイディアが共有されるようになったわけではない。生産拠点をグローバルに展開しようという企業は積極的にアイディアを移転する国を比較優位をもとに選別して、提供しているのであって、貿易上あるいは投資上比較優位がある発展途上国には海外企業の進出によりアイディアが移転されて経済成長率が高くなったが、それは選ばれた国だけであった。したがって第二次アンバンドリングの実を享受している国には濃淡があったことが図2－4のGDPの変化からわかる。ポーランド、ルーマニア、マレーシア、タイ、中国などが裨益している一方で、アフリカ大陸ではエジプト以外は大きなGDP上の利得は示されていない。

　このようにして第一次、第二次アンバンドリングによりグローバル化は進展したが、その恩恵は地球社会の中で均一ではなかった。これが次節で取り上げる反地球化のベクトルの原因になっていった。

　一方、ボルドウィンは第三のコストである人を移動させるコストはいまだに下がっていないと分析した。航空運賃などはＬＣＣの登場もあり次第に下がっているが、物理的に旅行にかかる時間も費用もマネージャーや技術者の給与と比例して上がっていると指摘している。そのために海外で製造する企業は生産をごく少数の国・地域に集中している。無論先進国から距離的に離れていてもアイディアが移転されている例もある。しかしながら、海外からの投資が多い途上国と比較的少ない途上国の差はあり、また政治情勢が安定しているか否かによっても海外からの投資の多寡が左右されている。概ね紛争が発生していない、安定した地域が移転の対象となっている。かつ、おしなべて企業は本社との便の良い途上国を投資先に選んでいるが例外もある。例えばインドは人と人の対面コミュニケーションが必要ではない、ＩＣＴによるコミュニケーションで十分であるような産業分野でアイディアの移転を受けて、目覚ましい経済成長を遂げている。ここでもグローバル化によって地球社会が均一に潤っているわけではない。第二次アンバンドリングによって生産のために必要なアイディアの移転を受けた国々の企業は競争力をつけ、経済成長も目覚ましい。しかし、その便益を受けずに日の当たらない人々もいる。これがよくいわれる「グローバル化の光と影」を生み出している。「影」になった人々からの不満は膨れ上がる。

一方、第二次アンバンドリングはＩＣＴの革命的進歩によって駆動されているため、そのペースは第一次アンバンドリングとは比較にならぬほど急速に進んでいる。そこで新しいグローバル化で得をした人や企業、国と、損をした人々の格差も急ピッチで拡大している。しかもその格差の構図は複雑である。つまりグローバル化の進展によって先進国の低技能労働者は輸入が増え、職を失うことにもなる。一方で海外生産をする先進国の企業の収益は増え、途上国で低技能の職が増える。投資受入国では、もともと農業が主要産業であった国々でも農業から工業に労働力がシフトする。[14] これによって産業構造が変容する。これが受入国の社会構造をいびつにし、社会不安を生むなど副次的な影響も出る。例えばアイディアの移転対象となる発展途上国の人々の所得が増えるが、農業などの第一次産業が急速に廃れる場合もある。

◇情報通信技術（ICT）による地球化の潮流

ＩＣＴの進歩は、さらに地球化に複合的に拍車をかけている。ＩＣＴの進歩により遠隔地にいても地球上の至る所で起きたことを瞬時に知ることができ、ＩＣＴは地球上の距離を縮めたといえる。昔なら知ることさえも容易ではなかった遠いところの紛争、テロリズム、ハリケーン、台風、干ばつ、山火事、地震、津波などの様子を、映像によりあたかも自分の目の前で起きているかのごとくの臨場感を持って見ることができる。例えば、シリア紛争が激しくなり、難民が大量に発生した時、一枚の写真が世界を震撼させた。

これはトルコのリゾート地ボドルムのビーチに打ち上げられたシリア難民の三歳の男の子をトルコの準憲兵隊員が抱えている写真であり、メディアにより幅広く配信されて世界の多くの人々の同情を集めた。この少年、アイラン・クルディ君は内戦中のシリアから逃れ、トルコからギリシャを目指すボートに家族と共に乗っていたが、このボートが転覆し、死亡したと伝えられた。これはシリア紛争が収束する目途がつかない中で戦火を逃れてヨーロッパに逃れようとするシリア難民の問題を浮き彫りにし、逃げる難民の命が危険に晒されていることを読者の視覚に訴えたものであった。当時、ヨーロッパ諸国は大量に発生するシリア難民の受け入れには国内への影響を懸念して及び腰であった。しかし、この一枚の写真が強い衝撃を与え、市民からヨーロッパ諸国の難民受け入れルートや体制が整っていないことへの非難が高まり、ＥＵ諸国の政治家を動かして、難民受け入れの具体的な方針が打ち出されたといわれている。[15] 以来、シリア難民をはじめとする難民受け入れや人の移動（migration）への対応は、ヨーロッパ各国の重要な政治課題になり続けている。これもシリア難民の問題がヨーロッパのみの問題ではなく、世界全体の課題であることを知らしめた、第二次アンバンドリングのもたらした現象といえよう。しかも難民問題はシリアに限ったことではない。紛争に揺れる中東のイエメン、ミャンマーのロヒンジャ問題や、中米のホンジュラス、グアテマラ、エルサルバドルなどからメキシコを経由してアメリカを目指すいわゆる「キャラバン」の問題など映像は多くの人の移動の問題を伝えている。

トルコのリゾート地、ボドルムの近くで子どもの遺体を運ぶ準憲兵隊員。2015 年９月２日撮影。（AP/ アフロ）

このように地球上の一カ所で発生した出来事の情報が臨場感を持って瞬時に世界を巡る今、地球上の距離はアイディアの伝搬という面ではなくなったといっても過言ではなかろうし、ＩＣＴが日々進歩し続ける中でこれはますますその様相を強めていくであろう。

それでは遅れている第三次アンバンドリングの見通しはどう

か。ボルドウィンが指摘したように航空運賃はまだ高いし、日本から欧州に行くには一〇数時間かかり、アメリカ東海岸も然りで、長時間狭い飛行機の中に座っていなければならない。かつてオーストラリアの首相を務めたケビン・ラッド氏は、海外出張の多い首相として知られていて「空飛ぶ首相」とまでニックネームをつけられていたが、アジア太平洋の地域協力問題——アジア太平洋コミュニティ（ＡＰＣ）構想——を話し合う会議に筆者が招かれた時にシドニーで開催された同首相主催のレセプションで、カクテルを傾けながら、このように筆者に愚痴っていたことを思い出す。「君にはわかるだろう。オーストラリアをホームベースにして海外へ出張するのはどこに行くのも遠いんだよ。日本も地球上の位置としては国際会議が開かれる欧米と離れているから僕の気持ちがわかるだろう。でもねえ、オーストラリアを起点にすると日本よりもっと遠いんだよ」と。それでもラッド氏がアジア太平洋地域の協力への強い思いを語り続けていたことは印象的であったが、これはボルドウィンの語る人の移動のコストの低減であるところの第三次アンバンドリングがまだまだ発展途上にあることを如実に示している。

しかし、グローバル化における三つのコストのうちのモノを移動するコスト、すなわちモノを運搬するコスト、アイディアを移動するコスト、人を移動するコストのうち、三番目の人を物理的に移動して対面させるコストはそう急激に下がる見通しは立たない。しかし、通信コストは今も急速に下がり続けており、かつＩＣＴは新たな可能性を次々と実現している。すなわち物理的に人が移動しなくとも仮想空間において移動し、対面することが容易になってきている。今や遠隔地勤務の人たちとの会議は出張しなくともスカイプやフェイスタイムで相手の表情を見ながらできる。海外プレスの取材もスカイプやフェイスタイムでのインタビュー申し込みがほとんどである。また、国際的な仕事の採用のための面接試験も応募者に帰国を求めたり、任地に出向いて面接をするのではなく、現在居住する国、勤務地でスカイプやフェイスタイムで面接が行われることも次第に多くなっている。しかもこの場合、通信費はほとんどかからない。無論直接対面する場合と比較して全く同じレベルのコミュニケーションができるわけではないが、かなりのレベルの代替にはなる。

さらにはラインやWhatsApp、フェイスブックなどのＳＮＳアプリを使えば極めて簡単かつ安価に画像と音声をやりとりできる。かつて海外勤務の時に母国の家族に連絡するのは航空便でも一週間かかった。筆者はアメリカ留学時代に学業に忙しく、手紙を書いたり、郵便局に行く時間がなく、連絡が滞っては父親に叱られた苦い記憶がある。その次がＦＡＸ、そしてＥメールであった。今や単身赴任をしていても家族とは日々メールやラインなどのやりとりができるのでお互いに連絡不足による誤解もなく、休暇で帰国したり、任地に家族が遊びに来てくれてもお互いの様子が常にアップデートされているので、遠距離海外単身勤務による違和感が少ない。そして今や写真を送ってもかつてのように驚愕するような国際通信料金の請求に遭わなくて済む。国際通信は極めて安くなっている。

このような仮想空間を駆使した人の移動コストの低減をボルドウィンは「テレプレゼンス」と名付けて、人間の分身が国境を越えて同じ部屋に集まり頭脳労働サービスを交換しあうことができるとしている。さらにもう一つ人間の分身に遠く離れた場所でロボットを用いて肉体労働をさせる「ロボティクス」もあげて、これらが第三次アンバンドリングの可能性を秘めていると論じている[16]。

この第四次産業革命とも呼ばれるＩＣＴ革命は、さらに電子決済、キャッシュレス・エコノミーを生み出している。これにより私たちの暮らし方、生活様式も大きく変化している。子どもへのお小遣いやお年玉はSNSで渡すという具合である。交通アクセスの悪い紛争地に働くスタッフの給料や日当の支払いにもICTは活用され、スマートフォンを活用して支払われている。このような変化は私たちの共生のあり方も変えていくであろう。

さらに私たちの空間への感覚を大きく変える技術の一例としてプロジェクション・マッピングがある。これは平面のスクリーンに映すものから発展して、立体的なものに映像を貼り合わせるものまで多様な形態が生まれている。プロジェクション・マッピングはスポーツ大会の開会式や伝統芸能などの舞台、東京ディスニーランドのアトラクションでも光の演出などに用いられており、そして新たな空間へ誘う手法として近年注目を集めている。日本大百科全書は、プロジェクション・マッピングとは「建物などの立体物をスクリーンとして映像を投影する技法、およびこれを使った映像表現やパフォーマンスなどのこと。コンピュータ・グラフィックスや画像などを、プロジェクターによって立体物のそれぞれの面に投影し、立体物と投影された映像が重なりあうことによって様々な視覚効果をつくりだす。英語で『投影』を意味するプロジェクションと、『位置づける、または割り当てる』ことを意味するマッピング（mapping）を組み合わせた造語である」[17]と説明している。チェコスロバキアの舞台芸術家ジョゼフ・スボボダが空間演出の中に照明やスライド・フィルム映像などを組み合わせて現実とは異なる世界——光の演出——を作り出したのがこの技術の発端だという。フィジカルとデジタルをいかに融和させるかに専門家は苦心しているが、プロジェクション・マッピングは新しい可能性を無限に広げている[18]。

さらにプロジェクション・マッピングは、このようなアートの世界のみならず、配送の荷仕分けなど業務へも応用されている。人材不足の中で熟練を要する荷仕分け作業を自動化しようという試みである。さらには医療分野で患者の臓器や患部の変形チェックや移動にも映像を追従させようという試みもある。[19]

このようなＩＣＴの革命的発展により、第三次アンバンドリングは人の移動そのものではなく、形を変えて実現しつつあるといえよう。同時に空間の感覚が実物空間から仮想空間にも広がり、その可能性は無限大に広がっていき、それこそロボット技術や人工知能（ＡＩ）が新たな形のコスト革命を生み出し、未曽有の形での地球共生の可能性を広げている。

◇文化の地球化の潮流

地球化は前述の通り多次元に及んでいるが、文化の次元も例外ではない。文化は、かつてはローカルなものであり、限定された地域で育まれていたが、今や地球社会全体に広がり、様々なネットワークを通じて交流され、共有されている。ここでいう文化とは単なる芸術に限るものではなく、思想、文学、アート、演劇、音楽、舞踏、スポーツから価値観、信仰など生活様式全体を指す。[20]

マンフレッド・スティーガーは、文化のグローバル化は、ロックンロールやコカ・コーラやサッカーの世界的な普及に始まったわけではなく、ボルドウィンの論じた経済の場合と同様に広い範囲にわたる文明の交流、すなわち文化のグローバル化は近代のはるか以前からあったと論じている。これはまさにフランス語でいうところの「mondialisation」の発想である。しかし、文化交流に要する時間は現代とは比較にならないほど長かった。現代の文化的伝播の量、広がりそしてスピードは、それ以前の時代をはるかに凌駕している。スティーガーはインターネットやその他の新しいテクノロジーの後押しを受けて、かつてなかったほどに文化は自由にそして広範囲に交流していると指摘している。[21]

人の移動コストの低減という第三次アンバンドリングはいまだ発展進行中ではあるが、業務上の必要性からの出張も増えて、様々に異なる背景や国籍を持つ人々と一緒に仕事をすることや、またレジャーや観光で海外に出かける人も増えた。二一世紀の地球上の人々の接触は二〇世紀とは比較にならないほど増え、人々の往来も活発になり地球化している。この背景には、経済成長と共に各国で中産階級が増え、仕事のみならず休暇を海外で過ごす世帯が増えたこともある。また、テレビやインターネット、YouTubeなどの画像で様々な暮らしぶりや社会を知る機会も多くなり、これが人々の興味をかきたてた。このような人々の接触の増大により地上の離れたところにある物や人々に馴染む頻度も高まり、さらにインターネットを駆使してのショッピングも容易になり、生活様式すなわちライフスタイルは地球上で次第に収斂してきているように思う。例えば、海外に出張して、友人や同僚の自宅に招かれてリビングに腰を落ち着けるとその雰囲気には不思議と違和感がない。音楽を聴くスピーカーやテレビ、サイドボードに置かれた家族の写真やデジタル写真立て、カラオケセットまで馴染みのものが置かれていることが多い。日本人の客だからと日本へ旅行をした時に購入した掛け軸や風呂敷、古い着物の帯がインテリアとしてタピストリー代わりになっていたり、テーブルセンターに仲間入りしていることもある。

食事も地球化し、世界各地で和食、エスニック、フレンチ、イタリアンが供される。時にはフュージョン（融合）をして、サーブされる。そのような時、ちょっとした発見もある。例えば、東南アジアで肉じゃがは醤油ではなく現地の魚醤、ニョクマムで味付けがしてあったり、アメリカでは巻き寿司の中身にカニカマボコやアボカド、はたまたチーズやハムが入っていたりする。カナダではソフトシェルクラブの天ぷらを巻いた寿司がレインボウ・トナカイというネーミングで供される。

筆者がアメリカで暮らしていた時にパーティーをすると、客人は日本人の私にはちょっとした和食の料理を加えることを期待する。そこで夏のバーベキューでも、締めはホットドッグにせずに焼きおにぎりや巻き寿司にする、あるいは前菜には焼き鳥風のものを供するなど異なるローカルフードを組み合わせる工夫をしていた。このような交流を通じて食卓は文化の重要な要素であり、ローカルとグローバルが織りなす綾（あや）が会話の潤滑油になった。

世界でも日本の和食は「日本の伝統的な食文化」として認知され、二〇一三年に国連教育科学文化機関（ユネスコ）の無形文化遺産として登録された。和食が新鮮で多様な食材を使い、材料本来の持ち味を生かしていること、栄養バランスに優れていること、出し汁の「旨味」を活用して動物性油脂の少ない食生活を実現していること、自然の美しさや季節の移ろいを表現した盛り付けなどが評価されたそうである。最近ではフランスやイタリアでレストランに行くとフランス料理やイタリア料理に和食の出し汁やゆず、かぼすが使われていて、不思議なフュージョンを起こしている。日本酒とフランス料理のマリアージュも行われており、逆に和食にワインの組み合わせも増え、食の世界の地球化も急速に進んでいる。このように生活様式は、間違いなく地球化し、人々の異文化理解は進んでいる。

このような地球化は生活を豊かにし肯定的な便益をもたらし、人々を繋いでいる。このように地球化のベクトルは狭義の経済分野から技術、文化など他分野へ連関性を持って広がっている。

二　反地球化のベクトル

では、地球社会は地球化街道をまっしぐらに歩みを進めているかといえば、そうではない。むしろこれに反発するベクトルも強く、時に地球化のベクトルを凌駕し、分裂を起こすのではないかというほどの勢いで作動していることもある。これを「反地球化のベクトル」と名付けて、本節で考察したい。

◇グローバル化への反発

そもそもグローバル化が議論され、理論化の試みがなされた一九八〇年代後半から一九九〇年代初めにかけてはグローバル化については肯定論がある程度勢いを持ったが、次第に並行して懐疑的ないしは否定的な議論に拍車がかかった。肯定派はグローバル化によって国境の垣根が低くなり、国民国家の存在が不要になる、すなわち「経済面では産業、貿易、金融のグローバル化が国家を越えたネットワークを通して脱国家化をもたらす」という論[22]を繰り広げたが、懐疑派や否定派からは特にこの国民国家消滅とも受け止められかねない主張は強い反発を受けた。グローバル化の懐疑派、否定派は、多国籍企業も複数国で活動をしているとはいえ、明らかに特定の国に基盤を置いていると反論した[23]。経済と金融の側面から「グローバリゼーションは神話である」、詳しく分析してみると確かに経済活動や金融の流れは国際的になったが、煎じ詰めるとアクターはやはり国民国家だとの考え方を示して、グローバル化論を否定している。[24] グローバル化の進展により世界は一つになっているという主張に対しては、やはりウエストファリア条約以降の国民国家、主権国家を中心とした国際社会の構図は変わっていないという主張が強く展開された。国際関係論でも然りである。グローバル化が進む中で国家の枠組みを超えて多国籍企業の活動や環境、人権、気候変動などの地球規模課題に取り組む市民社会、NGOの活動も活発になり、国際社会で影響力を持つようになってきているという議論は認めつつも、例えば、ヘドリー・ブルは著書『国際社会論　アナーキカル・ソサイエティ』の中で国際社会はあくまでも主権国家から構成されているとした上で、国際システムは構成国が「一定の共通利益と共通価値を自覚した国家集団」となった場合に成立し、この制度により一定の秩序が保たれるという考え方を示した。ブルによれば国際システムは主権国家が基本的かつ普遍的な目標を共有した場合に成立する。[25] したがって、あくまでも主権国家重視の姿勢で、国境という垣根が低くなる立場ではなかった。それでもブルは主権国家が消滅する可能性、世界政府の可能性も検討した。しかし、主権国家が同意に基づく世界政府に従うというようなことは考えにくいとした上で、[26] 主権国家が消滅して世界政府ではない中世の西洋キリスト教世界のような普遍的なレジームとして「新中世主義」も検討した。しかし、この時点では主権国家システムに代わるには至らないとの結論を出している。[27] その他にも国際社会の変化は検討されながらも主権国家体制が大きく変わるというところまで議論はこれまでのところ収斂していない。

そしてグローバル化への反発の代表的な主張は、まずグローバル化は企業活動のアメリカン・スタンダードをグローバル・スタンダードと呼びかえたアメリカン・モデルの押し付けだというものであった。すなわち「グローバル化は世界が西洋によって支配される過程、とりわけ世界のアメリカ化だ」[28]という主張であった。アメリカは市場経済を重視し、経済の自由化を善として、利潤と効率性を重視した大競争を展開し、一人勝ちを狙っているという見方である[29]。その証左として冷戦の終焉と資本主義経済の勝利が高らかに謳われたという見方であった。

さらにグローバル化への反発の多くはグローバル化のメリットが必ずしも全ての人々にとってプラスには働いておらず、恩恵に浴さない人々も多いことを強調した。つまりグローバル化の恩恵が不平等であることが反対論の論拠となった。スティグリッツも、グローバル化は全ての国、全ての人に未曽有の恩恵をもたらすはずだったが、先進国、発展途上国の両方に不満が残ることになったと論じている。すなわち欧米諸国は海外への製造のアウトソーシングの結果、国内における中間層の雇用を失い、その一方で途上国は先進国にグローバル経済の枠組みを一方的に押し付けられようとしており、横暴だと感じていると指摘している。そしてスティグリッツは、特に非熟練労働者の将来とグローバル化による不公平の拡大、先進国中心の国際経済機関における民主性の欠落が問題であると指摘した[30]。これはグローバル化が複合的、かつ多次元的に進行する中で、各分野が連関性を持ちながらも、組織的にはうまく結合されていない、ないしは矛盾を孕んでいるところに原因があろうと述べている。

グローバル化現象は、経済が先行しつつも、次第に他分野を巻き込んで進行しているが、いずれの分野も政治分野と絡んでおり、かつ多くの場合当該分野と政治との矛盾が問題や不満を生んでいる。グローバル化という動きに対して国際政治のガバナンスが追いつかない限り、この問題は解消されず、懐疑論や否定論が闊歩し、反グローバリズムの論調は勢いを増す。

さて、最近ではグローバル化が経済のアメリカン・スタンダードの押し付けであるという反論は下火になったが、一方でグローバル化が生み出す格差が次第に問題視されるようになっている。すなわちグローバル化にうまく順応できたり、そのメリットを享受できた国や人々はグローバル化の光の当たるところにいるが、グローバル化の潮流にうまく乗れなかった国や人々はグローバル化の影に置き去られ格差が広がる、とするグローバル化の光と影の議論は現在も影の部分を強調しながら根強く展開されている。このようにグローバル化が進展する中においては、これにより裨益する人々と損をしていると受け止める人々、いわば勝者と敗者を生んでいる。このため本来結束の方向に作用するべきであるグローバル化が地球をむしろ分断し、二極化している。すなわち地球化の進展により専門的な知識を持ち、いわばアイディアを考える人々の層と、逆に低所得層でローカルに低賃金の仕事で輸入代替の利かない職についている人々は、その内容や程度は異なるがグローバル化により恩恵を受けるか、または直接の影響は少ない。一方、地球化により職を失ったり、労働条件が競争で悪くなったと不満を持ついわゆる中間層の人々はグローバル化に反発し、反対の声を強く響かせている。これが時として貿易問題にせよ、人の移動の問題にせよ政治において異論を唱えるポピュリズムの波に繋がっていると考えられる。

このような論調に対してアマルティア・センは、グローバル化は西洋化と受け止められ、その脈絡において賛否両論に分かれたと論じている。センは古くはルネッサンス、さらにはボルドウィン同様、産業革命にグローバル化のルーツを見出し、グローバル化を長い時間軸のプロセスとして分析しつつ、産業の発達によって人々の生活水準は高くなったと記述している。そしてこのようなグローバル化の進展を西洋文明のもたらした恩恵と思うか、呪いと思うかが賛否両論を分けるとしている。しかしながらセンはグローバル化が全て西洋文明によるものでなかったと指摘する。その例示として印刷技術が中国で発明されたものであり、これにより印刷された最初の本の中身は、仏教についての注解書で、金剛経の仏典でサンスクリット語で書かれていたものを中国訳したものであったことを紹介した。この最初の印刷本はインド、トルコと中国が関わったものであって、西洋ではなかったのである。このような事例を引用しつつ、センはグローバル化を長い歴史の流れの中で理解すべきだと主張している。[31]

確かにグローバル化をアメリカ化ないし西洋化として否定することはロジックとしてわかりやすく、説得力があるが、実際に世界で起きていることを見ると必ずしもそのような批判で一蹴できるような単純な現象ではない。ましてや今日の地球化現象はいずれかの国家が支配するというロジックで片付けられるようなものではなく、様々なモメンタムが働いて同時に多次元的に相互依存関係が進行しているというのが現実であろう。しかしながら、今日の地球社会で起きている事柄を観察すると地球化の発信地と論じられてきたアメリカやヨーロッパからも反グローバル化のベクトルのうねりが強く作用し始めているように見受けられる。地球化に反発するロジックは人々へのアピールも強いが、ただむやみにグローバル化を否定することが人々の生活の格差拡大を解消し、安定したものにするのだろうかという疑問が頭をもたげる。

◇反グローバリズムの潮流

これまでグローバル化の先陣を切ってきたと論じられてきた先進国、特にアメリカなどからグローバリズムへの反動としての反グローバリズムの火の手が上がっている。これは二〇一六年のアメリカ大統領選挙の頃から表面化し、ドナルド・トランプ大統領の就任を通じて論壇を賑わしてきている。しかもそれまでグローバル化推進派と目されていた人々がグローバル化のスピードがあまりに速すぎることを懸念して懐疑派に転じた。一例をあげるとファイナンシャル・タイムズのコメンテーターのエドワード・ルースは著書 *The Retreat of Western Liberalism*（西洋のリベラリズムの衰退）の中でグローバル化を推進することがポピュリストを生んでいると警鐘を鳴らした。また、作家のジョン・ジュディスはニューヨーク・タイムズへの寄稿でグローバル化の進展がナショナリズムの呼びかけを魅力的なものにしており、職を失ったアメリカ人が怒る白人有権者グループを生み出していると論じた。[32] グローバル化の進展に反旗を翻す人々は貿易のインバランス、特に自国の貿易赤字、失業と移民・難民の流入による生活の不安定化を中心に反発している。

しかも反グローバリズムはトランプ政権固有の現象かといえばそうではない。アメリカは、第二次世界大戦後、長い間国際秩序を構築しかつ支え、国際の平和と安定のためにいわば世界の警察官を自負し、国際社会の中で多国間協調やルールづくりを担ってきた。そのためには自己犠牲も払ってきた。しかし、冷戦終焉後、もはやアメリカはいつまでも世界の警察官ではいられないという意見がアメリカ自身の中から生まれ、国際平和と安定を維持するための負担の分担（バーデン・シェアリング）を求めるようになった。例えば、一九九〇年代にアメリカ大統領選挙に立候補したパトリック・ブキャナンがまさに「アメリカ第一主義」を説いたのであった。[33] ブキャナンは「一にも二にも三にもアメリカ」という論文を冷戦直後に『ナショナル・インタレスト』誌に掲載した。ブキャナンは冷戦の終焉と共にアメリカの世界的な役割は終わったと明言した。アメリカは第二次世界大戦でもベトナム戦争でもそして熱い戦争にいたらない冷戦にも介入し、そのために人的にも財政的にも犠牲を払ってきたが、冷戦の終焉を受けてこれからは疲弊したアメリカを立て直すことが国益に適うとして、保護主義、孤立主義をとるべし[34]と説いたのであった。

アメリカの孤立主義は何も冷戦後に初めて表面化したわけではない。アメリカの外交史には濃淡の綾はあるものの常に孤立主義の流れがあり、時に表面化してきた。例えばウッドロー・ウィルソン大統領が第一次世界大戦後再び世界大戦が勃発することを防止するべく国際連盟創設をリードしたが、アメリカ議会の反対のため、アメリカは国際連盟に加盟できなかった。この孤立主義の流れが脈々と続いていることをブキャナンの主張は表している。

冷戦後最初にこの問題が具体的な議論となったのが、一九九一年のイラクのクウェート侵攻の際にアメリカが介入すべきか否かが議論となった時であった。ブキャナンはその主張に基づき介入すべきではないとの論陣を張ったが、クラウトハマーらいわゆるネオコンの論客たちは介入を強く主張した。その結果アメリカは湾岸戦争の開戦を選択し、以降アメリカ一極支配を主張するネオコンの立場が勢いを持った。湾岸戦争の勝利によりネオコンがさらに勢いを持ったが、ブキャナンは一九九二年大統領予備選を皮切りに「アメリカ第一主義」をかざして大統領選を戦ったが挫折を繰り返した。この敗北にあたかもブキャナンの孤立主義、保護主義の立場は敗北したように見えたが、アメリカの孤立主義が蘇ったことを実感させたのが、オバマ大統領の二〇一三年九月一〇日のテレビ演説でもあった。

当時シリア内戦が激しくなり、化学兵器使用の可能性が取りざたされていたが、オバマ大統領は「化学兵器による死から子どもたちを守り、私たち自身の子どもたちの安全を確かにできるのなら、行動すべきだと信ずる」と語って化学兵器禁止の国際ルールは維持すべきと強調した上で、シリアへの武力行使については、この方策をとらないとして「イラクとアフガニスタンの二つの戦争の末、他の国の内戦を解決することはできないとわかったからだ」と述べた。オバマ政権の前のブッシュ政権が「世界の警察官」としてイラクとアフガニスタンで開戦したのに対して、退役軍人や連邦議員から「アメリカは世界の警察官でなければいけないのか」という書簡を受け取ったことを明らかにし、オバマ大統領は「もはやアメリカは世界の警察官ではない」と演説したのであった。

この背景には、やはり自国優先、アメリカファーストの考え方が冷戦後強く残っていたことを表している。これは政治家のみの意見の流れではなく、有識者の意見にもまた同じような方向に向いたものもあった。例えば、一九九三年から二〇一四年までのアメリカの海外における紛争への介入や紛争影響国の平和構築への貢献について、アメリカ外交史を専門にするマイケル・マンデルバウムは、ボスニア・ヘルツェゴビナからアフガニスタンに至るまでアメリカの紛争影響国での平和構築への支援は、長引く国づくりへの関与となり、いずれも失敗だったと結論づけている。[35] そして、アメリカはこのような紛争に介入したが一向に成果が上がっておらず、むしろ関与すべきではないと主張している。無論アメリカの識者の意見には幅があり、マンデルバウムの意見はその一つの流れである。

他方、二〇一六年の大統領選に勝利したドナルド・トランプ大統領は、再びパトリック・ブキャナンと同じ「アメリカ第一主義」を唱え、保護主義的政策を打ち出している。トランプ大統領はブキャナンの主張を踏襲したつもりはないかもしれないし、オバマ大統領の「もはやアメリカは世界の警察官にあらず」という方針を踏襲したつもりもないであろうが、明らかに引き継いでいる。さらにアメリカの同盟国に対して国際安全保障についてより大きな負担の分担、バーデン・シェアリングを強く求めている。例えば、北大西洋条約機構（NATO）は、安全保障環境が厳しくなっていることからかねてより加盟国が、二〇二四年までに防衛費支出を対GDP比二％に引き上げることに合意していたが、二〇一八年七月にNATO首脳会議に出席したトランプ大統領は多くの加盟国がこの約束を達成していないことを批判した上でNATO加盟国に対して、防衛費支出を目標の倍のGDP比四％に引き上げるように要請した。このようなアメリカの強引な主張はNATOの結束にひびを入れるとの批判もある。

経済面では、トランプ大統領は、二〇一七年の大統領就任演説で「海外から富と雇用を取り戻す」と演説し、「アメリカ・ファースト（アメリカ第一主義）」の路線を打ち出した。そして、自国の利益追求のためには国際協調路線から外れることも辞さないとアメリカ国民にアピールしてきた。就任式直後にはまずオバマ政権が積極的にリードしてまとめた環太平洋パートナーシップ協定（Trans-Pacific Partnership Agreement：TPP）離脱の大統領令に署名したが、その光景はそれまでTPPをまとめるために汗をかいてきた参加一一カ国の関係者に衝撃を与えた。

さらにトランプ大統領はいわば自由貿易協定の流れの先鞭をつけた北米自由貿易協定（North American Free Trade Agreement：NAFTA）をも見直すことを表明し、協定相手国のメキシコとカナダとそれぞれに再交渉に入り、新たな貿易協定が合意された。このようなアメリカの動きは、これまでアメリカが作り上げた国際間の多角的自由貿易体制の秩序を覆そうとしているかのように見える。さらに、二〇一八年三月には特定諸国からの鉄鋼やアルミニウムの輸入関税引き上げを発表し、実施すると共にこのような措置を他の分野にも広げ、関係各国から貿易摩擦、ないし貿易戦争の再来を懸念する声も上がった。例えば二〇一八年六月にカナダのシャルルボワで開催された主要七カ国首脳会議、G7サミットでは各国がアメリカの保護貿易主義を非難し、トランプ大統領は不公正貿易を批判して応酬した。これまで地球規模課題の解決に向かって連携してきたG7、七カ国の間に明示的な亀裂が走った瞬間であった。その上シンガポールで開催が予定されていた米朝首脳会談に臨むためG7サミットを中座したトランプ大統領が、なんとかまとまったG7の共同宣言に対して、これが「保護主義と引き続き闘う」ことを再確認し、「ルールに基づく国際貿易体制の役割の重要性を強調した」内容であったことから、「首脳宣言を承認しない」との指示をシンガポールに向かう大統領専用機から出したと伝えられた。これは地球化に反対するベクトルがあからさまに作用したことを印象付けた。

しかもアメリカがこのような政策の背景として用いるロジックは、一九八〇年代から一九九〇年代にグローバリズム反発派が用いたロジックを彷彿とさせるものがある。すなわち、アメリカはグローバル化の進展により第一次、および第二次アンバンドリングを経て、製造業を賃金が相対的に安い中南米やアジアなどの発展途上国に移転した。その結果アメリカには途上国で作られた安い製品が大量に輸入され、巨額の貿易赤字を計上し、輸入品に圧迫されて、国内産業が衰退し、このような製造業において失業者が増える結果となったという論法である。アメリカで特にこの打撃を受けているのがラストベルトと呼ばれるかつての工業地帯で失業率が高くなったとして、トランプ大統領は二〇一六年の大統領選挙で「アメリカに工場を取り戻す」と約束し、ラストベルトの白人有権者の支持を集めて当選した。

アメリカの貿易赤字を是正するために関税賦課という政策を選択したトランプ大統領は関税を正当化するために国家安全保障上の脅威というロジックを使っている。これは国家安全保障が理由ならば関税に関するＷＴＯの規則が適用されないからである。しかしこのまま行くと第二次世界大戦後構築されてきたグローバルな貿易システムは崩壊の危機に瀕することにもなりかねない。かつてグローバル化を牽引してきたアメリカはその役割を放棄しようとしているのだろうか？　これは地球化の波に逆行する行動なのだろうか？

確かに保護貿易主義的政策をとれば一時的には雇用がアメリカに戻り、ラストベルトの住民は喜ぶかもしれない。しかしながら関税が高くなればアメリカ国内の物価が上がり、消費は減退するであろう。関税賦課報復合戦で世界の貿易量が減ればアメリカ製品も売れなくなり、経済成長は鈍る。実体経済が地球化の道を歩む中では、自由貿易主義のもたらす恩恵にも目配りせねばならない。

トランプ大統領は中国と貿易を巡って厳しく対立したが同盟国である日本、カナダ、メキシコ、ＥＵに対しても二〇一八年には鉄鋼アルミの関税を引き上げると発表した。日本はトランプ大統領就任以来対日貿易赤字を削減したいと要求され、二国間自由貿易協定（ＦＴＡ）の締結をアメリカから迫られてきた。日本は麻生副総理とペンス副大統領による経済協議や茂木経済財政・経済再生相とライトハイザー米通商代表による閣僚級協議（ＦＦＲ）の場を設けるなどの工夫をしてきたが、これは貿易上の結果を求めるトランプ大統領の納得が得られず、二国間の貿易協議が強く求められ、さもなくば日本からの輸入自動車の関税を二五％に引き上げると脅されるに至った。日本の自動車のアメリカ輸出は年間約一七〇万台規模に達し、日本のＧＤＰの約二割を占める。日本の自動車のアメリカの現地生産が増えたとはいえ、自動車の関税が引き上げられれば日本経済への影響は大きい。このような事態を回避すべく日米両国の間では交渉が重ねられているが、この動きが一部の政治家の間にのみ生まれているのではないことも考えておかなければならない。グローバル化の進展が生み出しているローカル・コミュニティ、国、地域、さらに地球社会という様々なレベルで光と影が生まれ、社会に亀裂が走り、これがローカルから地球社会に至る分断に発展する。地球が新たに二極化することを防止する工夫が必要であることをこの貿易を巡る事例は示唆しているのではないだろうか。

つまりアメリカにおいてこの政策を強く支持する有権者がいることも認識しておかなければならない。グローバル化する世界の中でアメリカ国内からの富が海外に流出しているという懸念が国内に広がっている。例えば、二〇一六年の大統領選挙でオバマ政権が推進したＴＰＰを民主党のヒラリー・クリントン大統領候補もサンダース大統領候補も反対を唱えたことも想起しておきたい。過去二〇年間アメリカの国内の所得格差が少しずつ進み、所得上位一％が持つ資産は下位九〇％が持つ資産の総量よりも多くなってしまった。富めるものはさらに豊かになったが、中間層は取り残されてしまった。一方でアメリカの貿易相手国では中低所得層の所得は伸びている。したがってこのようなグローバル化のひずみは是正する必要があるというレトリックは支持を集める。そして多国間ではなく、二国間で取引をして是正すること、アメリカの貿易赤字を縮小することが目に見える成果に繋がれば国内政治的に有権者にアピールすると考えることになる。

自国優先主義を選択すると自ずから多国間協調主義には背を向けることになるが、二〇一八年一一月パプアニューギニアで開催されたアジア太平洋経済協力（ＡＰＥＣ）首脳会議には、アメリカからトランプ大統領は参加せず、代わってペンス副大統領が出席した。席上通商問題を巡って米中が激しい応酬を繰り返した結果一九九三年の第一回ＡＰＥＣ首脳会議以降初めて首脳宣言が発表されないことになった。特にアメリカが中国による不公正な貿易を、中国はアメリカの単独主義や保護主義的な政策をそれぞれ批判して対立を深めたと伝えられた。[36]

二〇一八年一二月一日に閉幕したブエノスアイレスでのＧ20首脳会議においては、同様に宣言が出せないという事態が起きるのではないかと懸念されたが、なんとか意見をまとめて宣言は出したいという関係者の努力により、これは回避された。しかしながら二〇〇八年のリーマンショックを受けて危機的状況を乗り越えるために日米欧、中国、新興国が小異を捨てて力を合わせるために発足したＧ20は、反保護主義がいわば創設の原点であったのだが、この文言を宣言から削除することになった。主要国が集まる場で世界経済の安定と成長のために意見を収斂させるはずのＧ20が、むしろ二国間の協議、特に米中協議で関税賦課合戦の行く末がどうなるかの方が注目を集めるという結果となった。このような状況では、今後のＧ20の存在意義すら危うくなるとの論調も出されたほどであった。[37] Ｇ20は、今後地球社会の主要国として役割を果たすことが期待されるべき国々が参加しており、その存在意義が高まる方向にベクトルが作用することが望まれる。

また、前述のようにトランプ大統領の方針で北米自由貿易協定（ＮＡＦＴＡ）の再交渉を迫られ、「自由」という言葉が削除されたアメリカ・メキシコ・カナダ協定（ＵＳＭＣＡ）を締結することになったカナダは、国内でアメリカ製品ボイコット運動が起き、「カナダ第一主義」という運動が頭をもたげた[38]。欧州各国でも同様の自国優先主義の動きがポピュリズムの台頭にも見られる。このような推移は、これまでグローバル化を牽引し、多国間協調主義をリードしてきた国々がこれに背を向け始めたかとも思わせるのである。

このような自国優先の保護貿易主義の流れを見ていると歴史の記憶が蘇り、一九三〇年代の大恐慌を想起するのは考えすぎだろうか。一九三〇年アメリカではスムート・ホーリー法が成立し、二万品目以上の輸入品に対する関税を引き上げた。これに対して多くの国がアメリカが輸出する品目に高い報復関税をかけ、アメリカの輸出入は大幅に減少し、大恐慌をさらに深刻化させた。ルーズベルト大統領が導入したニューディール政策では失業救済の目的で二〇〇〇万人以上に資金援助が行われたが、トランプ政権はこのような関税賦課の政策に対し、貿易相手国からアメリカ産の食肉や大豆、乳製品などの食料品やオートバイ、バーボンに高い報復関税がかけられていることに対して、農業関係者に一二〇億ドル（一兆三〇〇〇億円）の補助金を出すと発表している。これらの一連の現象を見ていると国際経済では、多角的自由貿易体制から保護貿易体制にベクトルが反転するのかとも思える。大恐慌、保護主義政策、そして第二次世界大戦といった軌跡を辿った歴史を思い出し、地球社会を不安定化させる方向への流れはくいとめなければならない。

◇人の移動と反グローバリズム

さらに反グローバリズムのうねりは何もアメリカ固有の現象ではない。地球化の波を被り、その負の側面を経験し、むしろ自国優先の政策を求める動きは世界に広がっている。いわゆるポピュリズムの台頭もグローバリズムへの反動が生み出した一つの現象と受け止めることができる。各国で極右政党が票を集めて台頭していることも一つの表れであろう。そこには前述の貿易問題に加えて、増える移民・難民の流入から来る雇用不安、社会不安、そしてコミュニティのアイデンティティが変容することへの不安が見て取れる。

イギリスの場合を見ると、二〇一六年のイギリスの国民投票でイギリスの欧州連合（EU）離脱（通称ブレグジット：Brexit）が選択されたことは、イギリス自身にとってもEUにとってもさらには世界にとっても衝撃であった。イギリスでは二〇一一年頃からEU離脱を求める署名活動が行われてきたが、二〇一五年に当時のキャメロン首相がEU残留するか離脱するかの国民投票の実施を公約に掲げて選挙に勝利し、二〇一六年に実際に国民投票が行われ、離脱派が残留派を上回る投票結果となった。これまで地域協力さらには地域統合のモデルケースとも自他共に自負していたヨーロッパで、なぜこのような地域協力を分裂させるような投票結果になったのかについては様々な解説がなされている。「グローバリズムに対するナショナリズムの興隆」「二〇一〇年のギリシャの財政破綻の影響」「リーマンショック後のユーロ危機への懸念」などがあげられている。そもそもイギリスはユーロを導入せずに自国通貨のポンドを維持し、欧州統合に対して一定の距離をとってきたのでユーロ危機の影響は小さかったはずだが、EUの加盟国として分担金を負担し、EUの信任を担ってきていたので、支援のために財政負担を求められることへの懸念があったという。

ブレグジットのもう一つの大きな要因は移民・難民問題だとされる。それも直近のシリア紛争からの難民の流入だけが原因ではない。そもそもＥＵは二〇〇〇年代に東欧諸国の加盟を認めた。この新しい加盟国からの移民が実は問題の根源にあるのである。ＥＵが東欧諸国の加盟を認めたのは二〇〇四年であるが、加盟国の国民はＥＵ域内を自由に往来でき、職を得ることもできる。ただし、ＥＵ加盟国は新規加盟国からの移民に対して七年間の就労制限をかけることが認められ、ほとんどのＥＵ加盟国はこの制限を課した。

ところが当時のイギリスのブレア労働党政権はこれとは異なり、新規加盟国である東欧各国からの移民を就労制限なしに受け入れた。イギリスの社会学者エイドリアン・ファベルは、二〇〇〇年代ブレア政権は多文化主義を標榜し、多民族国家になることをイギリスの将来像としたと回顧している。さらにイギリスの進歩的知識人もイギリスが「もはや固有のアイデンティティを有する国家というより、外部の個性も受け入れて共存する存在になるべき」[39]と主張した。したがってイギリスは労働市場を開放し、移民の受け入れと移動の自由を促進する政策を選択した。そのためにポーランドやルーマニアなどからの移民が急増した。これがイギリス経済の活性化をもたらしたが「繁栄の恩恵がイギリス国内に均等に割り振られたわけではなかった。恩恵を受けなかった地域で排外主義が起きた」[40]とファベルは語っている。移民の急増によって市民の生活に目に見える形で負担が増えることになり、求職の面でも競争が厳しくなった。その上にシリアなどの紛争国からの難民も急増した。すでに移民問題を抱えていたイギリスは国内法で難民の流入規制はしていたものの、これがＥＵ法令違反と欧州議会で批判されるなどの軋轢をＥＵとの間で抱えていた。そしてイギリスの国内には失業者を中心に「移民に不当に職を奪われている」という声も高まっていた。このことからＥＵの法令に縛られずに、イギリスの独自の国内法で移民や難民の流入を規制すべしとの声が高まっていた。これが国民投票において移民に対する国境管理はEUに移譲すべきではないという意見に繋がり、EUからの離脱に票が流れたといわれている。二〇一二年に開催されたロンドンオリンピックにおいても招致から開会式まで一貫して「多様性を受け入れるイギリス」をスローガンとしたのであるが、ファベルによればもはや多文化主義を語る知識人はいないという。[41]なお、ブレグジットについては、今後イギリスが実際にEUから離脱するかどうかや、その具体的な形は執筆時点の二〇一九年四月では不明であるが、国民投票において離脱が選択された背景の一つに難民・移民を受け入れる多様性の豊かな社会という政府の政策が国民から支持されていないという現実があったことをあからさまにしたのである。

人道的な見地から政治的な判断としてシリア難民を積極的に受け入れたドイツもまた移民・難民受け入れの政治的な影響に苦しんでいる。メルケル首相は二〇一五年のシリア難民危機の際に当初は難民の受け入れに慎重であったが、人道的な見地からハンガリーで足止めにあっていたシリアやアフガニスタンなどからの難民を入国させることに踏み切った。これはEUの主要国として道義的な責任を果たすという狙いでもあったといわれている。そしてドイツ国民は難民を温かく受け入れるという「Willkommenskulture（ヴィルコメンス・クルトゥーア）」の精神で難民を受け入れる姿勢、歓迎する姿勢をとり、このドイツの「Kulture（文化）」が賞賛された。当時は「シリアなどからの難民たちは、戦争でひどい目にあったのだから、助けるのが当たり前だ」と人々の間でも語られていた。[42]こうして約一〇〇万人の移民受け入れに踏み切ったが、大量の難民流入は、その後のドイツ国内での深刻な犯罪の増加や相次ぐテロ事件が難民を受け入れたためではないかとの非難に繋がり、社会の負担が重いこともあり市民の間にも不満が高まっていった。無論メルケル首相は、移民の流入についてその数を抑えるような手段を模索し、ＥＵ全体としての移民、難民政策をまとめようとするなどの努力はしたが、この難民受け入れ政策で国内で厳しい批判を浴びた。そして、自らの政党が国内の選挙で敗北することが続き、この間に極右政党が勢力を伸ばすという国内政治の問題を抱えた。シリア内戦の危機的状況が沈静化した後は身分証明書を持たずにＥＵ域内に流入する移民・難民の数は減っているが、それでもこの移民問題は一九四九年から長年連携してきたメルケル首相率いるキリスト教民主同盟（ＣＤＵ）とゼーホーファー氏率いるキリスト教社会連盟（ＣＳＵ）の連立にも影響を与えた。移民問題だけでこの長年の連携にひびが入ったわけではなかろうが、そのような論調は市民には理解しやすい。そしてメルケル氏自身も党首の座を追われることになった。このような状況はヨーロッパの他の国々でも発生している。

一方、アメリカのトランプ大統領は、移民・難民に対しては二〇一六年の大統領選挙当時から強硬姿勢を貫いており、メキシコとの間の壁を強化して不法移民の流入を防ぐと公約した。実際の壁の建設は議会の承認や予算の関係があって予想ほどには進んでいないが、二〇一八年一一月には中米からの千人以上の隊列を組む移民の「キャラバン」の北上を阻止するために国境警備に米軍を派遣した。

人々は一六世紀の大航海時代以来、新しい天地を求めて移動してきた。これが二一世紀には自国が不安定化し、危険になり、経済的に貧しく改善が期待できないなどの理由から国境を越える移動がさらに活発になり、これを司る国際的なレジームがないために混乱も招いている。さらには移動手段が多様化している今、国家は人の移動を完全に管理できなくなっている。そして、ローカルコミュニティにおいては、人口流入の規模が急増するとそれだけ負担も重く感じられ、また職を失うのではないか、コミュニティの安全がよそ者が入ってくることで損なわれるのではないかとの不安が高まっている。これが人の移動への反対の流れを生み出し、反グローバリズムへの論調へと繋がっている。

このように反地球化のうねりは、グローバル化を牽引してきた経済は無論のこと、それと深く関係する形で政治面からも動いていることがここにあげた数例からも痛感させられる。地球化は肯定的に見る場合も否定的に見る場合も、多次元的に分析して考察を進めなければならないが、そこに次元は変わっても常に政治的な次元が通奏低音として関与していることを念頭に置いておかなければならない。

これら各国の過去の政策は、その時点では十分な検討が行われ、議論の結果を経て、実施されたものであろうが、「結果として」グローバル化の想定をはるかに上回るスピードと深化の程度により、予想外の事態が出てきて、これを是正することを迫られている。これが反グローバリズムの流れに集まり、各国の政治家は選挙を抱えている以上ある程度政策転換を余儀なくされているともいえよう。これを乗り越えるすべがあるであろうか。グローバル化が反発を誘発し、その結果社会に亀裂が走り分断に繋がるのではなく、人間の魂と感性に訴えるようなグローバリズムを考える必要があろう。

◇環境と反地球化の潮流

多次元に進行しているグローバル化の課題の今一つの分野が環境問題、その中でも気候変動問題であることは第一章で述べた通りである。特に温室効果ガスの排出による世界の気温上昇が地球に与える影響は甚大である。温度が上昇することによって氷河が溶け、海面が上昇し、その結果として領土を失う島嶼国はもちろん、気候変動により干ばつ、洪水、ハリケーンなどの甚大な自然災害が各国で発生している。

気候変動は国境によってその影響が仕切られるものではないことはいうまでもない。地球温暖化の原因になっているガスには様々なものがあるが、その中でも二酸化炭素は最も温暖化への影響が大きいといわれている。そして産業革命以降、化石燃料の使用が増え、大気中の二酸化炭素の濃度が増加しているといわれている。気候変動に関する政府間パネル（ＩＰＣＣ）第五次評価報告書（二〇一四）ではこのままでは二一〇〇年の平均気温は最悪の場合は最大四・五℃上昇すると報告した。これは大気中の水蒸気、二酸化炭素、メタンなどの温室効果ガスが太陽から地球に降り注ぐ光の熱を吸収し、大気を温めているからといわれている。温室効果ガスが多く排出されればされるほど大気中の熱の吸収が増え、気温が上昇する。これが地球温暖化である。さらに地球温暖化に伴う海水温の上昇により、熱膨張と氷河などの融解によって海面が上昇する。二〇世紀の間に海面は一九センチ上昇し、二一〇〇年までに最大八二センチ上昇すると予測されている。[43] これほどの海面上昇が現実のものになると国土面積が大幅に小さくなる島嶼国も多く、国家安全保障にも影響を与えかねず、この問題は気候安全保障（climate security）の課題と脅威と呼ばれることもあるほどである。

このような地球温暖化を防止するためにも、また少なくとも影響を軽減するためにも一九九四年に採択された気候変動枠組条約に基づき、一九九七年一二月には京都議定書が採択され、二〇〇八～二〇一二年の五年間の温室効果ガスの排出量を一九九〇年比で五％削減することが合意された。ただここでの削減目標は先進国のみに課された。そのため途上国に削減目標が課されていないことが参加国の間に不公平感を生む原因となり、アメリカのブッシュ政権は京都議定書を批准しなかった。その後削減義務を負わなかった新興国の経済成長と共に温室効果ガスの排出量が急増した。そこでこのまま放置していては地球温暖化が進行することが懸念され、京都議定書の第一次約束期間が終了する以降の枠組みを交渉することとなった。

二〇一〇年にデンマークのコペンハーゲンで開催された国連気候変動枠組条約締約国会議（COP15）では全ての加盟国が参加する枠組みの一本化を主張する先進国と資金援助と技術移転を求める途上国の立場が折り合わず、新しい枠組みは合意されなかった。しかし、二〇一五年にパリで開催されたCOP21で一九五カ国が参加し今世紀後半のなるべく早い時期に温室効果ガスの排出量を実質ゼロにまで減らすパリ協定に合意した。第二条で「世界的な平均気温上昇を産業革命以前に比べて二℃より十分低く保つと共に一・五℃に抑える努力を追求する」と記載されている。このパリ協定は二〇一六年一一月四日に発効した。参加国の中でも中国とアメリカ、インドの温室効果ガスの排出量は三カ国だけで全体の半分も占めており、京都議定書には不参加であったアメリカは中国に次ぐ温室効果ガスの排出が多い国だけに協定への参加は不可欠とされ、二〇一五年の時点では署名した。そしてできるだけ早く世界の温室効果ガス排出量をピークアウトし、二一世紀後半には温室効果ガスの排出量と森林などによる吸収量のバランスをとることが合意された。また、先進国は資金を途上国に供与しなければならないとされ、先進国のみならずその他の国々も自発的な資金供与が求められている。また途上国を含む全ての参加国に二酸化炭素をはじめとする温室効果ガスの排出量を減らすべく、削減目標を決め、二〇二〇年以降の地球温暖化対策を定めることが合意された。

パリ協定では、直接的な温暖化対策の他に先進国は発展途上国に温暖化対策のための資金を提供するという支援策も打ち出されている。地球温暖化により二〇〜三〇％の動植物が絶滅の危機に晒されるといわれており、北極の氷が溶けて北極の広さが三〇％狭くなるとも予測されている。さらに二〇一八年一〇月に韓国の仁川で開催されたＩＰＣＣ総会で発表された「一・五℃の地球温暖化に関する特別報告書」は、温暖化によりこの一〇年間記録的な嵐や森林火災、干ばつ、サンゴの白化、熱波、洪水に見舞われてきたが、この状況はさらに悪化する、今から対策をとって一・五度の上昇のタイミングを遅らせることはできても防ぐことはできず、このまま放置すると危険になり続ける地雷原にいるようなものだとの警鐘を鳴らした[44]。

一方、トランプ大統領は大統領選挙戦で「地球温暖化はでっち上げ」だとして温暖化問題の存在そのものを否定し、パリ協定からの離脱を選挙公約とした。大統領就任後パリ協定は「中国、ロシア、インドは何も貢献していないのにアメリカは何十億ドルも払う不公平な協定だ」として、かつ「協定はアメリカの産業と雇用を痛めつけるものだ」と批判した。二〇一七年六月、大統領は「アメリカと市民を守るという重大な義務を果たすためにパリ協定を離脱する」「新たに協定再交渉に入る」と発表した[45]。この決定はアメリカが地球環境の課題よりも自国の利益を優先させたと受け止められた。その上、アメリカが負担するはずであった途上国向けの資金が拠出されなくなると、パリ協定の存続自体さえ影響が出るとも見られている[46]。

ただ、パリ協定では協定発効後三年以内は脱退を通告できないが、脱退通告をすればその一年後に効果を生じるとされている。したがってアメリカは二〇二〇年まで離脱はできない。無論気候変動枠組条約から離脱するという選択肢はあるが、これを選ばずに、アメリカはパリ協定の再交渉を要求するに止めている。[47]フランスのエマニュエル・マクロン大統領はトランプ大統領の離脱宣言に対してパリ協定の重要性を強調し、「この惑星を再び偉大にすることは人類全員の責任だ」と反論したと伝えられている。またこの決定についてはアメリカの国内でも賛否両論に分かれている。カルフォルニア州やニューヨーク、ボストン、ロサンゼルス、サンフランシスコなどの首長は自治体はパリ協定を遵守し続けると表明したと伝えられている。[48]石炭産業や重工業などエネルギー多消費型産業は反対であり、また地球温暖化の科学的知見に懐疑的な人々もいる。一方でかつては温暖化対策に反対してきた石油産業は天然ガス開発や再生可能エネルギーにも力を入れるようになり、パリ協定支持に回っている。温室効果ガスのように国境とは無関係に動き、地球をぐるりと取り巻く気体は好むと好まざるとにかかわらず「地球化」し、一国の政策は当該国のみならず、周辺国、ひいては地球全体にも影響を与えかねない。前項、前々項で取り上げた貿易や人の移動などの課題への反地球化のベクトルと比較すると相対的に環境問題では自国優先という選択肢は考えにくいのではなかろうか。だからこそアメリカ国内での気候変動を巡る意見は錯綜しているのであろう。

◇文化にも渦巻く反地球化の波

前述の文化の地球化の潮流（七七頁）では多次元化する地球化の波、そこで生まれているダイナミックな文化交流、異文化交流、さらには異文化フュージョンを論じた。しかしながら、地球化が進む中で貿易や人の移動と並んで、場合によってはそれ以上に反グローバリズムの洗礼を受けているのが文化である。地球化が進むについて、未曽有のペースで異文化の接触が起きているが、これが全ての人々から歓迎されているわけではない。

文化の世界でも、グローバル化により文化にダイナミズムが生まれるという肯定的な議論をはるかにしのぐ否定論が展開された。自国の文化がアメリカ化される、西洋文化に一方的に染められてしまうか支配されてしまうなどという文化帝国主義の登場を懸念する声も強い。つまり、グローバル化が進展する中で、いくつかの言語や文化が優位性を持つことを文化帝国主義として批判の矛先を向ける論調が展開され、説得力を持った。例えば、アメリカン・ハンバーガーやピザそしてコカ・コーラが世界の市場を席巻し、人々の暮らしが従来のローカルな生活様式を失い、アメリカ文化に染まることを嘆き悲しむ声が上がったのである。これは経済のグローバル化の波の中で、グローバル・スタンダードとは要はアメリカン・スタンダードであり、これを世界各国が押し付けられたと反発するのと同じロジックが文化にも適用されている。さらにはグローバル化によりアメリカなど海外から流入してきた他国の文化が自国の文化を侵食する、文化のグローバル化というラベルではあるが、実際は西洋文化の押し付けにより各国固有の文化アイデンティティが崩れていき、均質化されるなどの批判的な論調も生まれてきた。

国際文化交流論には「文化触変（acculturation）」[49]という考え方がある。これは異なる文化が二つ以上接触するとそれまでの各々の文化がそのままの状態ではなく様々に変容することを指す。これは異なる文化の流入が人々の生活様式に影響を与えるという考え方である。しかも二つ以上の文化が接触した場合の変容は、必ずしも双方向とは限らず、また同程度の変化が生じるというわけでもない。そして文化触変は入ってくる文化を受容する場合もあるが拒絶するということもある。また流入する文化を受容する場合でも、様々なヴァリエーションがある。異なる文化を全面的に受け入れるいわば「同化（assimilation）」という場合もあれば、固有の文化と並存させる場合もある。さらには、自分の文化の中に異文化を取り入れある程度のフュージョンすなわち融合を起こす場合もある。この場合は独自の文化自体は変容する。例えば、移民・難民を受け入れる場合、これらの人々にホスト国の文化に同化することを求める形、すなわち統合（インテグレーション）を目指すのか、あるいは異なる文化がコミュニティに並存する形を目指すのか、融合（フュージョン）を目指すのかが人の移動に関する政策、ひいては共生の形の課題となっている。

文化触変の中で独自の文化を維持しつつも、入ってくる異文化を受容しこれを独自の文化の中に取り込んだフュージョンの例としては一五〇〇年前の日本文化と西洋文化の遭遇の場合がある。筆者がクウェート大学で国際関係論の客員教授を務めていた二〇〇〇年代に、しきりに問われたのは日本は鎖国から開国に転じ、欧米の文化を受け入れたが、独自の文化を失わなかった、その秘訣を教えて欲しいという質問であった。それも国際関係の講演をしてこのような質問を受け、戸惑った記憶がある。当時のクウェートはイスラーム文化を維持しつつ、欧米の文化とどう付き合うかという課題を抱えていた。クウェートの人々は、女性参政権も認めるなど新しい動きがある中で今後の生活様式を模索していた時期でもあり、だからこそどのような文化触変の道を選ぼうかと思索していたからこその質問であった。

江戸時代の鎖国を解いて開国した明治の日本の場合を想起してみると海外から様々な文化、特に西洋文化が流入し、日本人の生活様式は大きく変化した。例えば今まで魚中心であった食卓にも牛肉などがのぼるようになった。しかし、西洋のステーキなどをそのまま取り入れるばかりではなく、江戸時代に魚や野菜を入れ、醤油を活用したすき焼きという独特の料理法を編み出していたが、これを牛肉に応用したフュージョンの受容であったといえよう。牛肉を用いた現在の形のすき焼きは明治維新以降と記録されている。また、髪型も男性はそれまでのいわゆる丁髷（チョンマゲ）から、洋風の短い断髪に変わった。さらに服装もこれまでの着物、袴から背広、鹿鳴館などでは燕尾服も登場した。しかし、正装として燕尾服やタキシードも用いられたものの、本来午前から午後早めまでに使われるモーニングが日本では定着し、冠婚葬祭や正装の行事に時間帯に関係なく用いられている。海外で正装という服装指定の行事に出ることもあるが、夜のことが多いせいか、モーニングはあまり見かけず、正装のレベルによってホワイトタイと通称呼ばれる燕尾服、略式正装の場合はブラックタイと呼ばれるタキシードがほとんどである。モーニングを最も目にするのは日本に住んでいる時である。そして紋付と袴ももちろん明治維新から一五〇年経た今も正装として愛用され、いわば併用されている。また、着物は自宅でくつろいだり、ちょっとした外出に愛用したり、作務衣もおしゃれ着にも作業着にも現在でも使われている。したがって完全に西洋化するのではなく、日本らしさをしっかりと維持した文化触変といえるのではないか。

女性も男性よりは時間がかかったが、長い髪をまげに結う髪型から短くカットしてパーマでウェーブをつけるように変化し、服装も着物から洋装に変わった。最初はスカートでは足が寒いなど違和感もあったようだが、着物に比較して圧倒的に簡単で便利であることから次第に洋装が広まっていった。そして今や日本のファッション界は世界有数のデザイナーを輩出し、若い人たちのファッションは海外でも人気が高い。例えば、原宿や渋谷には様々な国からの若い訪問客が列をなして日本のファッション製品を購入し、年配の観光客は銀座などで日本のデザイナーの作品を求める。あるいは日本の製造技術を駆使したヒートテックなどの製品も大人気である。日本に出張してくる海外の仕事仲間の中には家族からショッピングリストを渡されて、仕事が終わると頼まれた日本のファッションアイテムを買いに出かける人も少なくない。そこには日本人デザイナーの感覚の良さへの評価と縫製の良さ、品質の良さへの高い評判がある。

そして、日本の女性は着物を決して捨てたわけではない。成人式や大学の卒業式、お正月には色とりどりの振袖や袴に身を包んだ女性が集まる。あるいは伝統的なお茶会、生け花の展覧会やパーティーには着物に袖を通す人も多い。また、冠婚葬祭となれば先祖から伝わる家紋のついた紋付が活躍する。おしゃれ着に紬や小紋を愛用する人も少なくない。着物は直線裁ちだけに古いものも体型が異なっても仕立て直して着ることができ、帯は祖母、母と受け継いだものの方が締めやすい。昔の着物のデザインは今見ても斬新なものもあり、年数を重ねた方が良さが出る紬などもある。筆者も着物は祖母や母のものを受け継いでいるが、決して古い感じではなく、現代でも十分にオシャレに着こなせる。帯留も祖母からのものを受け継いでいるが、これを着物の時だけではなく、チェーンを通してドレスの時のネックレスにも活用しており、好評である。

このような日本文化の西洋文化との接触と変容は、自らの文化を変えても受容すると共に日本文化も脈々と受け継ぐという融合の道を辿ってきた。この場合はどちらかというと双方向の文化触変というよりも一方的に受け入れる受容であったが、全面的に西洋文化に染まるというのではなく、日本的なものを残しつつ受け入れていく受容であった。まさに西洋文化と日本文化の共生である。しかしながら、無論このような変化を是とせず、苦々しく思った人々もおり、進んで西洋文化を受け入れる人々を「西洋かぶれ」と陰口を叩いた向きもあった。

しかしながら、明治時代と二一世紀の文化交流、今の文化のグローバル化で大きく違うのは、文化触変が一方的な場合と双方向の場合があることである。すなわち明治時代の日本では西洋の文化を受け入れる文化触変がほとんどであった。無論日本が江戸時代末期からヨーロッパで開かれた万博などに出展し、日本の絵画が当時のフランス画壇、特に印象派の画家たちに影響を与え、ジャポニズムと呼ばれた。最もよく知られているのはクロード・モネの「ラ・ジャポネーゼ」、日本の女性という意味だが、金髪の女性が着物風の衣装を身にまとい、ポージングをしている作品である。背景にはうちわが数多く描かれている。また、日本から出展された陶磁器のクッション材に浮世絵が用いられ、この浮世絵が偶然ヨーロッパの画家の目に止まったそうである。そして浮世絵の技法が欧州の画家を魅了し、ヴァン・ゴッホが浮世絵を模写した作品も残されている。ゴッホは「タンギー爺さん」の作品の背景に何枚もの浮世絵を描いている。このように日本の芸術がヨーロッパに大きな影響を与えた例もあるが、全体の文化触変としては西洋から日本への文化の流入と日本の西洋文化の受容と融合であった。それに対して二一世紀の文化触変は双方向になることが多くなっている。諸外国の文化が日本に入って日本文化に影響を与えると同時に、日本文化がアジア、欧州からアフリカ、中南米に影響を与え、日本映画やアニメが海外の作品に影響を与えているという具合に双方向の文化触変が起きている。さらに文化の接触は、二一世紀に入ってアンバンドリングとＩＣＴの発達により、以前とは比較にならぬほど規模が拡大し、スピードが速くなった。

このような文化の地球化現象に対しては、地球上の様々な固有な文化が失われてしまうという懸念の声が次第に膨れ上がり、反地球化の声が文化面でも勢いを持っている。こういった主張に対してレスター・サローは、グローバル化とはアメリカ文化が世界の他の文化を侵略し支配しようとしていると見られているが、文化の流れは一方通行ではないと反論している。例えば、世界的なスポーツはサッカーであってアメリカン・フットボールではない。またポケモンやレゴが子どもたちの間で人気だが、これもまた、日本やデンマークの製品であってアメリカの文化の押し付けではないと例示している。そして、グローバル化は全ての国で文化の選択肢が広がることを意味すると反論した[50]。その上でグローバル化により文化の多様性は少し失われるかもしれないが、均質化するわけではないとも主張した。筆者も日本文化の変容を念頭においてもグローバル化の進展により、文化は変容するが普遍性を持つ部分が増えることが予想される一方で、各々の文化が持つ固有の特色が消失するものではないと考える。さらに文化とは静的なものではなく、動的に変化するものだと考える[51]。文化的アイデンティティについてもこの世に生まれた時から死亡するまでそれが変わらないということは稀であり、むしろ生きる環境によって変化するものである。かつ一人のアイデンティティは一つとは限らず、複数のアイデンティティを持つことも少なからずある。例えば筆者の場合は日本人というアイデンティティに、京都生まれのアイデンティティ、そして女性であること、職業人、家庭人としてなどの複数の次元でのアイデンティティもある。どのアイデンティティが強く出るかは、その時の場面や環境による。むしろアイデンティティは一つであると決めつけるところには、紛争にも繋がりかねない落とし穴があると考える。共生を目指すためには各々が持つ複数のアイデンティティを認めることが出発点だと考える。

サローは、流入する移民が自国の文化を破壊してしまうという懸念も結局のところ、その国の人々が自国の文化は外国人にとって魅力的でないと考えない限り成立しないとも反論した。さらにサローは、アメリカに支配されたグローバル文化が他国の固有の文化を侵略し、それを変えてしまうのではないかという懸念は、つまるところ、自らの文化は自国の若者にとって魅力的ではないと信じなければ成立しない議論であるとさえ論じた。サローは反グローバリズムの論調は時として移民、難民への反感に結びついて移民を締め出そうとすることがあるが、これはグローバル化に対する非合理的な反発であるとし[52]、むしろ自国の文化をより魅力的にすることに力を入れるべきではないかと文化を軸とする反グローバリズムの論調に反駁している。

一方、文化のグローバル化に強い懸念を示すヘルドらは、グローバル化により調和のとれた世界社会が出現しつつあり、広くグローバルな統合への歩みが進む中で地球レベルの文化と文明の収斂現象が起きているという考え方に反論を展開し、経済的な相互依存関係が深まっていると考えられる一方で新しい敵対関係や対立状況も発生していると指摘し、この現象が根深い排外感情を煽りかねない状況もあると述べている。グローバル化の作用が不均等であるがゆえに分裂と対立も起きており[53]、これが文化の分野にも及んでいるという意見である。異文化が接触している状況を一部が重なった二つの円があると考えると、重なりに侵食されて自国文化が追い出されるとの主張である。

ハイデルベルグ大学の紛争情報システム（CONIS）は一九四五年以降の紛争を文化の違いが戦争の誘因になっていない「非文化的紛争」と「文化的紛争」に分けてデータを分析している。この場合の文化的紛争とは、歴史や信仰、言語などの文化的要素が争点になっているものと定義されている。CONISのデータによると第二次世界大戦直後の一九四五年から一九八五年までは非文化的紛争が文化的紛争を上回っていたが、一九八六年に逆転し、それ以降は文化的紛争が非文化的紛争より多い。これは冷戦終焉後の紛争の過半が内戦であり、民族、歴史、言語、信仰などの違いが分断や対立の主因となり、紛争へ人々を誘うためにこのような文化の違いが用いられたという要素が指摘されている。実際には文化そのものが紛争の直接の原因ではなく、国境線画定問題や資源を巡る紛争であったことが多いのだが、文化を要因にした方が市民を戦争に駆り立てやすいこともあり、紛争現場での現実的な民族対立や民族浄化を看板にあげる紛争の発生もあいまって、文化戦争論が説得力を持った[54]。

ジョン・トムリンソンは、戦争には至らないまでも文化帝国主義や文化のグローバル化が固有の文化を壊すという言説が使いやすいものであるがゆえに短絡的に使われてしまう危険性があることを指摘した[55]。確かに優位に立つ文化が他を席巻するというロジックはわかりやすく、使いやすいことは否定できない。特に人々の往来が頻繁になり、さらにICTの発達によって物理的な空間のみならず、仮想空間も無限大の人々によって共有されるようになると、これまで私たちが経験したことのないスケールで文化触変が起き、様々な化学反応が起きる。そうするとローカルな文化、その地域に固有の文化が失われるのではないかとの不安が頭をもたげてきた。反グローバリズムの立場は、グローバル化によりアメリカ文化をはじめ西洋文化が入ってくると各自の固有の文化が失われると主張し、同調する向きが少なくない。

固有の文化が損なわれるという不安の背景には独自の文化にプライドを持つ人々を傷つけるような行動があることも導火線となっている。ヨーロッパで文化財保護の仕事をしていた時に、アフリカから参加していた学者に聞かされたエピソードは忘れられない。アフリカにはプリミティブ・アートと総称されるアートがあり、その中には昔からの素朴な木彫りの作品がある。シンプルながらそのフォルムは手にした人の心を打つ。木彫りの作品は一部神前への供え物の入れ物にも使われているそうだが、そのような聖なる器がヨーロッパで灰皿に使われていて大いに傷ついたと語った。無知が生んだ悲劇ともいえるが一つの忠告のメッセージと受け止められるだろう。

今後文化帝国主義の議論に振り回されず、グローバルな文化とローカルな文化をどのように並存させ、うまく生かしていくかは、文化の普遍性と固有性をどのように並存させるかという大きな課題である。文化が交流・接触することを頑なに拒絶してしまうことが今の地球社会にふさわしいことなのかどうか、文化への反グローバリズムについては第三章でさらに掘り下げたい。

三　地球社会分裂のリスク

◇対立するベクトルの行く末

本章で考察したように今の世界ではグローバル化の進展という地球化のベクトルと、その潮流に真っ向から反発する反地球化のベクトルが作動して、地球を分裂させかねないという勢いを持っている。この二つのベクトルの対立さらには衝突をそのまま手を拱いて見ていて良いのだろうか。

筆者は地球化をひたすら是とする立場では決してない。むしろ両方のベクトルが作用していることをしっかりと現実的に認識しなければならないと考えている。すなわちアンバンドリングによるグローバル化が多次元的に進行していることも現実であることを認識する必要がある。経済、政治、社会、文化などのあらゆる側面で地球化は未曽有のペースで進んでいる。この進展は生活の利便性から、経済規模の拡大、様々な人々の接触・交流、さらにＩＣＴ技術の発達による仮想空間での接触まで含めると想像を絶する接触が起き、これが地球全体に、そしてそこに暮らす人々にダイナミズムを与えている。

このようなペースで変化が起きると、不安になり、反発が起きるのも必然の理である。特にグローバル化で裨益しなかった人々、グローバル化の影に置かれているという焦燥感を持つ人々にとっては反発を感じるのも無理からぬことである。しかし、これを単なる反グローバリズムの議論だけで解消することはできない。このような反発を放置しておいて私たちの生存は安全かつ安定した環境の中で保障されるのか。二つのベクトルが地球上で摩擦を起こし、さらに地球を逆方向に引っ張る事態を許していては、地球社会そのものの存続も危うくなりかねないという危機感を持つ必要があろう。

◇分裂のリスク

グローバル化に反発する声は、一九八〇年代後半からのグローバル化を巡る是非の論争から歩を進めて、もはや現実の問題になっている。地球化の進展により経済の成長や技術の進歩などの恩恵を受けている人々と、賃金にしろ、技術の進歩による生活の向上にせよ、気候変動にせよ全体として一向に恩恵を受けていない、むしろ相対的に悪くなっている、失っているものが多いと反発を感じている人々との対立を生んでいる。特にICTの発達によって他の人々の状況を映像とともに瞬時に見ることができるだけに取り残されているという焦燥感も強くなる。このように地球上で恩恵が偏ることによる分極化が進み、地球社会を分裂させかねない勢いである。しかもそのような分極化を促す分裂ベクトルは国単位で起きているばかりではなく、一国の国内でも分極化が生まれている。そして分裂ベクトルは前節で検証したように自国優先主義、あるいは多国間協調の否定という政策やポピュリズムの台頭をすでに生み出している。しかしこのような動きのリスクだけを声高に叫ぶだけでは意味はない。反グローバリズムにはその表象する形は異なるもののそれぞれに理由がある。この事由を無視しては地球共生は語れない。むしろ分裂の勢いを加速させることになるだろう。

様々な意見がある中で、「人間の安全保障」不在のグローバル化の問題点を指摘する見方をここで参照しておきたい。アマルティア・センは人間の安全保障の脅威になるテロや感染症、気候変動などを例示して、局所的な脅威が地球社会全体に与える影響を論じている。センの論理を現在の地球社会が直面している課題に応用して考えたい。例えば、国際テロリズムである。二〇〇一年九月一一日のアメリカ同時多発テロをはじめ、ルワンダ、コンゴ、旧ユーゴスラビア、ブリュッセル、パリ、スリランカ等で発生したテロは、襲撃対象こそ特定地域に限定されたものであったが、被害は当該地域に居住する人や事件が発生した地域、国に限定されたものではない。二〇世紀の初めのようにテロが特定の政治家の暗殺を狙うなど目的と対象がはっきりしていた時代と異なり、現在のテロではテロリストの目的と無関係の人々が被害にあっている。例えばアメリカ同時多発テロではニューヨークの世界貿易センタービルが標的の一つとされたが、その被害者は二〇〇〇人以上といわれ、日本の富士銀行の関係者をはじめ、同ビルに入る企業に働く多様な国籍の人々が犠牲になった。また二〇一六年三月二二日、ベルギーのブリュッセルで空港と欧州連合本部や欧州委員会のビルに近い地下鉄のマールベーク駅で爆発が起き、三五名が死亡、二〇〇名近い負傷者が出た。さらに二〇一九年四月二一日にはスリランカのコロンボで復活祭（イースター）の礼拝が行われていた教会や人々が朝食に訪れていたホテルが爆破され、二五〇人強の死者が出た。このように空港や駅、レストランなどが襲撃されると当該国の市民のみならず様々な国の人が犠牲になり、被害者の面ではテロ発生地域に限定されない影響が出ている。しかもテロは発展途上国、先進国を問わず発生している。

その他、新型マラリア、抵抗性の高い肺炎などの感染症も発生地域は限定的でも、人の往来が活発なだけにその影響はグローバルに広がっている。例えば、感染症の発生地域を訪問していた人が本国に帰ってから発症することも少なくなく、それが新たな地域での感染を拡大させる。つまり、アマルティア・センが指摘するようにテロや感染症は「人間の安全保障」を損なっている、不安定化させている原因は相互に連関しあっている。テロの場合、首謀者は教育水準も所得水準も高いと報道されることが多い。しかしテロリストとして襲撃に参加する人々の多くが収入にしろ、処遇にしろ、将来に向かって不満や不安が多く、それならば少しでも希望が持てるようにとテロの誘いに魅力を感じて参加すると言われている。このような不満や不安を何らかの形で解消する方向性が示されない限り、また取り締まりに注力するだけでは地球上からテロを追放することは難しい。そしてテロや感染症の発生は人々を不安に駆り立てる。適切な対策がとられなければテロの再発や感染症の蔓延を恐れて不安はつのり、人々から「恐怖からの自由」を奪う。大量虐殺や迫害は弱者の立場に置かれている人々の生活を脅かし、紛争が長引けば法と秩序や責任ある統治も崩壊しかねず、「欠乏からの自由」は無論のこと「尊厳を持って生きる」自由も奪われる。

グローバル化時代にあって、多様な脅威は社会システムに影響を与え、時にシステムを破壊する。そして危機の影響は地球全体に広がる。これが新たな不安を生み、不安は不安の連鎖を呼び、その連鎖は政治、経済、安全保障、文化という各分野のバウンダリーの中に限定されずに複数の分野にリンクして広がっていく。そして、弱者の不安はまたテロリストらに利用され、新たなテロリストのリクルートにも繋がっていく[56]。

多次元的な分野の境界を越えた連鎖としては、例えば自由貿易体制が崩れて、管理貿易や保護貿易に回帰することが、アンバンドリングが進行している時代に国際経済の繁栄に繋がるだろうか。むしろ国際経済の退縮を生む可能性が大きいのではないだろうか。一方で、筆者が専門とする安全保障、とりわけ紛争影響国の状況を見ると、何といっても経済が発展しなければ持続的な平和構築、平和の定着はなかなか期待できない。経済が悪化すれば、再び当事者の間に不満が溜まり、紛争再発のサイクルに陥りかねない。これは前述のように和平合意成立後紛争が再発する割合が五七%といわれているることに如実に表れているといえる。紛争時代よりも生活が潤わなければ、紛争時代の方が良かった、それならもう一度戦おうということになってしまう。貧困と不満がはびこれば再び紛争が再燃する。

そのような紛争の火種に文化の違いが利用されていることも少なくない。民族、歴史、言語、信仰、価値観などの違いが紛争の導火線に使われているケースがある。文化を分裂のベクトルに使って良いのだろうか。

そこで次章では、このようなベクトルの対立による地球分裂のリスクを回避するための地球共生の可能性と具体的な方途を模索したい。

第3章

新地球秩序と地球共生

一　地殻変動を起こす地球儀

第二章で論じたように多次元的かつ複合的な地球化の進展という現象に対する反発や反動、筆者の考える「反地球化」の動きは目を奪われるものがある。この反地球化のモメンタムは自国優先の政策や孤立主義の再来、そして単独行動主義へのモメンタム、ポピュリズム（大衆迎合主義）の台頭などによって最近ますます拍車がかかっているように見える。反地球化の動きを加速させているのは一体何だろうか。その要因は多様であるが、グローバル化によると受け止められている地球的な次元と各国の国内次元の両方で発生している格差の拡大、国家や国際制度、国際機関への不信感、そして地球化により傷ついている人間の尊厳などがあげられる。これにグローバル化に対する不安、不満とそこから嵩じている怒りがある。それだけに反地球化現象として保護貿易主義をはじめとする自国優先主義、その延長線上の移民や難民の締め出しという主張は、一般の市民の支持を受けやすく、ポピュリズムと呼ばれる一部の有権者層の意見の高まりともなり、時に極右政党の台頭にも繋がっている。本章ではこのような地球化と反地球化のベクトルに翻弄されている地球をしっかりと見つめ直し、地球共生の道を切り開くことができるのかどうかを考察する。

好むと好まざるとにかかわらず、地球化現象は多分野にわたって進行中であり、とどまるところを知らない。第二章で詳述した第一次産業革命以来のアンバンドリングは後退する兆しは一向に見せず、ひたすら前進を続けている。いかに地球化に懐疑心を持ち、反発しても地球化の流れを逆転させて元に戻すことは不可能にも見える。反地球化の主張に耳を傾け、地球化から自国を切り離して国益のみを追求することができるのだろうか。それにより私たちの暮らしが良くなるのだろうか。そのような政策の選択の二次的効果は何か。私たちの人間の安全保障、すなわち欠乏からの自由、恐怖からの自由、尊厳を持って生きる自由は確保されるのだろうか。グローバル・ヴァリュー・チェーンを活用し、自国が得意な分野、比較優位のある分野にエネルギー、資源、そして時間を集中して投入し、比較劣位にあるものは外から輸入する方が、経済的には効率的であり、コストパフォーマンスも良いのではなかろうか。経済はますます情報通信技術（ＩＣＴ）に支えられているが、自分であるいは自国で作ったアイディア、技術しか用いず、他の国で発明、開発されたものは入れないとすると自国の社会全体を発展させることに繋がるだろうか。むしろ生産性が下がり、イノベーションが低下し、不便さが目につき、経済発展のベクトルはマイナスの方向に振れてしまうのではなかろうかという疑問が頭をもたげる。

さらに、外国人人材を雇用しない、外からの移民・難民を入れないとしたら、経済は消費の面でも生産の面でもダイナミズムを失うのではなかろうか。特に日本のように人口減少や人口の高齢化といった人口動態的な課題を抱えている国々ではこの問題は深刻であろう。経済成長そのものが危うくなりかねない。

しかし、技術進歩によりますますペースアップする地球化と、これに割りを食っているとして地球化現象を反転させるかのごとくの勢いの反地球化のモメンタムとの相克をそのまま放置し、場合によっては衝突も許すということにもなりかねない状況が二一世紀初頭の地球上では呈されている。本章では第二章で検討した地球化と反地球化の相克の行く末を考えつつ、経済を中心に論じられてきたグローバル化が生み出した矛盾、特に経済の地球化に国際政治が追いついていない状況を念頭に国際政治の視点から地球共生を考察したい。そして第二次世界大戦後維持されてきたリベラルな国際秩序が衰退の兆しを見せている今、二一世紀の地球共生を支える秩序がどのようなものかも追究したい。さらに第二章第二節で述べたように反地球化の標的にもなっている文化が本当に地球化の波に洗われることでマイナスの効果を生み出しているのか、あるいはむしろ文化がこの矛盾を解消する一助となりうるのかを検討し、この政治と文化という二つの視点から地球共生への道を探りたい。

◇「不満」と「不安」が地球儀を塗り替えるか

第二章で検証したように日本の新聞紙面では検索してみるとグローバル化やグローバリズムに関する記事掲載件数は二〇一〇年代末には一九九〇年代よりも大きく減少した。これはグローバル化という現象に対してメディアや読者の関心がなくなったからだろうか。それともグローバル化がもはや当たり前になって議論が必要なほどの新鮮味がなくなったからであろうか。あるいは自国優先主義をはじめとする孤立主義が目立つためにそちらに議論の焦点が移ってしまったからなのだろうか。グローバル化あるいはグローバリズムという言葉を用いた記事件数が減少している原因は定かではないが、筆者はこれらの推定される理由があいまって今更グローバル化を論じる必要性が薄れてきているのではないかと推量する。しかしながら、地球を俯瞰した時に地球化のスコープとペースは、拡大と高速化の一途を辿っているように見受けられる。そして、それに抗する様々な動きも今までになく強くなっていることも現実である。

第二章では、地球化について政治、経済、難民・移民を含む人の移動、ICT、文化などを中心に論じたが、第一章で述べたように地球化を議論する上では、急な経済情勢の変化からテロ、気候変動、感染症などに至るまで多様な脅威もまた地球化し、私たちの人間の安全保障を複合的に脅かしていることも視野に入れなければならない。このような地球規模課題（グローバル・イシューズ）とも呼ばれる国境を越える脅威が危機に発展することが従前以上に懸念され、これを防止することがますます重要になっていることも含めて考える必要がある。

まず、世界経済はミレニアム開発目標（MDGs）などを通じて多くの発展途上国においても数字上は成長してきた。しかしながら、地球全体の経済成長率の数字とは裏腹に各国間の格差は無論のこと、各国の国内において経済格差が拡大している。二〇一八年に発表された世界銀行の報告書「世界の富の推移二〇一八――持続可能な未来を作る（The Changing Wealth of Nations 2018: Building a Sustainable Future）」[1]は、「世界の富は過去二〇年間で大幅に増加したが一人当たりの富が減少または横ばいだった国の数は所得の高低に関わらず二〇数カ国に上った」と指摘した。同報告書はこれまでのGDPを用いず、自然資本（森林や鉱物）、人的資本（生涯所得）、生産された資本（建造物やインフラなど）、対外純資産の合計を「富」の指標として用いている。そして地球化が本格的になった一九九五年から二〇一四年までの期間の一四一カ国の富の推移を記録し分析している。同報告書は世界の富がこの期間に六六％増加したと推定している。しかし図3－1「所得グループ別グローバルな富の分布（Shares of Global Wealth by Income Group）」に示されているように格差が大きく、経済協力開発機構（OECD）加盟国のような高所得国における国民一人当たりの富は、低所得国の五二倍に上ったと報

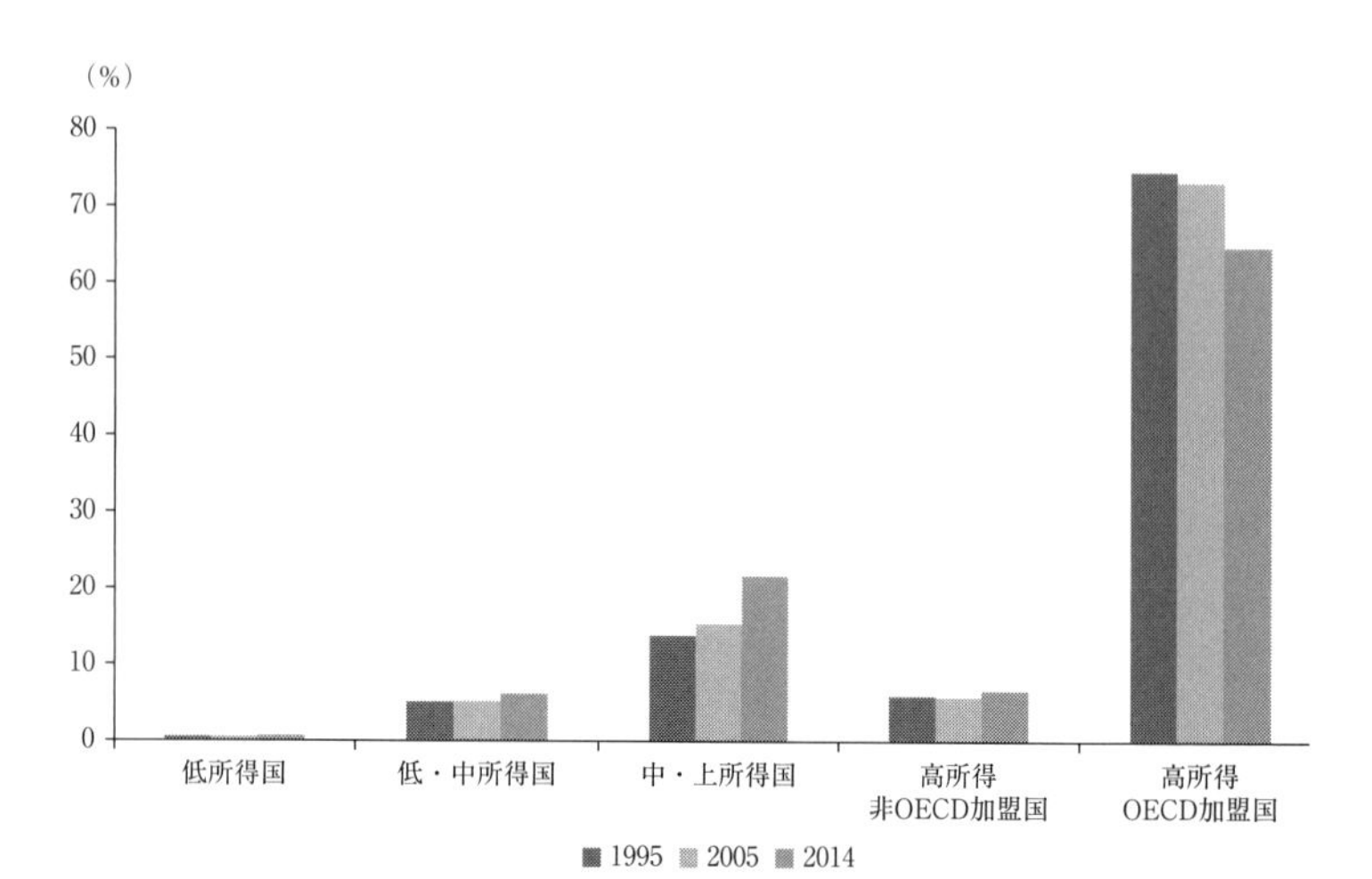

図3-1　所得グループ別グローバルな富の分布

出典：世界銀行「世界の富の推移　2018：持続可能な未来をつくる」

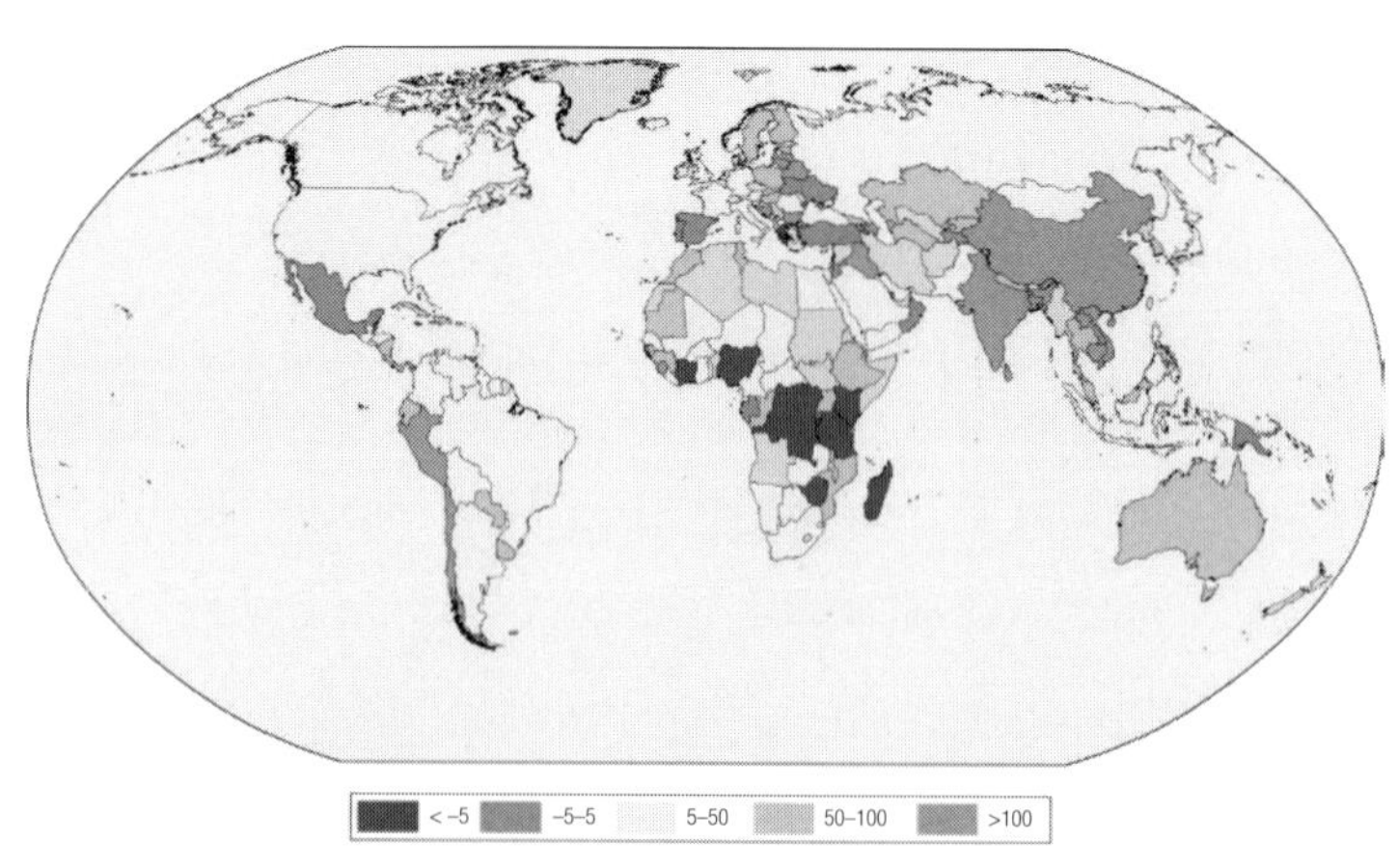

図3-2　国民一人当たりの富の成長率（1995～2014）

出典：同上

告されている。また、同図は世界銀行の同報告書の一九九五年版、二〇〇五年版、二〇一四年版のデータと比較しているが、いくつかの低所得国では国民一人当たりの富の減少が見られたことも指摘されている。さらに、二〇〇九年のリーマン・ショックにより打撃を受けた先進国の状況も報告されている。これは高所得ＯＥＣＤ加盟国の富のシェアの棒グラフのデータが二〇一四年分では大きく下げていることから読み取れる。

また、図３－２「国民一人当たりの富の成長率（Percent Growth in Total Wealth Per Capita）」に示されているように地域により富の成長率は大きく異なる。例えばサブ・サハラ諸国では一九九五年以来富がほとんど増加していない。場合によっては富がマイナス成長の国もある。他方一九九五年から二〇一四年の間の期間に一〇〇％以上富が成長した国は、中国、インドなどの新興国がこれに当てはまる。先進国は成長率は五〇～一〇〇％とされている。このような富の伸び率の格差の拡大が見られ、経済成長の便益が地球上に均霑されていないことが、地球化に対する不満を生んでいることは疑いもない。

もう一つ反地球化の要因となっているのは、とどまるところを知らないとも見える人の移動、特に難民・移民の流れから生まれている不安と不満である。二〇一五年の国際人口移動は二億四四〇〇万人と推定されており、これは世界人口七三億人の三・三％、三〇人に一人が移動している計算になる。(2) 割合から見れば移動しない人の方がはるかに多いのだが、これが国際的な問題になっているのは移動人口の割合が急ピッチで増えていることと、紛争やテロなどの理由により局地的に急増しているからであろう。国際移住機関（ＩＯＭ）の人の移動に関するデータによると図３－３「国際的な人の移

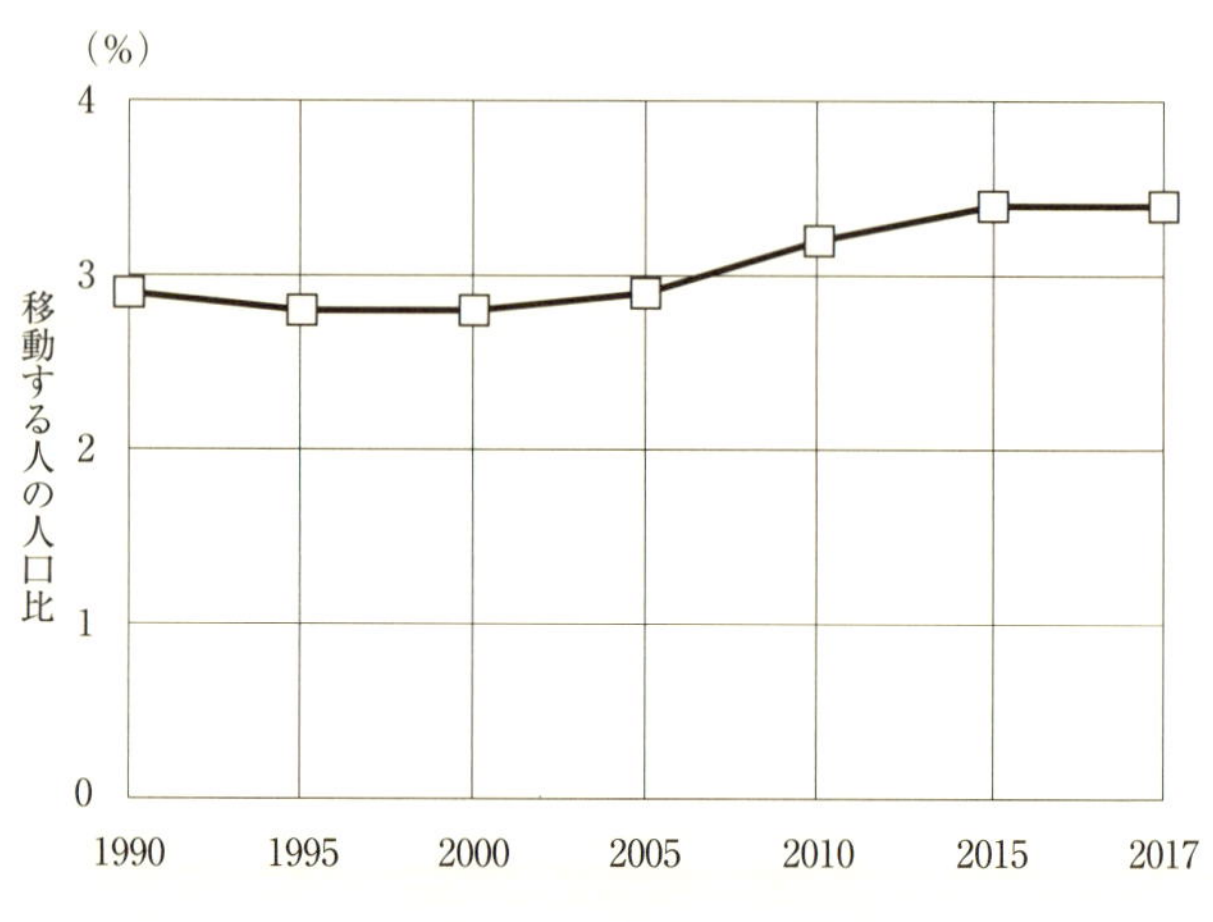

図3-3　国際的な人の移動

出典：国際移住機関（IOM）Migration Data Portal

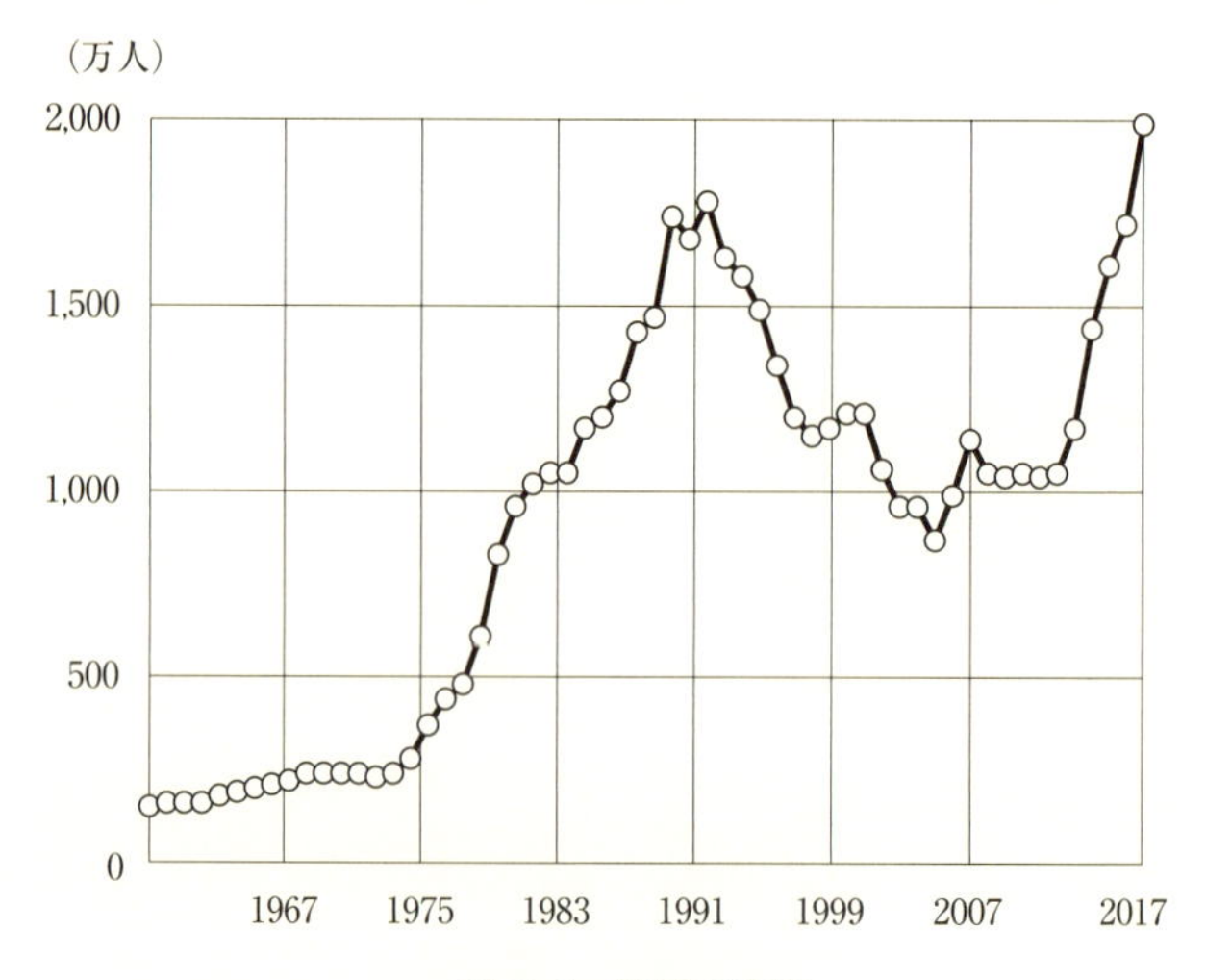

図3-4　難民の流出

出典：国際移住機関（IOM）Migration Data Portal

動」[3]に示されているように一九九〇年には移動する人の割合は人口の二・八％であったが、二〇一七年には三・四％となっている。二〇一七年の移動する人の総数は二億五七七〇万人に及んだ。これだけの人の移動があれば、様々な形で影響が出るのは必至である。

さらにＩＯＭの難民の流出データ（図３－４）によると一九六〇年代からも一〇〇万人あまりの難民の流出が続いていたが、一九七五年から一九九三年頃までベトナム戦争や内戦などで増加した。冷戦終焉後は内戦の勃発が相次ぎ、ピーク時の一九九一年には一八〇〇万人にも及んだが次第に減少し、一九九九年にはさらに一二〇〇万人にまで減少し、二〇〇五年には一旦一〇〇〇万人を割った。しかしながらアフリカやアフガニスタン、中東での内戦型の紛争はなかなか収束せず一〇〇〇万人強の難民の流出が続いた。さらに二〇一四年頃からはシリア紛争が激化、イエメンの紛争、アフリカにおける紛争から逃れる人々が増え、二〇一七年には約二〇〇〇万人の難民が自国を逃れて安全な生活の場所を求めて流出した。二〇〇〇万人強とは、例えばオーストラリアの人口にも匹敵する。これだけの大量の難民の発生は、当初は人道的な配慮から受け入れてきた国々にとっても負担が次第に重くなり、受け入れを抑制すべしとの声が高まった。

このような規模の人の移動から様々な問題が、難民・移民の流出国とこれらの人々を受け入れざるを得なくなった受入国の両方で生まれている。近年はシリア難民やロヒンジャ難民、イエメン難民などのように、内戦勃発やテロの発生により国内の政治的な不安定や家族の安全が確保されないなどの理由で海外に逃れるケースが増えている。その上に本国帰還の目途が立たないことから難民が一時庇護国あるいは第三国において長期滞在になり、難民のみならず受入国の人々の間に不安と不満が高まっている。これが反地球化のマグマにも繋がっていることはドイツ、イタリアやスペインなどの受入国の国内政治状況にも反映され、難民排斥を訴える極右の政党が票を集めるケースにも繋がっている。また、前述のようにイギリスのＥＵ離脱という国民投票の結果にも繋がった。

しかし、人の移動の問題は、近年の特異的な現象ではなく、一世紀以上の長い歴史を持つことを忘れてはならない。すなわち、各国が経済的に成長する一方で、経済的な理由、特に労働者不足という事情から積極的に外国人人材を受け入れなければ経済が成り立たないという事情が様々な国で発生し、人、特に移民を牽引してきた。移住する人々は、より高い賃金やより良い労働環境や生活を求めて不安を抱えつつも移動してきた。これが第一章で論じた多文化共生先進国といわれるカナダやオーストラリアで少なくとも二〇世紀から起きていた。そのプロセスの中では、移民を完全に統合するのか、並行して移民の文化を受け入れるのかの葛藤も生んできた。また、やはり労働力不足を補うためにトルコからの大量移民を労働力として受け入れてきたドイツでもトルコ系ドイツ人の二世、三世のアイデンティティの問題などを抱えてきた。結果的には移民を文化的に無理に統合（インテグレート）するのではなく、それぞれの文化を尊重しながら、並存してコミュニティを形成する道が多くの国でとられている。いわゆる多文化共生の道である。一方、歴史を遡るとアメリカは当初はヨーロッパから、その後は世界各地から移民を受け入れて成り立ってきた国である。しかも移民の人数はＩＯＭの報告によると一九七〇年は一二〇〇万人であったものが二〇一五年には四六六〇万人と増加しており、アメリカン・ドリームを夢見て、アフリカ、アジア、そして中南米などから移民が流入している。「人種のるつぼ」といわれてきたアメリカは、移民をアメリカ社会に統合する政策をとってきたが、最近移民が正規、非正規共に増えており、それぞれの言葉で生活する人々も増え、並行社会も形成されている。それだけにアメリカでは外国人労働者の流入増加が社会問題化し、仕事を奪われる、地域が危険になるなどの声が上がり、非合法に入国する外国人を取り締まるべくメキシコとの国境の壁を大規模に増強するというような策まで議論されるようになっている。しかし、アメリカの移民受け入れの歴史は長く、移民により成り立ってきた国であることも忘れてはならない。人の移動の増加によって、アメリカもまたどのような多様性社会を今後構築できるかという新たな課題を抱えているといえよう。

そして、冷戦終焉後東欧諸国の体制が共産主義から資本主義経済へ移行したことにより、それまでの東西ブロックの境界が消失し、多くの東欧諸国がEUへの加盟を果たした。これにより他の賃金の高いEU加盟国で働くことが可能となり、かつ加盟国である限り、EU加盟国内は移動も自由であることからより良い生活を求めて東欧諸国の人々がイギリスをはじめとしてフランス、ドイツへと出稼ぎに行き、定住していった。欧州各国では統合よりも多様性社会、インター・カルチュラル・シティーという考え方で移住する人々を受け入れてきたが、最近の難民の急増による問題が欧州各国の国内政治に影響を与えるに至っている。人の移動の問題は長い歴史の脈絡で理解する必要がある。

一方難民の場合は、本国帰還の目処が立たない場合には長期間にわたってかなりの規模の人数を受け入れることにもなり、受入国にとって負担は大きい。それまでのコミュニティの安定が損なわれたり、社会福祉や公共インフラなどへのしわ寄せも大きい。それまで一〇〇万人を対象に供給していた水、ガス、電気を急に二〇〇万人に供給しなければならなくなれば、サービスの低下は必然の理である。そのためにインフラを増強しようとすれば予算増となる。さらに犯罪の発生も、テロの襲撃も件数が増え、かつ犯人の中に難民・移民として流入してきた人々が含まれていると受け入れたために社会が危険になったと論じられることが多くなる。この難民・移民のために地域社会が危険になったという主張が正しいかどうかは議論の余地は残るが、これが受け入れを制限する方向や、自国だけではなく他の国々も外からの流入を受け入れるべしという批判合戦の展開に繋がる。そして、難民・移民の受け入れ規模が大きくなるにつれて、本来の職を難民・移民に奪われた低・中所得層の労働者に不満が溜まって来る。

このように地球化に反発する要因は、先進国、発展途上国を問わず広がっている。それに加えて地球規模課題はますます多様化し、これらの課題がいつ、どのような形で危機に発展して、被害を与えるかがわからないという不確実性が人々に不安と、場合によっては恐怖をもたらす。このような多様な脅威は、社会の強靭性（レジリエンス）を高めようという努力にも関わらず、収束傾向を示すこともなく広がり続け、地球上で人間の安全保障を損ない、テロの発生などの問題を引き起こしている。しかも、これらの危機は単独で発生するよりも複合化して発生し、しかも時には連鎖反応さえ引き起こしているから厄介である。脅威もまた地球化のベクトルの上にあって地球儀の上でまるでアメーバのように広がっている。

このような地球化の動きとこれに不満、不安さらに恐怖感を感じて対抗しようとする反地球化の動きが対立の構図を織りなしている。一方で、政治は依然としてウエストファリア条約以降の国民国家を中心に動いている。これが地球化という現象との間で矛盾を孕み、その矛盾が深まると時に地球化と反地球化のベクトル衝突を誘発しかねないように見える。地球儀が塗り替えられている時に、政治面からはこれらの変化に十分対応できていないところに問題の原因がある。このような、経済、人の移動から脅威に至るまでの地球化に対して、地球上のアクターが足並みをそろえて政治的に対峙しようというモメンタムは動いているのだろうか。そのような動きはあるが弱い。むしろ国民国家中心の国際政治は、地球化現象とは裏腹に第二章で検証したように国内志向を強め、自国優先の立場に傾きがちである。このままこの矛盾を放置しておいて良いはずがない。

さらに、脅威の地球化はすぐに影響や結末が見えない場合も多いから厄介である。人の移動の場合も最初に受け入れる段階では人道的な配慮から快く受け入れるのだが、時間の経過と共に負担の重みが増し不安や不満が膨らんでいく。特に流入する人数が増えれば増えるほど、難民の本国帰還の目途が立ちにくいほど、反発は強くなる。また、急な景気の変動は地球を駆け巡り地球規模の問題になりかねない。景気はいつも上向きなわけではなく、急な減速局面はやってくるが、その兆候をすぐには察知できないことが多い。同様に気候変動や感染症は、脅威が目に見えないまでも徐々に変化が起き、どこかの段階で急に表面化する。温室効果ガスの排出についても、排出量が徐々に増えてもその影響は感じないが、ある日気がついたら海面が上昇し、海岸線が退縮して領土が減少している、自然災害が激甚化して、大きな被害が出て、人命すらも奪われる。そこから慌てて対策をとっても手遅れであり、予防策をとるよりもはるかに巨額の資金を復興や対応策のために投入しなければならない。しかしながら、静かな変化に気づくことは難しい。

さらにこれらの地球規模課題は一国では解決できず、地球全体とまで行かなくとも関心のある国々が協力してリードしなければ解決への道を切り開くことができない。ところが多国間で協力して地球規模課題に取り組もうとしても、協調のために払わなければならない直近のコスト、すなわち犠牲の方にばかり目が向き、協調することによるメリットはなかなか目に見えにくい。しかも多国間協調の成果の多くが国際公共財（グローバル・コモンズ）である。すなわち、国際平和や国際秩序、国際貿易体制、環境保護の枠組み、大量破壊兵器不拡散体制、気候変動対策など国際社会が必要とする制度である。誰かが、あるいはどこかのグループが国際公共財となる国際的な制度や組織を構築しかつ維持してくれれば、そのために資金を出したり、知恵を出したり、汗をかいたりしなくとも、ただでこの国際公共財のメリットを享受することもできる。そのため多くの主体が、犠牲を払わずに協力の対価だけを享受したいというフリーライダーの方向に動くが、これは自然の理である。それだけに地球化に伴うトランスナショナルな政治的協力は生まれにくい。一九世紀のヨーロッパのように相次ぐ戦争に苦しみ、疲弊した後はこれを繰り返したくないという強い動機から協調は成立するが、喉元過ぎれば熱さを忘れるので持続しにくいのも同様の要因が背景にある。

さて、この地球化と反地球化の二つのベクトルが対峙し不安と不満が溜まる地球は、この二つのベクトルの作用を放置しておくと分裂してしまいかねない。これから地球儀は塗り替えられるのだろうか？　もし、塗り替えられるとするならば、どのように塗り替えられていくのだろうか。

現在の地球儀を俯瞰してみると第二次世界大戦後に構築された国際秩序が変容しつつあるという点では世界の識者の見解は不思議なほどに収斂を見せ、これに異論を唱える向きは少ない。むしろ現在の国際秩序については危機感が共有されており、ドイツのハンス・マウルが述べているように「現在のリベラルな国際秩序は加速度的に変容を遂げ、解体へと進んでいる」という見解がコンセンサスになっている。[4] しかし、ではどのように塗り替えられていくのかについては、意見は収斂していない。人によって地図の見方は異なり、また地球儀上のブロックの形成の仕方も二極でも単極でももはやないというところには意見の収斂が見られるが、多極構造になるのか、その多極はどのような構造になるのかについては意見はまちまちである。地球儀の上は様々な線と色が描かれ、錯綜している。地球共生の基礎となるのは国際秩序であることは言うまでもない。そこでまず国際秩序のこれまでの変遷と現状を次項で考察したい。

◇国際秩序の変容の歴史

そもそも国際秩序とは何か。国際政治学者であるヘドリー・ブルは、国際秩序を「主権国家からなる社会、あるいは国際社会の主要な基本的目標を維持する活動様式のことを指す」[5] と定義している。さらにブルは、「国家が一定の共通利益と共通価値を認識した集団として、お互いに共通の規則体系に拘束され、かつ、そのための共通の諸制度を機能させるために共に責任を担っている場合に国際秩序が保たれる」[6] としている。第二次世界大戦後の国際社会において、国際連合やブレトン・ウッズ体制の国際機関、国際制度が創設され、そこで設定された規範や規則を加盟国が守ることにより、共通の利益であると考えられた国際の平和と安定繁栄のために秩序が維持されてきた。これが国際秩序である。国際社会は国際関係論でリベラリズム、リアリズムなど異なる立場に立っていても、世界は共通に無秩序な「アナーキカル・ソサエティ」と考えられてきた。その無秩序状態にある程度の秩序を与えたのが、これらの諸制度であり、国際的に合意されたルールであった。そして、第二次世界大戦後の二〇世紀後半から二一世紀初頭にかけての国際秩序の主たる担い手はやはりあくまでも国民国家であったし、現在もそうである。国民国家が構成する国際秩序が国際政治の中核と考えられてきたわけであり、二一世紀に入っても秩序形成と維持に国民国家の中心的に果たす役割に期待せざるを得ない。しかし国際政治のアクターは国民国家以外にも広がっている。地球化が進む中での二一世紀の秩序を検討するために、まず歴史的な国際秩序の変容を回顧し、今後の展望を得る鍵としたい。

リチャード・ハースは「国際秩序はどのように終わり、次にはどのようなものが生まれるのか(How a World Order Ends and What Comes in Its Wake)」[7]と題した*Foreign Affairs*誌への寄稿の中で、そもそも安定した世界秩序というのは稀有なものであると述べている。確かに歴史を回顧してみると秩序は構築され、維持されるが、いずれかの段階で崩壊し、新たな秩序が構築されることを繰り返してきた。

ハースは、そもそも国際秩序が構築され維持されるためには、勢力が安定した形で分布し、幅広く受け入れられる国際的なルールがなければならないと述べている。さらに秩序というのは自然発生的に生まれるのではなく、作られるものである。かつ国際秩序を維持するには創造的な外交手腕と秩序を維持するためのしっかりとした制度が機能することが必要だと論じている。そして国際社会に変化がある場合には、それに対応する能力がなければ、国際秩序を維持することは難しい。そしてハースが指摘するようにいかにうまく維持された秩序でも必ず終わりがくるのは必然の理である。これは国際秩序を支える勢力均衡が崩れ、それまでの制度が新しい勢力分布に適応できなくなるからである。すなわち、勢力分布の変化に伴い、それまでの国際秩序を維持しようとする政治的意思が薄れ、新たに勢力を伸ばそうという野心を持つ主体が出てくることにより、必然的に国際秩序は瓦解する。しかも歴史が示すように国際秩序は突然突如崩れるのではなく、時間をかけて徐々に崩れていく。その崩れるタイミングで各国が秩序維持のためにどのような政策を打ち出し、諸外国との関係においてどのような外交を展開するかによっても秩序の崩れ方やスピード、崩壊後の状況は変わってくる。ただハースは、一旦崩れ始めるとこれを元に戻そうとしてもそれは無駄だと見る。まずはそれまでの国際秩序が壊れたことを認知し、それから新しいものに取り組んでいかねばならないとの主張である。[8]しかし、この認知はなかなか難しいことも歴史が物語っている。

そして、現在の第二次世界大戦後の国際秩序はまさにそのような状況にあるのではないだろうか。第二次世界大戦後、新たな国際秩序を形成し、国際連合、世界銀行や国際通貨基金（IMF）などのブレトン・ウッズ体制、世界貿易体制では関税及び貿易に関する一般協定（GATT）、その後継の世界貿易機関（WTO）、西側の安全保障については北大西洋条約機構（NATO）などの国際制度を構築して、国際社会のルール作りをリードしてきたのはアメリカであった。これに対して、ソ連はこれらの国際制度において時には同じ制度の中でアメリカと対立したり、あるいは別の制度や機構を設けて対立してきた。そして冷戦終焉後はソ連の崩壊と共に単極世界となり、アメリカがリードする国際秩序が地球社会の中心となってきた。

しかし、この国際秩序を牽引してきたアメリカは、歴史的にも孤立主義に傾くことは国際連盟への不加盟などをはじめとして何度となくあった。そして二〇一七年に発足したトランプ政権においてこの傾向が再び強まり、国際協調や国際秩序の守護神としての役割からは身を引いた状況を呈している。

一方、新興国の中国やインドはパワー分布の変化を受けて新たなグローバル秩序を模索し、アメリカがこれまでのリーダーとしての役割を放棄するならば、自らがその空隙を埋めることも辞さないとの姿勢を示している。

◇ヨーロッパの協調から国際秩序へ

今後の新しいグローバル秩序への示唆を得るべく、ここで国際秩序の変遷の歴史を振り返ってみたい。多くの識者は秩序といえば古代ギリシャに遡って考え、トゥキディデスの戦史を参照する。すなわち、ポリス社会による秩序で安定していたギリシャ地域は新しい勢力が台頭することにより戦争を繰り返した。この火蓋を切ったのが紀元前五世紀にアテネとスパルタの間で勃発した戦争、いわゆるペロポネソス戦争であった。この戦争ではスパルタが勝利したが、ポリス社会の秩序は次第に衰退し、アテネを中心としたデロス同盟とスパルタを中心とするペロポネソス同盟の対立という段階に入り、戦争が繰り返された。

その後の歴史の中で、本論との関連性が深いものであり、かつ安定した国際秩序としてよく語られるのが、一九世紀の「ヨーロッパの協調（Concert of Europe）」である。これはナポレオン戦争後、一八一四年から一八一五年にかけて戦後体制を話し合うためにウイーン会議が開催された結果生まれた秩序であった。ウイーンにはオーストリア、プロシャ、ロシア、イギリスなどの当時の大国が集まり、再びフランスがヨーロッパ各国を脅かすことがないように、また革命的な動きが各王国を脅かさないようにと協議が重ねられた。そして不戦の誓いが合意され、軍事力のある程度の均衡が追求された。

これを通称ウィーン体制と呼ぶ。また、領土については、国境を画定し、加盟国全てが合意しない限り、国境線を修正しないことも合意された。さらに各国で革命が起きることが懸念されていたことから、民衆の蜂起があった場合はお互いに助け合うことが約束され、緊急時には外相が協議することも話し合われた。このヨーロッパの協調は戦争に疲弊した欧州各国が戦争の再発や国内の革命を回避したいという目的が参加国に共通していたからこそ成立したといえ、一八一五年から第一次世界大戦勃発まで続いた。ちなみに日本語で「協調」と訳されている「コンサート」（Concert）はイタリア語の「コンチェルト」から派生した言葉で調和がとれている状態を指すそうである。しかも自然に調和がとれている状態ではなく、人間が協議し、合意して維持される調和を意味する。(9)

このヨーロッパの協調はナポレオン戦争から時間が経過すると共に次第に弱体化していったが、それでもほぼ一世紀と長く続いた協調体制であった。なぜこれだけ長く続いたのか。これはヨーロッパ各国が王国体制を危うくしたくない、フランスからの再びの攻撃を避けたい、ロシアからの攻撃の懸念、そしてナポレオン戦争で疲弊したことから大国間の戦争を避けたいという思いを、それぞれの思惑には差異があったものの共有したからである。

また、ウイーン会議では、ナポレオン戦争後の体制にフランスを参加させることが決まったことも協調が長続きした大きな要因である。この戦時中の敵をも含む体制の包摂性がこの秩序を長続きさせた。しかしながら、この秩序が次第にその機能を弱体化した原因は、一八三〇年から一八四八年にかけての革命勢力の台頭と民衆の蜂起であり、各国が協調継続のための力を次第に失っていったことであるといわれている。そしてクリミア戦争が勃発したことで、協調が戦争を防止する能力に限界があることが明らかになり、それと並行してドイツが次第に力をつけていったことが徐々に協調を崩していった。ある意味で大国の政治力、経済力、軍事力などを総合した勢力の興亡によりヨーロッパの勢力図が変化していったことがこの協調を表面化しない形で少しずつ蝕んでいったともいわれている。この秩序の崩壊が目に見える形で決定的になったのが第一次世界大戦の勃発であった。

ヨーロッパの協調が崩れて第一次世界大戦に突入したが、大戦後に生まれたのがリベラルな国際秩序であった。この第一次世界大戦後の国際秩序をハンス・マウルは「リベラルな国際秩序1．0（LIO1．0）」[10]と名付けている。LIO1．0はイギリスが中心になり、ヨーロッパの協調の基本的理念であった主権国家の平等を受け継ぎ、国際連盟も創設された。しかしアメリカが国際連盟設立の提案国であったにもかかわらず議会の反対から加盟せず、LIO1．0は十分に機能しないままに世界恐慌の勃発と保護貿易主義政策がとられたことにより瓦解し第二次世界大戦の勃発を招いた。

第二次世界大戦後、戦火で大きな被害と犠牲を強いられた国々は、このような世界大戦を二度と繰り返したくないとの強い思いから、戦勝連合国を中心に新たな国際秩序構築に動いた。イギリスとアメリカが中心になり、国際連盟の欠点を是正した国連とブレトン・ウッズ体制が創設されリベラルな国際秩序が構築されたのであった。マウルはこの第二次世界大戦以降のリベラルな国際秩序をLIO2．0と呼んでいる。[11]LIO2．0はLIO1．0と比較すると原則も規範もはるかに拡充され、民族自決や脱植民地化、人権、民主的なガバナンスなどの原則が導入された。そしてこのLIO2．0では敗戦国を排除せず、一九世紀のヨーロッパの協調がフランスを含めて包摂的な体制を構築したように敗戦国のドイツ、日本やイタリアを含めた秩序が構築されていった。

◇リベラルな国際秩序の変容

しかし、第二次世界大戦直後に東西対立が発生し、ＬＩＯ２．０は冷戦の二極対立の環境の中で機能することになった。米ソ二極構造を反映して二つの秩序が並存したのである。この米ソ各々の秩序は冷戦中でもキューバ危機などを除けば大きく対立することを選択せず、勢力均衡と核抑止が機能した。米ソはある意味で常に究極的な米ソ核戦争の可能性は秘めながらも、共にある程度の抑制を利かせ、向こう見ずな行動には出なかった。したがって米ソ両陣営とも国際連合には加盟し、その中でお互いの影響力の及ぶ範囲を巡って対立し、かつ常任理事国に認められている拒否権の発動などを通じて米ソ対立が国連の安全保障理事会を機能麻痺させることもあったが、それでも国連体制は維持された。そして冷戦後には米ソ対立も解け、国連は依然として様々な加盟国の思惑により、国際の平和と安定のために十分に機能しているとまではいえないが、少なくとも米ソ対立により安保理が機能麻痺を続けた冷戦中よりは機能するようになっている。

さらに冷戦中も、米ソ両陣営の緊張緩和（デタント）の動きの中で米ソ両陣営から三五カ国が参加して全欧安全保障協力会議（ＣＳＣＥ）が開催され、一九七五年にヘルシンキ最終文書に合意した。そして同文書の履行状況を点検するフォローアップ会合を開くことを決めた。この文書は安全保障、科学技術と環境、人道の三つのバスケットから構成され、各バスケットが実施に移された。かつこの体制はヘルシンキ最終文書の履行状況を検証する会議の開催が合意されており、これがこのＣＳＣＥ体制の持続性に繋がった。特にＣＳＣＥの信頼醸成措置は、両陣営が参加しただけに冷戦終焉に一役買ったといわれるほど重要なプロセスとなった。このＣＳＣＥ体制は冷戦後も継続され、一九九四年には会議体から機構に切り替えられ、名称も欧州安全保障協力機構（ＯＳＣＥ）に改称され、現在に至っている。

さらに、第二次世界大戦後の国際秩序であるＬＩＯ２．０ではアメリカを中心にリベラルな国際秩序の構築が行われた。これにより主に民主主義国家が中心となって経済面では貿易と開発援助を軸とするルールに基づく秩序が構築されていった。金融面では世界銀行やブレトン・ウッズ体制であり、さらに貿易制度が追加されていった。ここでは自由貿易が経済成長のエンジンと考えられ、戦争は経済的にも高くつきすぎるとの考えから協力体制が作られ、各国の経済成長にも支えられて、国際秩序は維持されてきた。

しかしながら、ハースらはこのような第二次世界大戦後のリベラルな国際秩序は次第に崩れていると指摘する。すなわち冷戦構造そのものは終焉を迎えたが、一九九〇年代以降もポスト冷戦期として冷戦構造が構築した国際秩序はある程度維持されてきた。

マウルは、第二次世界大戦後のＬＩＯ２．０を継承しつつも冷戦後一九九〇年に欧州諸国およびアメリカ、カナダ、そしてソ連の首脳が参加したＣＳＣＥ首脳会議で採択されたパリ憲章が国際秩序の原則、規範や制度を網羅したものであったと位置づけ、冷戦後のリベラルな国際秩序を第二次世界大戦後冷戦中を第一期とし、冷戦後の秩序体制を第二期としてＬＩＯ２．１と呼んでいる[12]。しかし、このＬＩＯ２．１は冷戦後一九九〇年代は維持されたものの、後述するように国際機関の弱体化やアメリカの同時多発テロへの対応としての反テロ戦争などから次第に綻びを見せてきた。またロシアはＮ

ATOと全面的に対峙することはしていないが、二〇〇八年にはジョージアに介入した。さらに二〇一四年以来ロシアはウクライナに侵攻し、クリミアを事実上併合している。また、ロシアがアメリカやヨーロッパの選挙にサイバー攻撃を仕掛け、介入しているとも伝えられており、これらはいずれも第二次世界大戦後の秩序への不満がロシアの行動の背景にあるとハースは分析している。[13] さらに国際秩序が徐々に崩壊の道を辿っている証左としてハースは中国やロシアだけでなくフィリピン、トルコや東ヨーロッパにも独裁政権が台頭しているとも指摘している。

現在の国際機関については、改革が必要であることがかなり前から指摘されている。例えば加盟国の勢力分布が変わってきているにも関わらず、国連の安保理は改組されていない。安保理は、国際の平和と安全を維持するという使命に対しても、常任理事国の意向や国益によっては十分に解決に取り組めなくなってきており、変化についていけていないとの批判がある。確かに安保理の常任理事国五カ国は、第二次世界大戦の戦勝連合国の顔ぶれのまま、アメリカ、イギリス、フランス、ロシアおよび中国が常任理事国として現在も拒否権も持ったままである。二年間の任期で国連総会での選挙を通じて選出される非常任理事国については図3－5に示すように一九六五年に一回改正されて非常任理事国の数が四カ国増え現在の一〇カ国に変更されただけである。一方で国連加盟国数は当初の五一カ国から、植民地から独立した国々や冷戦後の紛争で独立した国が増え、二〇一九年四月時点で一九三カ国と四倍弱にまで増えている。安保理が国連全体の意思を、さらには多極化する地球社会の意見を代表していないとの批判を一部の加盟国から受けている。

アメリカを中心とする国際秩序は、ジョン・アイケンベリーが論じるように第二次世界大戦後は超

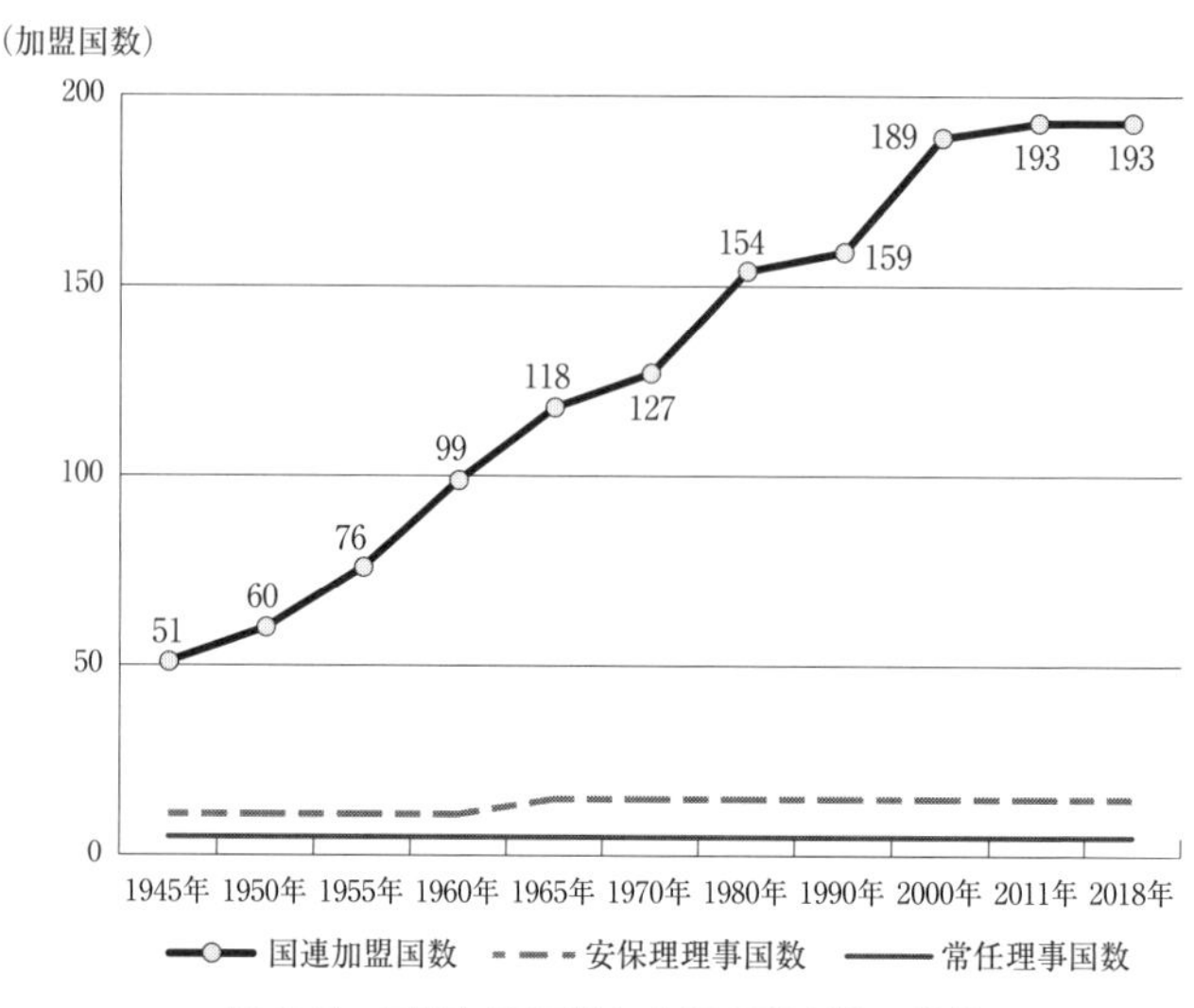

図3-5　国連加盟国数と安保理議席数の推移

出典：外務省国連加盟国数と安保理議席数の推移

大国アメリカが七〇年以上にわたり、リベラルな国際的なルールに基づく国際秩序を構築し、維持することを主導してきた。そしてそのようなリベラルな国際秩序が大国間の長い平和を支えてきた。そして冷戦が終焉し、それまでのアメリカとソ連という二大超大国による二極世界から、ソ連の崩壊と共にアメリカを中心とする単極構造に変化した。そして冷戦に勝利したアメリカは冷戦に用いていたパワーを国際秩序の発展に使おうとし、アメリカは「関与と拡大（engage and enlarge）」[14]のバナーの下にリベラルな秩序を維持した。果たして冷戦の終焉と共に新しい世界秩序が生まれたかどうかは今となっては疑問であるが、冷戦の終焉後もアメリカが国際秩序を維持してきたことは事実である。ジョゼフ・ナイは世界を過去七〇年間支えてきた国際秩序が成功したのはこの制度を守り、深め、拡大していくことにアメリカをはじめ各国に強いコンセンサスがあったからだとも指摘している。[15]
冷戦の終焉についてフランシス・フクヤマが、その著書『歴史の終わりに』でイデオロギーの対立は終わったと論じたことは有名である。そして、これからは全ての国が自由市場経済を進め、民主主義政府により豊かで自由になる、西側のリベラルな民主主義が人間の作る政府の最終の形であると論じた。[16]今では世界の勢力分布のその後の変容からこのような冷戦の終焉が生んだ単極の時代は時代（era）ではなく瞬間（moment）にすぎなかったといわれている。

しかし、歴史家のジョン・ルイス・ギャディスやグレアム・アリソンは冷たい戦争という形で「長い平和」が可能であったのは、リベラルな国際秩序のおかげではないと論じている。そもそもリベラルとは平等でフェアなものを指すが、国際秩序は決して平等ではなかったという指摘である。例えば、国連憲章の武力不行使もこれは強国に対して特権を与えるものであり、安保理の常任理事国には拒否権という特権を与えており、超大国は特別の存在として扱われていたとする。そして冷戦時代の秩序はあくまでもアメリカとソ連の勢力圏の対立であり、超大国は思うようにことが運べたが、それに逆らうと一九五六年のハンガリー、一九六八年のチェコの憂き目を見る。[17]イギリスとフランスも一九五六年にアメリカの意見を受け入れずにスエズ危機に対応して教訓を学んだ。そしてアメリカは敗戦したドイツと日本をリベラルな民主国家にして価値観と利益を共有することで自らの勢力圏に取り入れたという論を展開している。[18]

この第二次世界大戦後の長い平和を支えてきたリベラルな国際秩序については、以上のように識者により見解は異なるが、第二次世界大戦後の国際秩序がこれを支えてきた勢力分布の変化と共に徐々に崩れてきているのではないか、劣化してきているのではないかという点では見方が収斂している。これまで国際秩序をリードしてきたアメリカは「自国優先主義」に転じ、この国際秩序をリードする役割への関心を薄めているか、時に放棄しようとしているように見える。この空隙を狙ってこれまで国際秩序には構築の面でも維持の面でも関わってこなかった新興国が時に「国際秩序の守護者」のような役割を演じようとしている。よく例示されるのが、二〇一七年一月の中国の習近平国家主席のダボスにおける世界経済フォーラム年次総会での演説である。ここで同主席は経済のグローバル化を擁護して、「世界最大の経済大国であるアメリカが保護主義に転じようとしているが、一層のグローバル化が歴史的な流れであり、中国は指導的役割を果たす用意がある」と演説した。この演説を聴いた識者は中国がグローバル化を擁護する意見を述べたことには驚きつつも「アメリカが世界の指導的役割から後退することで生じる空白を（中国が）埋めようとした」[19]と受け止めたと報道された。中国の意図が奈辺にあるかはこれから明らかになっていくであろうが、少なくとも国際秩序が変容を遂げようとしていることは明らかである。そして一部の国々はすでに大国であるという顔と途上国という顔、すなわちダブル・アイデンティティを使い分けながら、グローバルなルールを自国に有利なように再構築しようと虎視眈々と狙っている。イランや北朝鮮は国際社会で認知はされたいが、他人が決めたルールには従いたくないという気配が強く、ブラジルやインドなどの新興国は大国の特権は享受したいが、責任は回避したいという思惑が見える。そして従来からの大国は今までのように責任を果たすことに関心を持たなくなっているように見える。

地球上での行動主体（アクター）の勢力図を考えてみるとやはりまずは国民国家間の関係であり、

それを補強するのが市民社会の連携となっている。国民国家間の関係は冷戦時代の二極構造（bipolarity）が崩れ、冷戦後一旦一極ないし単極（monopolarity）になったものの、これもまた変容しようとしている。今は超大国ではないが大国（stronger powers）が複数国存在し、勢力を強めている。それは先進国首脳会議メンバーの七カ国ともそれにロシアと中国を加えた九カ国とも、あるいはＧ20を構成する二〇カ国とも目されるが、これらの大国が多極構造（multipolarity）を形成していると見られる。これらの大国、言葉を換えると「極」は地球儀をどのように塗り替えていくのだろうか。これらの極の利害は必ずしも一致しないが、各々自己利益に走るのだろうか。それとも共通利益と共通価値を求めて何らかの秩序を構築するために妥協する覚悟を持つのだろうか。新しい秩序では一九世紀のナポレオン戦争後のヨーロッパで実現したような協調（concert）は可能なのだろうか。それとも反地球化のベクトルが凌駕して、バラバラな地球になる宿命なのだろうか？　適者生存のルールが成立し、まさにアナーキーが続くのだろうか？　地球化と反地球化のベクトルに翻弄されて、地球は四方八方に引っ張られてしまうのだろうか？　冷戦後新しい国際秩序が生まれるかとも期待されたが、現在もこれらの疑問への答え探しは続く。他方、第二次世界大戦後のリベラルな秩序は一九世紀のヨーロッパの協調を想起してもパワーバランスが変容する中で変化せざるを得ないだろう。そこでどのような方向への変化が起きているのか、起きようとしているのかを次項で考察する。

◇国際秩序から新しい地球秩序へ

これまでは国際秩序の担い手はウエストファリア条約以降、国民国家であったし、現在もこれは不変である。英語では国際関係は国と国との関係ということを表現した「International Relations」である。したがって、国際秩序を構成し維持するのも国家の役割であった。ブルは、国際秩序は「共通の文化や文明」に基礎を置いていると論じており[20]、国家と国家が秩序を構成し、ルールを守るためには共通のベースが必要だという考え方を示した。この国際関係の主体が今後も国民国家なのか、また今後の秩序の共通のベース、すなわち求心力が何になるのかを考えねばならない。

前述の長い平和が持続した要因として細谷雄一（慶應義塾大学教授）は、一九四九年四月の北大西洋条約と一九五一年の日米安保条約により冷戦時代の西側の同盟関係が成立し、これが冷戦時代の勢力均衡を維持したことをあげている。そして高坂正堯を引用しつつ「勢力均衡は近代ヨーロッパに国際社会が成立して以来国際関係を規定してきた第一の原則であったし、勢力均衡の存在しないところには平和はなかった」と論じている。しかしながら、勢力均衡のみが長い平和を支えたわけではないとも論じていることに注目したい。これらの諸国で共通の価値観が共有されていたことを要因としてあげている。これは前述のブルとも共通しているといえよう。そして共通の価値観として自由、民主主義、法の支配をあげている。すなわち安定した国際秩序を構築するには勢力均衡を基礎とし、価値の共有をベースとして推し進めることが重要であり[21]、冷戦時代はこの二つの条件が満たされていたからこそ、熱い戦争にならずに平和が維持されたとの分析を示している。

それでは今後の秩序を考える上で、地球社会の主体は何かから考えたい。二一世紀に入っても主要な主体が国民国家であることは変わらない。しかしながら、国民国家のみが主体ではないところに変化が見られる。今や国民国家に加えて多様な主体（アクター）が地球上で活躍し、国際関係を織りなしている。その代表格が市民社会の様々な組織、ＮＧＯ、ＮＰＯである。例えば、一九九七年一二月に署名された対人地雷禁止条約（通称オタワ条約）の締結においては、ジュネーブの国連軍縮会議で交渉していては加盟国のコンセンサス、満場一致が合意原則であるために、ロシアやアメリカなど対人地雷を使用したい国々が現存している以上、対人地雷の使用禁止に関する軍縮合意は所詮無理だと予想された。この対人地雷禁止へ一つの弾みをつけたのが、実は市民社会であった。ＮＧＯ、特に世界の一〇〇〇を超えるＮＧＯの連合体である「地雷禁止国際キャンペーン（ＩＣＢＬ）」が各国政府、国連やメディアに働きかけ、禁止に向かってのモメンタムを生み出した。注目したいのはこのＩＣＢＬのキャンペーンは、軍縮という切り口ではなく、地雷という廉価な武器が実際に用いられると命は奪わないまでも、手足や目を奪うという凄惨かつ非人道的な兵器であることを被害者の写真やデータを駆使して強く訴えたことである。ＩＣＢＬは各国の政府代表に対して、闇雲に地雷禁止を訴えるのではなく対人地雷問題の詳細な専門知識と情報を提供することで、対人地雷禁止に向けてのキャンペーンを展開した。このＩＣＢＬの働きかけに当時のカナダのロイド・アクスワージー外務大臣が強い関心を持ち、一九九六年末に国連加盟国をオタワに招いて対人地雷問題に関する国際会議を開催し、一年間で政府間交渉をまとめようと呼びかけた。対人地雷禁止条約は会議が開催された都市の地名を用いてオタワ条約とも呼ばれ、対人地雷禁止の交渉のプロセスはオタワ・プロセスと呼ばれた。そして実際に対人地雷禁止条約は一年後の一九九七年にオタワで署名された。このような成果が評価され、ＩＣＢＬはノーベル平和賞を受賞し、ＮＧＯが国際的な課題に役割を果たすことができると世界から注目された。ここに国際関係のアクターとして市民社会も一定の社会的な認知を受けたといえよう。

その他、クラスター爆弾禁止条約でも同様にＮＧＯが条約成立に向けて重要な役割を果たした。クラスター爆弾は一つの爆弾の中に何百個もの子爆弾が入っており、爆発するとこの中の金属片が建物や人の体を破壊する。しかもクラスター爆弾は飛び散る範囲が広く、当該の戦闘には関係のない人々が被害に遭うことが多く、そして死亡する確率が高い。仮に命が助かっても手や足を失ったりする深刻な被害が発生する。また、子爆弾が不発弾として残ることも多く、紛争後にも不発弾が爆発して被害者が発生する。そこでクラスター爆弾の禁止についてＩＣＢＬをはじめとしてＮＧＯが働きかけ、二〇〇八年にクラスター爆弾禁止条約が署名された。

さらに核兵器についてはＮＧＯの核兵器廃絶国際キャンペーン（ＩＣＡＮ）が、核兵器の廃絶を国連加盟国に訴え、二〇一七年には核兵器の使用や保有、実験、威嚇、支援などを包括的に禁止する核兵器禁止条約の採択にこぎつけた。ＩＣＡＮは核兵器は国家安全保障の「必要悪」ではなく人類に壊滅的な被害を与える「絶対悪」だとアピールした。この条約については核保有国などが署名しておらず、その実効性については様々な異論もあるが、ＩＣＡＮもまた世界で一定の評価を受けて、ノーベル平和賞を受賞している。

このような軍縮への道のりのみならず、環境、気候変動、開発、貧困、感染症、ユニバーサル・ヘルスなど多様な地球規模課題分野で国家に加えて市民社会が活躍している。例えば国連が推進している持続可能な開発目標（ＳＤＧｓ）は、二〇三〇年までに貧困に終止符を打ち、地球を保護し、全ての人が平和と豊かさを享受できるようにすることを目指している。ＳＤＧｓは国連加盟国だけを担い手としているのではなく、民間、企業、市民社会とのパートナーシップで推進されている。例えば化粧品メーカーがスリランカで現地の薬草を使って化粧品を開発し、廉価に販売することで女性が自信を持ち、エンパワーメントになっているケースがある。また、ウガンダで日本製の消毒薬が健康増進のために使われ現地の保健衛生に貢献しているなど、新たな共有価値の創造（Creating Shared Values：CSV）の取り組みが民間企業によって展開され、様々な連携が行われている。また、紛争地の人々への支援も単に国家による政府開発援助（ODA）のみならず、企業や市民社会からも手が差し伸べられている。後述する元サッカー選手による紛争影響国での民族和解への貢献、Jリーグによる発展途上国の子どもたちへの中古ユニフォーム提供とサッカー教室の開催、オーケストラ指揮者による民族共栄や和解に向けての心の平和構築への努力、感染症対策として化学メーカーによるマラリア予防の塗布剤の開発とこれで処理した蚊帳のアフリカ地域への提供、衛生用品やトイレットペーパーのメーカーによる紛争影響国や途上国でのトイレ普及支援、電子機器メーカーによる防災マップ作成などのソフトの開発と提供、あるいは紛争によって破壊されたり損傷を受けた文化財修復への大学・研究機関の専門家の協力なども国家による支援とあいまって国際の平和と安定への相乗効果を生んでいる。

このような事例を念頭に置くと地球規模課題に対しては、主たるアクターは第一義的には国家であるが、国家が民間、市民社会などとパートナーシップを結んで問題解決や対処に取り組むことが増えているという側面も無視することはできない。むしろこのような連携なしには国家だけで、あるいは国家により構成される国際組織だけでは問題解決をすることは資金的にもまた多様化する課題に対しても現地のニーズに応えるという意味でも難しくなっている。すなわち地球社会のアクターが多様化していることも認識しなければならない。

これまで地球社会の主体の関係を語る時には国際関係（International Relations：ＩＲ）という言葉を長く用いてきた。すなわち、あくまで国と国の関係で論じてきた。しかし、二一世紀に入って増加する地球規模課題に対処するには、課題の多くが国境で止まることができず、地球全体というのは大げさだとしても、複数の国に関連することが多くなっている。それだけに問題の解決や現象の軽減にあたっては一国だけでできることは限られており、何らかの連携が不可欠になっている。この連携は国民国家同士が連携することは無論であるが、様々な制度や機構を活用して国家、民間、市民社会などのパートナーシップが不可欠である。そこで本書では今後の地球社会を展望する場合は「国際関係」と呼ばずに「グローバル関係（Global Relations：ＧＲ）」という言葉を用いながら今後を考えていきたい。秩序についてもアクターの多様化、多極化の状況を踏まえ新しい複数の秩序（new global orders）が想定される。「はじめに」で触れたように今後の新しい秩序を議論する際には国際秩序ではなく、「地球秩序」として考えていきたい。さて、地球秩序を構築するには、ブルが指摘するところの主体の求心力となるベースが必要不可欠であるが、今後そのベースが何になるかを次項で考察したい。

◇地球秩序の求心力

それでは今後の地球秩序の求心力すなわちアクターが共有する共通の価値と共通の利益は何かを本項で考えたい。地球社会でこれまで以上に地球化と反地球化のベクトルのぶつかり合いが激しくなることが考えられる以上、地球秩序を構築するには強力な求心力が必要である。これまでは共通の利益としては多くの場合、国際公共財、グローバル・コモンズを指すことが多い。そして、共通の価値については、第二次世界大戦後は人権、自由、民主主義などがあげられてきた。今後はどうなるのだろうか。

地球化と反地球化のベクトルが蠢く地球上の共通の利益は何といっても地球規模課題の解決であろう。二一世紀の地球社会にどのような地球規模課題があるのかについては様々な論考が出されているが、ここではシンクタンク連合の調査結果を参考にしたい。米国外交評議会（Council of Foreign Relations：ＣＦＲ）が中心になって作った世界二五カ国（G20参加国を含む）のシンクタンクが参加するシンクタンクネットワークであるカウンシル・オブ・カウンシルズ（Council of Councils：ＣｏＣ）の報告が現在の識者の見方を示している。ＣｏＣはシンクタンク版G20とも呼ばれているが、二一世紀の外交政策の課題がグローバルなものであることから、脅威やチャンスに対して十分国際社会が注目し、効果的な政策を打ち出すようにと作られたものであり、二〇一二年以来年次総会を開催している。そして、毎年「国際協調に関するＣｏＣレポート・カード（CoC Report Card on International Cooperation）」というい わば地球規模課題に対する地球社会の成績表を発表している。二〇一七～二〇一八年版のレポート・カードでは、国際協調の実績が表３－１のように評価されている。なお、最新のデータは二〇一八年に発表されたが、加盟シンクタンクに対するアンケート調査期間は二〇一七年末から二〇一八年初めにかけてであったので、実際には二〇一七年の状況が反映されている。そこで以降は二〇一七～二〇一八年の結果については、二〇一七年と表記する。

取り上げられたグローバルな重要課題は、「グローバル経済のマネージメント」「グローバル・ヘル

表3-1　地球規模課題への国際協力に関する評価

グローバル課題	2015年	2016年	2017年
グローバル経済のマネージメント	B$^-$	C$^+$	B$^-$
グローバル・ヘルスの促進	B$^+$	B	B$^-$
越境テロとの闘い	C$^-$	C	B$^-$
気候変動の抑止と適応	A	B	C$^+$
開発支援の発展	B$^+$	B$^-$	C$^+$
グローバル貿易の拡大	C$^+$	D$^+$	C
国家間の武力紛争の抑止と対応	C	C	C
サイバー・ガバナンスのマネージメント	B	C$^-$	C$^-$
核拡散防止	A$^-$	B$^-$	D$^+$
国内武力紛争の防止と対応	C$^-$	D$^+$	D$^+$
国際協調についての総合評価	B	C$^-$	C$^-$

注：格付はA$^+$、A、A$^-$、B$^+$、B、B$^-$、C$^+$、C、C$^-$、D$^+$、D、D$^-$、Fの13段階。

出典：Council of Councils "Report Card on International Cooperation 2015-2016、2016-2017、2017-2018" (22)

スの促進」「越境テロとの闘い」「気候変動の抑止と適応」「開発支援の発展」「グローバル貿易の拡大」「国家間の武力紛争の抑止と対応」「サイバー・ガバナンスのマネージメント」「核拡散防止」「国内武力紛争の防止と対応」である。これらのグローバルな課題の順番は優先順位順に表示されるため年により変化しているが、課題要素はほぼ毎年同じである。そして二〇一五年、二〇一六年、二〇一七年の三年間を比較してみると二〇一七年は成績が横ばいか下がっている項目が多い。

国際協調の総合評価については、二〇一五年は「B」であったが、二〇一六年、二〇一七年と連続で「C$^-$」の評価に下がっている。このように国際協調がうまく進んでいないと評価したことについて、CoCはアメリカのトランプ大統領の自国優先主義を原因の筆頭にあげている。具体的にはアメリカのパリ協定やTPPからの脱退、アメリカが加盟しているNATOなどで他の加盟国に対して自国の負担の軽減と他国の負担増を要求することを政策の柱としていることが問題視され、このようなアメリカの政策は世界に無秩序をもたらすとも指摘されている。しかしながら、CoCは同時に全体評価としては二〇一六年と同じ「C^-」にとどめた理由としてトランプ政権の政策が口で言うほどには悪くないこと、アメリカ以外の国が国際機構で以前よりも積極的なリーダーシップを発揮していること、国際的に経済成長率が上がっていることを理由としてあげている。

　課題項目別に見るとグローバル経済（グローバル貿易は別項目）については二〇一五年の「B^-」から二〇一六年には「C^+」に一旦評価を下げたが、二〇一七年には再び「B^-」となった。これは国際通貨基金（IMF）によると経済成長が三・七％となり、二〇一〇年以来初めて経済予測を上回ったことが評価され、中国、インド、東南アジアの経済成長が堅調であったこと、ヨーロッパ、アメリカ、日本の経済も予想を上回る成長を遂げたからであると報告されている。しかしながら世界各国の経済成長の分布は依然としてばらつきがあり、格差が拡大していることが、保護主義の炎にさらに油を注ぐ可能性があることが今後懸念されている。また、先進国、特にアメリカの財政赤字も懸念材料としてあげられている。他方、グローバル化の進展によりグローバル経済は相互依存を深めているが、国際協調が進まず、むしろ分断の傾向を強めていることを問題として指摘している。そして、二〇一七年のG20ではアメリカとその他の一九カ国が対立したことも問題視されている。二〇一八年のカナダで開催されたG7でも保護主義を巡って立場の対立が鮮明になったことが指摘された。このような分断がグローバル経済の成長に今後マイナスの影響を与えかねない状況だと警鐘が鳴らされている。

　二番目のグローバル・ヘルスについては、二〇一六年の「B」から「B^-」に評価が下がった。これはマラリアやエイズ、その他熱帯病での死者は減少したものの、予防可能な感染症での死者が増加したことによるとされている。ただし、WHOの国際保健への取り組みは評価されている。単なる感染症対策のみならず、常日頃からの保健衛生水準の改善というユニバーサル・ヘルスへの支援の必要性が浮かび上がってくる。

越境テロと闘う国際社会の努力については、前年の「C」から「B⁻」に評価が上がっている。このような改善の大きな要素はイスラム国（IS）の退縮が原因としてあげられている。ISがイラクとシリアに拡大した「国土」の九八％が奪還されたと報告されていることを評価したものである。しかしながら、ISの残党がアフガニスタンをはじめ、アジア地域にも広がる傾向であることが今後の課題と指摘されている。

気候変動の抑止については、二〇一六年の「B」評価から「C⁺」に下がった。これは地球温暖化現象が進んだこと、二酸化炭素の排出が四年ぶりに増加したこと、激甚災害が増加したことと、パリ協定からのアメリカの脱退宣言が原因としてあげられている。

二〇一七年の国際開発支援への評価は前年の「B⁻」から「C⁺」に下がった。これはODAの支出そのものは増加したものの、これは主に難民流出への支援の増大によるものであり、LDC諸国への支援はむしろ三・九％減少していると指摘している。さらにSDGs目標達成に向けての実施状況は目標達成ができるかどうか不透明であるとし、全体評価を下げた。

グローバル貿易については二〇一六年の「D⁺」の評価から二〇一七年には「C」評価に改善された。しかし保護主義の傾向や政治の不確実性が懸念されており、NAFTA再交渉、TPPの加盟一一カ国の再交渉などがその後それぞれに合意されたことが評価されたものの、ＣｏＣのアンケート調査の段階では問題視された。他方、多角的な貿易体制には問題があるが、二国間あるいは三カ国間の貿易協定については日本とＥＵの経済連携協定（ＥＰＡ）の締結など進展があったと評価されている。ただし、二〇一八年以降のグローバル貿易の傾向については、強い懸念が示された。

国家間の武力紛争の抑止と対応については前年と同じ「Ｃ」評価となった。北朝鮮については必要な核兵器、ミサイル開発は完了したとして非核化交渉がアメリカとの間で始まったものの、その先行きは不透明と指摘されている。また、中東ではサウジアラビアとイランの対立が続き、アメリカの大使館のエルサレム移転も中東地域に影響を与えており、改善の兆しがない。ウクライナでの停戦もロシアの違反行為が続いており、まだ悪化とまでは行かないものの不安材料が多いとされた。

サイバー・ガバナンスについては二〇一七年も「C⁻」と前年からは変化がない評価になっている。これは二〇一七年にはWannaCryが企業やイギリスの保健サービスのシステムを攻撃し、アメリカはこのサイバー攻撃は北朝鮮によるものと非難した。その上に国連をはじめ、米中などの二国間でサイバー・セキュリティについての協議は進められているが、立場の違いが残る状況が続いていることから昨年と同じ評価となった。

核拡散防止については前年の「B⁻」から「D⁺」と大きく評価を下げた。下げ幅としては地球規模課題の中で最大である。この原因としては、北朝鮮による核開発、頻繁な核やミサイルの実験があげられている。アンケート調査の実施時期が二〇一七年末から二〇一八年の初めであったために、それ以降の南北首脳会談や米朝首脳会談などは評価に含まれていない。また、イラン核合意（ＪＣＰＯＡ）

の進捗状況に懸念が示されており、アメリカの合意からの脱退もあって先行きが不透明になったと懸念されている。一方で核兵器禁止条約の締結は高く評価されているものの、核兵器保有国が署名していないことから実効性に疑問が呈されている。

国際社会による国内武力紛争の防止については、二〇一五年の「C⁻」から二〇一六年、二〇一七年共に「D⁺」の評価に下げた。その理由として、シリアではアサド大統領がかなりの地域をその支配下に置くようになっている一方で化学兵器の使用が疑われていることや、ミャンマーのロヒンジャ難民問題が懸念材料としてあげられている。その他国連の平和維持活動（ＰＫＯ）が展開されている地域も多いが、平和に向かって突破口が開かれる目途が立たないとの評価である。

このようなＣｏＣの評価結果を見るとその時々の情勢によりスコアは上下に変動すると考えられるが、全体としてみると地球規模課題に現在の秩序、多国間協調の枠組みは十分に応えているとはいえない。むしろ多国間協調には不確実性や懸念が示され、ほころびが目立つ。さらに国際協調のインバランスがあり、それが不満を煽り、多国間主義に背を向けさせる結果にもなっていると指摘されている。

これらの地球規模課題が地球社会の共通の課題の代表例だと考えると、これらの諸問題の解決が地球社会のアクターの共通の目標のベースになるはずである。ここにあげた地球規模課題の解決が自らの、そして全体の利益であるという認識を共有することは今後の地球とそこに住む私たちのサバイバルに不可欠なはずである。いずれの課題が悪化しても、危機にまで発展すれば、何人（なんぴと）の利益にもならない。さらに第二章で分析した地球化と反地球化のベクトルの対立を放置し危機的状況にまで発展すると、最悪の場合には地球を分裂させかねない。このようなベクトルの対立を解消することは極めて難しい。地球化のベクトルは様々なアンバンドリングによりますます勢いを増すであろうしこの勢いを削ぐことは難しい。一方で反地球化のベクトルは、いわば地球化のベクトルへの反作用であるが、これを完全に根絶やしすることなど不可能である。このようなベクトルの相克を地球の分裂に持ち込まないことが私たちの共通の利益であることは間違いがない。この認識が共有される時、地球秩序構築への求心力は生まれる。

◇地球秩序を支える機能的協力と地域協力

二〇世紀後半からの国際秩序は次第にほころびを見せ始め、衰退しつつあると見られているが、新しい秩序、地球秩序はまだはっきりとした形が見えない状況である。一方、地球を見渡すと二国間の協議や協定は必然の理として進んでいるが、それ以外にも日米豪、日中韓、日米豪印などの三カ国や四カ国のいわゆるプルリラテラルと呼ばれる協調体制、さらにはEU、NATO、OSCE、ASEANプラス、東アジアサミット（EAS）、APECなどの地域協力アーキテクチャーが各地域で重層構造をなしている（一六五頁図3－6）。これらはアジア太平洋あるいはインド太平洋、ヨーロッパ、中東、南米、アフリカなどそれぞれの地域において重なりあいながら協力圏を構成し、多国間協調体制が作られている。そしてさらには地球全体をカバーするような国際機構として国連、世界貿易機関（WTO）、世界銀行、気候変動に関するパリ協定などがそれぞれに機能別に地球規模の協力を推進し、秩序を構成している。

最近の多国間協調の場裏では首脳が集まる多国間会議の際に周縁で様々な二国間、あるいは三カ国間の会議が開催されている。これまでも多国間会議のメリットは多国間協調とあわせてその周縁で開かれる二国間の首脳会議や閣僚会議であるとされてきた。例えば一連のASEAN主催の会議、ASEAN首脳会議、ASEAN外相会議、ASEAN拡大外相会議、ASEAN＋3（日本、中国、韓国）、東アジアサミット、ASEAN国防相会議プラス、ASEAN地域フォーラム（ARF）などの際には様々な二国間会議が開催されている。このような多国間の会議は様々な国の首脳や閣僚が集まるだけに最も効率的に二国間会議を開催することができる。まさに第三次アンバンドリングを乗り越える有効な手段の一つでもある。さらには二国間関係が緊張していたり、問題がある場合にはわざわざどちらかの首脳が相手国を訪問して首脳会議を開くとなると、いずれかの首脳の体力と時間の消耗が大きいのみならず、様々な難しい問題が浮上し、ハードルが高い。しかし国際会議の「ついで」にということであれば、お互いの面子を保ったまま首脳会談や閣僚会議を開催しやすい。一時期二国間関係がギクシャクしていた間の日中首脳会議も二〇一四年のAPEC首脳会議の中国開催時に安倍総理と習近平国家主席の首脳会談がアレンジされ、それ以降関係改善の軌道に両国関係を乗せることができたといわれている。

このように本来の目的以外の効用も発揮している多国間協調と地域協力であるが、これはグローバル関係の構成要素としての役割を果たしているのだろうか。また、今後地球全体の秩序を支える役割を果たしていくことはできるのだろうか。それとも地域秩序もまたほころびを見せているのだろうか。G・ジョン・アイケンベリーは、著書『リベラルな秩序か帝国か』の中で、アメリカには多国間協調への強い懐疑心があると指摘している。そしてその例としてブッシュ政権が気候変動に関する京都議定書、国際刑事裁判所ローマ規程、生物兵器禁止条約、国連小型武器行動計画などの国際的な協定や条約を拒否し続けたことを示した。このアメリカの傾向が続くと多国間協調は絶滅危惧種に分類されてしまうとアイケンベリーは懸念を示した。しかしながら、同時にアメリカの多国間協調への疑念はアメリカの外交にとっては目新しいものではなくつきものであるが、それでもアメリカは多国間協調の道も歩むべしとして三つの理由をあげた。第一の理由は機能的協力はアメリカにとってメリットがあるとした。つまりグローバルな相互依存度が増し、グローバルな結びつきが強くなる中では多角的な政策調整の必要性が増大するからだと論じた。第二にはパワーを維持し、安定的な国際秩序を作ることはアメリカにとって大きな戦略的利益があり、そのためには多国間協調が不可欠と述べた。第三の理由としてはアメリカは法の支配を重視するからだと論じた[23]。しかしながらアメリカの多国間協調に背を向ける姿勢はその後も顔を出し、トランプ政権では第二章で紹介したように様々な多国間協調体制からの離脱という形でより鮮明に現れている。

地球社会を俯瞰するとこのような多国間協調を絶滅危惧種にするかという勢いもあればこれに抗する勢いもある。二〇一八年九月の国連総会での各国代表の一般討論演説では、アメリカのトランプ大統領は貿易、移民、イラン核合意などに言及しつつ、グローバリズムを強く否定した。他方、アントニオ・グテーレス国連事務総長は、「世界は重度の信頼欠乏症にかかっている」として人々の「不信感が募り、両極化が進み、国家間の協力は不透明かつ困難になってきた」と警鐘を鳴らした[24]。そしてグローバル・ガバナンスへの信頼も揺らいでいると危機感を示した上で多国間協力推進を強く加盟国に訴えた。フランスのマクロン大統領も演説の中で国連における多国間協調の重要性を強調した。各国首脳による国連総会演説を読むと多国間協調体制を真っ向から否定する意見と、現在の国連への不信感、信頼の欠乏を憂慮し、今後の多国間協調を進めようという意見とが衝突した。したがって地球社会は多国間協調を否定する意見一色に染まっているわけではないことがわかる。

このような多国間協調を救おうという声は国連に限ったことではない。第一次アンバンドリングにより貿易の重要性が高まり、世界貿易をルールに基づいて発展させるために第二次世界大戦後一九四八年に関税と貿易に関する一般協定（ＧＡＴＴ）が発効し、日本は一九五五年に加入した。ＧＡＴＴの目的は無差別で自由な貿易を実現することであり、関税や貿易制限措置の削減を基本原則にし、特定の国を優遇するのではない無差別待遇を原則とした。この背景には第二次世界大戦前に一九三〇年代の世界恐慌が経済的対立を激化させ、大戦の原因になったという反省もあったといわれている。

自国経済を保護するために設けられている関税や輸出入制限が貿易の発展を妨げていると認識されたことも背景にあり、貿易を自由化して、国際経済の発展を促すべく、数次の関税交渉や制限措置削減の多角的貿易交渉が行われてきた。このＧＡＴＴの多角的貿易交渉は「ラウンド」と呼ばれ、ケネディ・ラウンドを出発点として、八回にわたるラウンド交渉が重ねられた。先進国の鉱工業製品の平均譲許関税率は、一九八六年から始まった八回目のウルグアイ・ラウンドにより四％程度まで下がった（日本一・五％、アメリカ三・五％、ＥＵ三・六％）[25]。

一方それまで国際経済において圧倒的優位を誇っていたアメリカ経済が貿易赤字を計上するようになり、アメリカ議会が一九七四年には通商法三〇一条を成立させ、外国政府がアメリカに対して不当な通商制限を行っている場合にはアメリカ大統領にその国に対して一方的対抗措置を講ずる権限を認め、その後「公正貿易」を損なうものを全て対象とするなどの措置をした。これはアメリカで高まっていた保護主義を阻止することが三〇一条の一つの目的であったといわれている。他方で、ECの単一市場化や米加自由貿易協定（NAFTA）などの地域経済統合が進むことにより、世界経済全体の多国間協調を維持することが期待された。さらに世界貿易が構造的に変化しそれまでのモノの貿易のみならず、サービス貿易に関する多国間のルール作り、さらには知的財産権や貿易関連投資措置なども枠組みを策定することが必要となった。[26]このような変化を受けてウルグアイ・ラウンド交渉で世界貿易機関（WTO）の設立が合意され、一九九五年にGATTはWTOに引き継がれた。WTOは国際機関として設立され、貿易が促進されるにつれて増加した国際紛争に対処するため、紛争解決機関が設けられ、これはWTO発足以降重要な役割を果たしてきている。発足時の加盟国・地域は一二八カ国であったが、二〇一二年にはロシアや中国も加盟し、加盟国・地域は一六四カ国（二〇一八年一〇月一二日現在）に及んでいる。

一方、一九九九年にシアトルにおいて開催されたWTO閣僚会議では新しい多角的交渉ラウンドを立ち上げることになっていたが、反グローバルを唱える環境NGOや貿易自由化が促進されると途上国からの製品がアメリカに輸入され、先進国における生産が縮小され、雇用を奪われると主張する労働組合などの市民団体の大掛かりなデモが行われた。そのため閣僚会議は十分な議論を尽くすことができず、新たな交渉ラウンドを立ち上げることができなかった。[27]この貿易自由化に反対する議論はその後もアメリカ国内でくすぶり続け、地球化に反発する波となっている。

紆余曲折を経てＷＴＯの最初のラウンドであるドーハラウンドがようやく二〇〇一年に立ち上げられた。しかしながら、農産品の輸入に関する途上国の特別セーフガード措置の発動要件に関するアメリカと中国、インドの対立など締約国の対立から交渉が進まないままに時間が経過した。このＷＴＯの機能不全がＬＩＯ２．１に綻びが目立つようになったと論じられる一つの要素になってきた。そして世界各国はなかなかＷＴＯでの交渉が進展しないことからＷＴＯに頼らず、貿易や投資の促進のために二国間の自由貿易協定（ＦＴＡ）や経済連携協定（ＥＰＡ）を結ぶようになり、地球上を様々な協定の「線」が網の目のように走る結果となっている。そしてこれらの協定は線から面へと広がり、環太平洋パートナーシップ協定（ＴＰＰ）のような多国間協定も生まれている。

このようにＷＴＯは最初のラウンドの立ち上げからつまずき、ドーハラウンドでも先進国とインド、ブラジル、中国などの新興国が対立し、交渉が膠着状態に陥った。そのために各国は、ＷＴＯは機能不全と判断し、貿易や投資のルールづくりの軸足をＷＴＯからＦＴＡや経済連携協定（ＥＰＡ）へと移していったのである。しかしながら、ＦＴＡやＥＰＡが乱立すると異なる貿易や投資のルールが乱立し、整合性がとれなくなる。その上に当該ルールは締約国のみに適用されるので非締約国にとっては差別的な効果を持ち得る。そのために地球規模で考えると貿易や投資の混乱の原因になりかねない。やはり経済が地球規模で動くようになっている以上、同様の規模のルールの統一は経済の発展のためには不可欠である。さらにはまた、ＷＴＯの交渉がうまくいかないとそれだけ各国が国益のために保護貿易主義に走るインセンティブを与えることになり、貿易戦争勃発の蓋然性も高くなる。さらには、経済活動ではこれまで想定されていなかったデジタル取引、電子商取引などが急増し、そういった新しい分野についてはいまだルールがない。投資についても透明性や行政手続きの迅速化など多国間の投資円滑化枠組みの構築が待たれる。

このような状況からＷＴＯの機能不全をなんとか解消しようと、ＥＵは二〇一八年七月にＷＴＯを改革すべく「ＷＴＯの近代化に向けた提案」を提出した。この中では①ルール作り、②透明性、③紛争解決の三分野での改革が提示された。これはアメリカの国際協調への消極的な姿勢や、中国の経済成長に伴い産業補助金についてはＷＴＯに報告することになっているにもかかわらず解釈によっては報告がなされないことがあるなどの問題に対応するためである。また、知的財産権の保護についても、中国が外国企業の直接投資を認可する条件として技術移転を強制することが少なくないとして、ＷＴＯのルールを新しいビジネス環境に合わせて改革しようとするものである。

ＷＴＯが締約国離れを引き起こしたきっかけがラウンド立ち上げ失敗、さらにはドーハラウンドにおける交渉の膠着であったことから、交渉方式の改革も検討されており、包括的な一括合意を目指すより個別テーマごとの合意を目指すことも現実的な解決策として検討されている。

また、ＷＴＯの中で最も評価が高い紛争解決機能についても、解決手続きの要といわれる上級委員会が機能を著しく低下させていることが指摘されている。特にその審理は本来九〇日で判断を示す規定だが、遅れがちとなり、一年以上も判断が出ないという事態も発生した。そのため、不満を持つ国の反対で上級委員の補充もできない状況も生まれ、[28]同委員会が機能停止状態にもなる事態も起きた。ＷＴＯの「王冠の宝石」ともいわれた紛争解決機能の活性化のために手続きの改正も提案されている。いわゆる多極の極をなす大国（stronger states）はＷＴＯの改革に本格的に取り組んでいる。この努力が成果をあげることができればＷＴＯという貿易と投資を司る多国間協調体制を絶滅品種から救うことに繋がろう。

加盟各国の国益や思惑が異なる時代には包括的な多国間の合意はなかなか難しい。その場合に、かつて第二次世界大戦後の欧州が地域統合を大上段に構えて一息に推進するのではなく、戦争の再発に繋がりうる石炭と鉄鋼を共通に管理する欧州石炭鉄鋼共同体を発足させることから出発したように、地球規模の課題を各々に取り上げて協力をするところから段階を踏んで包括的な多国間協調に結びつける機能的協力のアプローチを活用する知恵も活用したいところである。

もう一つ地球規模の国際協力の枠組みとして歴史は短いが、アメリカがリーダーシップを発揮し、イギリスのイニシアティブもあり発足し、地球規模で金融と経済の安定に役割を果たしてきたアーキテクチャーがある。それが主要二〇カ国・地域首脳会議（Ｇ20サミット）である。これは二〇〇八年九月のリーマン・ショックが引き金となり金融危機が発生し、その影響は先進国のみならず新興国にも及んだ。この金融危機に対応するにはそれまでのＧ７（当時はロシアも含めたＧ８）だけでは不十分との判断があった。

毎年アメリカのワシントンで開催されている国際通貨基金（ＩＭＦ）と世界銀行総会において、二〇〇八年にアメリカの呼びかけにより先進国と主要新興国が参加するＧ20財務相・中央銀行総裁会議の臨時会合が開催された。この会合の席上、当時のアメリカのポールソン財務長官が「リーマン・ショックによる金融危機、アメリカ発の危機について謝罪し」、当時のブッシュ・アメリカ大統領がアメリカのＧ20に対する考え方を示した。この臨時会合の結果、九〇年代のアジア通貨危機をきっかけに発足したＧ20財務省・中央銀行総裁会議を格上げし、Ｇ20サミットとしてリーマン・ショックを発端とする金融危機に対応するために会議を開催することが決まった。「リーマン・ショックが世界で深刻な資金と需要の不足を惹起し、これには先進国だけでは対応できず、危機に対応できる新しい枠組みはＧ20だけ」[29]と当時伝えられた。二〇〇九年春にロンドンで最初のＧ20サミットが開催され、首脳宣言で財政出動により世界の経済成長率を四％押し上げることや、各国が景気対策に全力を尽くし、保護主義の拡大を許さないことが盛り込まれた。まさにアメリカがイギリスと共に歩調を合わせ金融政策面での国際協調へのリーダーシップを発揮した瞬間であった。同年秋にはＧ20サミットがピッツバーグで開催され、Ｇ20を国際的な経済問題を話し合う場とすることが合意され、一部ではＧ8に代わる枠組みができたとも評価された。しかしリーマン・ショックから一〇年を経ると、世界経済が好調であることも原因したのか、多国間協調の宿命ともいうべき「喉元過ぎれば熱さを忘れる」という症状が出たのか、協調への関心の薄らぎが見えてきた。すなわち、Ｇ20発足当時は金融危機回避という強力な共通の目的があったが、そこから脱出すると求心力が低下し、最近では「議題探し」が行われ、意義を失っているという評価もある。[30]二〇一八年一二月に開催されたアルゼンチンのブエノスアイレスでのＧ20サミットでは米中貿易摩擦が激しくなる中で首脳宣言にそれまで毎回入っていた「反保護主義」の文言が入らなかった。このことについて「反保護主義は協調して危機を乗り越えてきたＧ20にとって創業の理念だ。その言葉が大国の意向で歪められ、姿を消した」[31]と報道された。

しかしながら、その直前に開催されたＡＰＥＣ首脳会議では創設以来初めて宣言が採択されず、Ｇ20もまた同じ憂き目を見るかと懸念されたにも関わらず曲がりなりにも宣言が採択されたという事実は、このG20という国際的な枠組みへの参加国の評価の現れでもあろう。地球規模で体制や思想の異なる主要国の首脳が集まる会議は他にはない。G20参加国は人口で世界の約三分の二、GDPで約五分の四を占める。この枠組みは今後地球共生に向かっての共通テーマ、例えば経済格差の拡大や高齢化、人の移動などの問題を提起し、話し合う場として機能する潜在力を秘めている。それができるかどうかは参加主要国の政治的意志にかかっている。

実体経済では地球化が進行している中で、地球規模の貿易投資体制が挫折するのかという瀬戸際で、前述のようにこの空隙を埋めようと各地域での統合や協力を目指す動きが進んでいる。

地域協力では最も先端を走っているといわれてきたのが欧州である。先述のように第二次世界大戦後、第三次世界大戦の勃発を防ぐべく、戦争に繋がる石炭や鉄鋼を地域で管理しようとしたのが欧州石炭鉄鋼共同体（ECSC）であり、これが欧州共同体、さらには現在のEUへと発展してきた。このような地域統合は地域経済の発展に資することはいうまでもないが、さらに国際社会の中でアジェンダを設定したり、多国間交渉をする時の発言力をグループとしてまとめることによって、一国で発言するよりも強めるともいわれてきた。EUはギリシャの経済危機や前述の難民の受け入れなど多くの課題に遭遇しながらもその協力を進めてきた。しかし、二〇一六年六月にイギリスはEUに残るか離脱するかの国民投票を実施し、その結果イギリスはEUを離脱することを選択した。この決定については将来が不透明であるが、イギリスがEU加盟国であるという前提でイギリスに投資し、進出した企業にとって誤算を生み、各企業は対応に苦慮することになっていくであろう。

さらにアジアのリージョナルな次元に目を移すと、二〇一六年二月にTPPがニュージーランドで締結された。しかし二〇一七年、当初ＴＰＰ交渉をリードしていたアメリカがトランプ大統領の就任直後に脱退を宣言した。残ったアメリカ以外の一一カ国はＴＰＰを絶滅させるのではなく、再交渉をし、二〇一八年三月チリで環太平洋パートナーシップ協定（ＴＰＰ11）を署名し、同協定は二〇一八年一二月三〇日に発効した。これにより、加盟国間の貿易や投資は自由化され、かなりの経済的なメリットが期待されている。

また、従来のアジア太平洋という範囲を広げて、日本は自由で開かれたインド太平洋構想を提起し、海洋安全保障、陸の連結性（connectivity）を推進している。これは二〇一六年安倍総理が東京アフリカ開発会議（ＴＩＣＡＤ）の首脳会議で提案した広域連携の取り組みであり、現在はアメリカ、オーストラリア、インド、フランス、イギリスなどが同様の構想を推進している。それぞれの国により地理的な範囲やアプローチなどに若干の差異はあるが、東アフリカから太平洋まで地理的な範囲を広げた地域協力が推進されており、同地域のインフラなどを整備して連結性を向上させると共に海洋安全保障の確保が目指されている。

一方中国は世界第二位の経済大国として、独自の構想、すなわち経済的利益に基づく新型国際関係を提案している。例えば広域経済圏構想「一帯一路」はその新たな国際関係の実験場だといわれている。中国は「豊かな国は全て即民主主義国家」とは決めつけられない時代になったと主張しており、実際に中国型秩序に共感する国もある。二〇一七年秋には習近平国家主席は二〇五〇年までに中国的特色のある社会主義現代化強国になると宣言した。そして、諸外国と経済関係を基礎にして新型国際関係を構築することを提案し、それにより運命共同体を創成するとした[32]。

そして、アジア地域では、東アジア、アジア太平洋、インド太平洋など多様な地理的範囲を示す言葉が用いられ、地域協力のアーキテクチャーが整備されてきている。第二次世界大戦後は経済発展レベル、政治体制、人口規模、宗教、文化などが多様であることから地域協力のモメンタムは働かず、東南アジア諸国連合（ASEAN）を除くと地域機構は生まれなかった。域内諸国には第二次世界大戦後独立を果たした国々もあり、ようやく手にした主権を地域協力のためにわずかでも譲ることは容認できないということもあった。アジアは欧州と対比して地域協力不毛の地とさえいわれたほどである。しかし、第一次、第二次アンバンドリングの波も受け、欧州の地域協力の進化を見るにつけてもアジアも地域協力を推進すべし、国際社会の中で欧州のように一つの地域としてまとまって声をあげることができるようにすべきであるとの考えに収斂していった。

一九八九年にアジア太平洋経済協力（APEC）が創設されたことをきっかけに、安全保障協力をテーマとするASEAN地域フォーラム（ARF）などがASEANの対話国と呼ばれる域外国との会議のフォーマットを生かしつつ産声をあげた。さらには図3-6に示すようにASEANが中心になって中国、韓国や日本を含めたASEAN+3、さらにはインド、オーストラリア、ニュージーランドを含めた東アジア首脳会議（EAS）などが生まれた。これにより図に示すようにアジアを地理的にカバーする地域協力のアーキテクチャーが生まれた。さらにはASEMやARFなどのアジアの地域協力枠組みには欧州の国々や地域機構も参加している。あまりにも地域協力の枠組みとなる機構が多くできたことから、その結果、アジアでは時に「スパゲッティ・ボール」とも揶揄されるほど重層構造を織りなす地域協力のアーキテクチャーが数多くでき上がっている。しかし、筆者はこのアジ

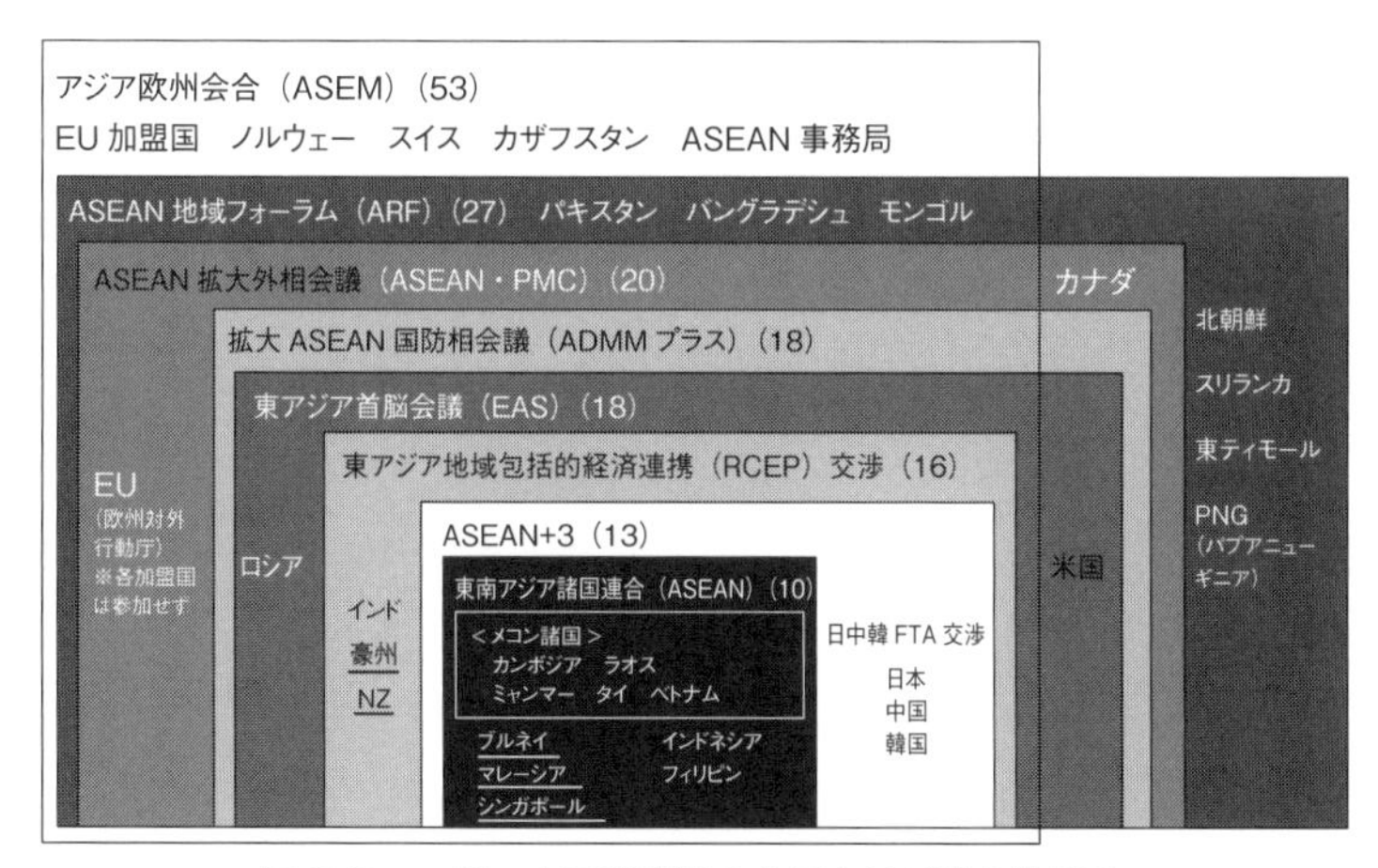

図3-6　アジア太平洋地域の主要な地域協力枠組み

※1　（　）内は参加している国・地域・機関の数
※2　下線は環太平洋パートナーシップ協定（TPP11）参加国
出典：外務省

アを中心に生まれている多様な地域協力の輪は、スパゲッティが絡み合ったカオスというよりも、むしろラザーニアのように層をなして、それぞれが機能を果たしていると考える。すなわち経済発展、安全保障、災害救援などの目的により、各層のアーキテクチャーが機能的な協力の場を提供している。

このように地球規模の機能的協力や地域協力の推進は、地球化と反地球化の相克の原因になっている経済と政治の矛盾の解消に繋げる潜在的可能性を示している。この協力の成果が地球規模課題の解決ないしは緩和に繋がりうると考えられ、これが共通の利益であると認識されるようになれば、これを軸に新たな地球秩序が形成され、地球共生への道も開けるであろう。そしてこれをさらに突き詰めていくと、新しい地球秩序を支える共通の価値は究極的な平和なのではないだろうかと考える。

二　文化が紡ぐ地球共生

第二章第二節で論じたように反地球化の洗礼を激しく受けているのが文化の側面であろう。アンバンドリングの進展とＩＣＴの発達と共に未曽有のペースで異文化の接触が起き、そこには文化の活性化が見られると同時に文化摩擦も起きている。そして文化の地球化によって文化が西洋化する、あるいは普遍化して均質化し、固有の文化が失われてしまうということへの不安は如何ともしがたい。文化は反地球化の炎に油を注ぐのだろうか。それとも地球共生の道に繋がる役割を果たすのだろうか。本節ではこの問題を具体的な事例検証を交えて考察したい。

◇グローバル関係で周縁ではなくなった文化

文化は国際文化交流、対外文化政策、近年では文化外交、広報文化外交（パブリック・ディプロマシー）という表現によって国際関係や国際政治との関係が議論されてきた。しかし、文化は長く国際関係の主要部分ではなく、あくまでも周縁部分にあるものという位置付けであった。政治、経済などと並べられる時も常にしんがりであった。各種の国際的な報告書でも文化という言葉への言及はなされても深く掘り下げられることは少なかった。

しかしながら地球化の進行と共に異文化接触の機会が飛躍的に増え、近年グローバル関係を語る上で文化を無視することはできない、「たかが文化されど文化」といわれるようになってきた。これは文化は文化としての重要な価値を持ってかつグローバル関係に大きな役割を果たしていることが、地球社会において改めて認識されてきたことが背景にある。

　文化がグローバル関係に果たす役割の変化は特に一九九〇年代に認識されるようになった。この現れがジョゼフ・ナイが提唱した「ソフト・パワー」の考え方である。冷戦終焉後アメリカは唯一の超大国として生き残ったが、今後は新興国の台頭と共に相対的に力が衰退するという議論が展開されたことに対して、ナイはアメリカには情報力という他国よりも秀でたパワーがあるとしてソフト・パワーという言葉を用いたが、これが反響を呼んだことからさらにこの意味を敷衍したのである。すなわち国家のパワーは軍事力や経済力だけではない。国際政治においてはパワーにより他国を誘導し、脅しそして場合によって強制して政策を変更させ、自国の政策に同調させ、自国の望む国際関係を生み出すというアプローチがこれまで取られてきた。しかしそうではない自らの魅力を発揮して政策をリードするパワーとしてソフトパワーを位置付けたのである[33]。ナイは、E・H・カーが国際政治でのパワーを軍事力、経済力、世論を動かす力の三つに分けて描いていることを指摘し、この世論を動かす力の延長線上にソフト・パワーを置いた[34]。自らの持つ政策や価値観が他の国々にとって魅力のあるものであれば、他国も同調してくれるというのがソフト・パワーである。自国のイメージを向上させるためにパブリック・ディプロマシーを展開するのも、外交関係を紡ぐ環境を改善するという意味でソフト・パワーを醸成する狙いがある。ソフト・パワーはアジェンダを設定した上で望ましい結果をうるために他国に対して強制するのではなく、魅力で惹きつける。したがってソフト・パワーの源泉は、多様であるが、他国が魅力を感じる国の文化がその一つの要素といえよう。当該国の文化が偏狭なものであってはソフト・パワーの源泉にはならない。さらにその国の政治的な価値観が尊敬され、共通性を有するか、受容可能なものであり、同調を促すようなものであること。そしてその国の外交政策が正当で敬意が払われるべきものであることが必要である。

ソフト・パワーはすなわち文化力と思われがちであるが、パワーの源泉は文化のみに限定されるわけではない。そのパワーがどのように用いられるかによってソフトにもハードにもなる。例えば軍事力はハード・パワーとして用いられることが多いが、災害救援や人道緊急援助に動員される場合はソフト・パワーにもなりうる。また経済力は開発協力ではソフト・パワーの面が強いが、制裁に用いられる場合は強制力を発揮することが狙いであるからハード・パワーとなる。

このように文化のグローバル関係に果たす役割について認識が変わったことにはいくつかの要因があげられる。まず、冷戦が終焉し、もはやイデオロギーの対立がなくなったと考えられた時に、今後戦争が起こるとすれば文化、文明の衝突が起きることだと議論されたことが一つの要因である。その論の中でも最も有名なのがサミュエル・ハンティントンの『文明の衝突』論である。文化が共通する国の間では協調が可能であるが、文明が異なる国々の間では対立や紛争が起きると論じた[35]。この論に賛成するか否かは別にして、このようなパーセプションが広がったことが一因であろう。

冷戦終焉後一九九〇年代に頻発した内戦型の紛争では民族浄化という名目で敵対する民族を根絶やしにするということまで行われた。歴史、文化、言語、信仰、民族などを異にする集団の間で紛争が起きていると認識されたことも多く、実際には国境画定問題や入植問題などの政治経済問題が真の原因であったにせよ、文化が人々を戦争に誘う要因として用いられることが増えた。これが第二の要因であろう。文化的紛争あるいは文化戦争という言葉すら闊歩した。近年のケースで例示するならば、二〇一五年一月にフランスで起きたシャルリー・エブド事件である。このテロ事件は同紙が風刺画によってイスラーム教への批判を行っていたことに対するムスリム信者らの反発が襲撃に繋がったといわれている。

ところで文化戦争という言葉には主に二つのルーツがあるといわれている。一つは一九世紀ドイツでビスマルクがカトリック教会の勢力を封じるために行った政策「Kurturkampt」を指し、一般に文化戦争と訳されている。もう一つは英語の「culture wars」でこの言葉は一九九二年パット・ブキャナンがアメリカ大統領選挙の予備選挙で「我が国ではアメリカの心を求める宗教戦争が起きている。これは文化戦争であり、冷戦がそうであったように、我が国がいずれどのような国家になるかに大きく関わっている」[36]と演説で用いて有名になった。しかし、文化戦争という言葉はそれ以前からアメリカにあった。ネイトー・トンプソンは一九八〇年代の終わりから一九九〇年代の初めにかけてアーティストに対する国からの助成金が廃止され、全米芸術基金という芸術活動に支援する連邦政府機関が権威を失うことになり、そこからの不安から文化戦争が始まったと述べている。[37]以来文化は様々な形で政治上政策論争、価値観の対立や芸術文化のあり方などを巡り利用されてきたとトンプソンは指摘する。

第三の要因としては地球化に伴う人の往来の飛躍的な増加とそれに伴う文化摩擦である。前述の人の移動は、移民・難民の場合も含めて文化の大きな要素である生活様式、習慣、価値観などが異なる場合は、接触によって誤解、相互不信などを起こしやすい。前述のような大量の難民流入の場合にはこれがさらに激しい摩擦に発展しやすく、人々の不満や不安の原因にもなる。

さらには第四の要因として前述のように地球化の進展により異文化接触が増えると固有の文化がなくなってしまうという不安が頭をもたげるという議論である。いわゆる文化、生活様式のアメリカ化への懸念である。[38] 要するに自国の文化がどれほど国民の心の中に定着しているかという「自信」であり、「郷愁」でもあり、DNAかもしれない。これが弱いと「乗っ取られる」という懸念につながり、文化共生への柔軟性が失われる。例えばフランスのムニエは、地球化の進展のプロセスでは、先進国の文化の中でもアメリカ文化が優位にあり、アメリカの文化的商品が持ち込まれ文化的多様性が損なわれている、グローバル化は要はアメリカ化に他ならず、フランス独自の文化を殺そうとしている、フランスのアイデンティティも失われるとの危機感[39]を示した。第二章で論じたように非西洋諸国ではアメリカ化への抵抗感はフランスより強く反発という形で表面化した。このようなことを背景に地球化による文化の均質化ないし画一化、アメリカ文化の普遍化が問題として指摘され、人々が固有の文化をいかに維持するか、地球上の文化の多様性をいかに維持するかが国際機関でもアジェンダとして取り上げられ、議論された。例えば、ユネスコは二〇〇一年一〇月「文化の多様性に関する世界宣言（Universal Declaration on Cultural Diversity）」を採択した。この宣言では文化の多様性が人類にとって必要であり、かつ人類共通の遺産であり、開発の基盤の一つとされた。ここで注目しておきたいのは開発の面でも文化の多様性の維持が重要とされたことである。二〇〇四年の国連開発計画（UNDP）「人間の開発報告書」は、文化面の自由を人間開発の重要な一面とし、自ら選択した文化に根ざす生活様式を享受し、自ら選択した存在となることができる能力を持つことは人権の一つと位置付けられ、開発に不可欠なものとされた。

そして第五の要因としてはＩＣＴの発達により、インターネットが発達し、ＳＮＳの普及によって様々な文化を瞬時に共有でき、それにより多くの人を扇動することもできるという懸念である。これは必ずしも実態に即しているわけではないが、二〇一一年のチュニジアに端を発する民衆の蜂起による革命、いわゆる「アラブの春」をツイッター革命と呼ぶ向きがある。すなわち抵抗運動を中東に一気に広めたのはツイッターだったという意見である。民衆の蜂起による革命はチュニジアで始まり、リビアからイエメン、シリアへと広がったのであった。ＳＮＳのパワーは無論先進国でも発揮されている。例えば、二〇一八年一一月のフランスでのマクロン大統領に対するガソリン税反対のデモはデモに参加した人々が交通整理や工事現場に働く人々が身の安全のために用いる黄色のベストを着用したことから通称「黄色ベストデモ」とも呼ばれ、フランス全土に広がった。これもＳＮＳによってデモへの参加の呼びかけが拡散されたという見方がある。すなわちＳＮＳが民衆の中でくすぶっていた不満を引き出し、これを表面化させたという説である。また、二〇一七年頃から一部の国によるＳＮＳなどを活用した各国の選挙への介入、世論介入が問題視されるようになった。この状況を見て「シャープ・パワー」という言葉が使われるようになった。これはアメリカのシンクタンクの全米民主主義基金（National Endowment for Democracy）が二〇一七年一二月に提言した言葉である。同報告書[40]によると「シャープ・パワーとは、権威主義国家が、強制や情報の歪曲などの強引な手段を用いて、民主主義国家に自国の方針を飲ませようとしたり、世論を操作したりするもの」である。シャープ・パワーを駆使する国家としては中国やロシアがあげられている。シャープ・パワーはハード・パワーとソフト・パワーの中間に位置付けられているが、手段としてはソフトなものを用いるが、情報操作などにより対象国の人々を誘導しようとするという点でソフト・パワーとは大きく異なる。シャープ・パワーはインターネットなどを介して対象国の人々の通信空間に介入するため、不満や不安が拡大し社会を混乱に陥れることもある。

以上のような理由により、グローバル関係に果たす文化の役割が、単に言葉だけ報告書に挿入される時代から本格的に議論される時代へと変化してきている。ちなみに入江昭は二〇〇〇年に「いずれの国に属する人たちも共通の歴史を持ち、同じ価値観を共有している、少なくともそうだと信じているという意味で、国家とはもともと文化的な組織である。そのような国家同士が関わりあうのが外交関係であるから、そこには当然文化的な面が存在している」[41]と述べている。したがって国家同士の関係であるところの国際関係には自ずから文化が絡んでいるという認識である。そして市民社会や民間の関係を含めたグローバル関係ではさらに文化が重要な要素として絡む。

このように文化をむしろグローバル関係で重視する考え方はヨーロッパの外交政策でも具体的に読み取れる。例えば、ＥＵも地球社会における文化の重要性を追求し、二〇〇七年には欧州委員会がグローバル社会における文化の役割に関する政策綱領を採択、「グローバル化する世界における欧州の文化アジェンダ（The European Agenda for Culture in a Globalizing World）」を発表した。この戦略では文化的多様性と異文化間対話の促進、二〇〇〇年に打ち出された一〇カ年の経済社会政策「リスボン戦略」の枠組みの中で創造性を引き出すきっかけとして文化の促進、ＥＵの外交関係における重要要素としての文化の促進があげられた。さらに二〇一六年六月には欧州委員会とフェデリカ・モゲリーニＥＵ外務・安全保障政策上級代表が共同で出した「国際文化関係のためのＥＵ戦略に向けて（Towards an EU strategy for international cultural relations)」という政策文書が採択された。この政策文書は通称「ＥＵ文化戦略」と呼ばれ、ＥＵとそのパートナー国との文化協力を奨励し、平和、法の支配、表現の自由、相互理解および基本的価値の尊重に基づく世界秩序を推進することを目指としている。ＥＵが外交戦略としても文化の側面からの域内、域外との関係構築を重視していることを見て取ることができる。この政策の中では、文化はＥＵと他の諸国との関係改善に繋がるという認識を示し、欧州と世界が直面している課題として、急激な過激化への対応、文化遺産の保護などが例示され、その解決のために文化が役割を果たすことが問題提起されている。さらに文化・クリエイティブ産業の潜在的な可能性や文化交流のもたらす経済的な利益があげられ、これがＥＵの包摂的な成長や雇用の創造に繋がると、文化と経済面との連関も指摘されている。欧州委員会はヨーロッパの文化協力向上のために隔年で「欧州文化フォーラム」を開催しているが、二〇一六年四月の会合でモゲリーニ上級代表は「文化は我々の外交政策の本質的部分でなければならない。人々特に若者の間の架け橋となり、相互理解を強化にするための強力な手段である。文化はまた、経済的・社会的発展の原動力になりうる。我々が共通課題に直面する中、欧州、アフリカ、中東、アジアにいる全ての人々が、過激化と闘い、私たちを分断しようとする者に対抗する文明の協力体制を構築する助けとなりうる。だからこそＥＵにとって文化外交を今日の世界との関係の中核に据えることが不可欠である[42]」と演説している。これを読むとグローバル関係において文化は周縁と考えることから大きく進化し、中核に文化を据えようとしていることが明示的にわかる。しかもヨーロッパ各国の政策を見ると地球規模の共通課題の解決にも文化的側面からのアプローチが必要であると考えられていることがわかる。

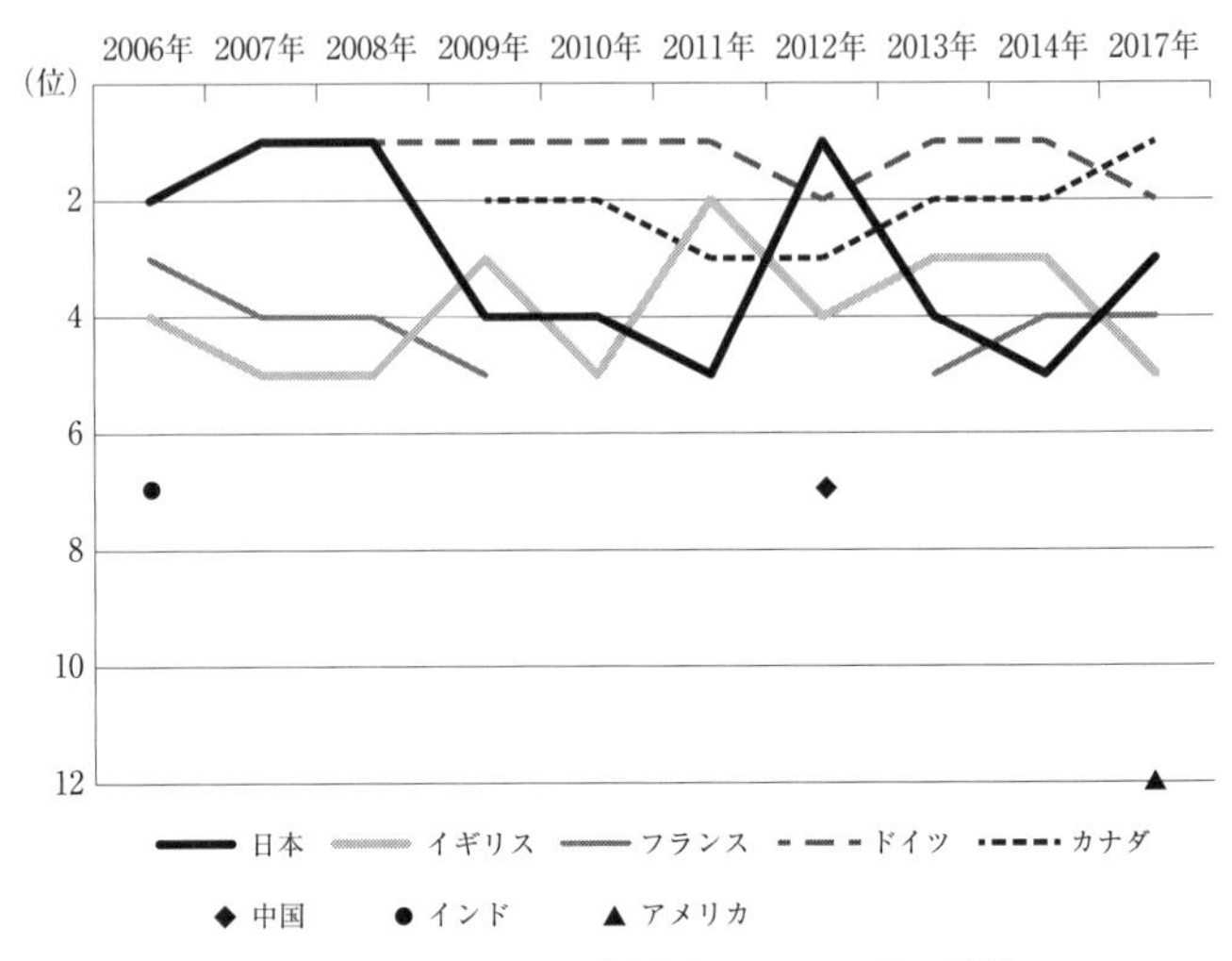

図3-7　世界に良い影響を与えている国・地域

出典：BBC世界好感度調査

このように地球上において文化の果たす役割の重要性が注目されるようになってくると、国民国家もまた、自国のイメージにそれまでになく関心を払うようになった。その一つの証左が多様な各国のイメージについての世論調査が実施されていることであろう。イギリスのＢＢＣは二〇〇五年から世界世論調査を実施し「世界に良い影響を与えている国」がどこかを尋ねている。二〇〇六年から日本も調査対象国に含まれている。その結果は図３－７の通りであるが、日本は毎回トップ五位までに入っている。[43]

アメリカの世論調査会社ギャラップも毎年各国に対する好感度調査を行っている。これはアメリカ人の諸外国に対する好感度の調査である。二〇一七年調査では一位カナダ、二位イギリス、三位日本、四位フランス、五位ドイツという結果になっている。中国は一三位となった。一方回答者の八六％が北朝鮮を好感が持てない国としているほか、イラク、シリア、アフガニスタン、イランに対しては好感を持つ人が少ない。いずれの年もカナダとイギリスへの好感度がずば抜けて高い。

これらの調査結果を見ると順位の変動は毎年あるが、ほぼ同じような顔ぶれが好感度や良い影響力を持つ国として並んでいることが興味深い。そしてこのような国のイメージに関する大掛かりな世論調査が行われていることはとりも直さず各国が、自国がどのように見られているかを気にしていることの表れでもある。それであるからこそ、各国は少しでも自国のイメージを向上させたいと様々なパブリック・ディプロマシーを展開している。そのためには文化交流にも力を入れているが、ここでは以前のような一方的な文化紹介といった形の文化交流よりも、相手国の市民と一緒に映画や演劇、アートを制作するような双方向での交流が進められているのが最近の傾向である。そこには自国の文化を相手国に一方的に押し付けないという配慮がなされている。このようなパブリック・ディプロマシーはまさにソフト・パワーを醸成し、外交を行う環境を整えようというグローバル関係における交流の態様といえよう。

そして文化が地球社会のグローバル関係において重要な要素と認知されるのと並行して、従来からの文化紹介、文化交流やパブリック・ディプロマシーを超えて文化面からの実効的な協力も強化されている。すなわち、地球社会の共生のために、究極的な平和と融和を目指して、文化を活用した支援が行われている。

紛争や貧困、急激な経済状況の悪化、災害などでコミュニティの中に亀裂が走っている場合は、このような亀裂に橋をかけ、人々の相互理解、融和、さらに連帯感の醸成、究極的な和解というプロセスを進めていかなければ、コミュニティの本格的な復興、平和、安定、発展は望めない。コミュニティの亀裂をそのまま放置すると断層となり分裂になりかねない。仮に一旦安定したように見えても、再び分断のひびが走り、平和は持続しないことが多い。このような紛争地や被災地などへの支援は、何といってもまず政治的、経済的側面から実施する必要があるが、それだけでは復興や平和、安定のための必要条件でしかなく、十分条件ではない。人々の心に残った溝は、文化的な対立をも生み、場合によっては対立が先鋭化する。さらにトラウマが継続して心的外傷後ストレス障害（PTSD）化すると回復しにくくなる。それを放置していては真の平和と安定は望めない。

これを次項からいくつか具体的に例示して考えたい。繰り返すが、前述のように文化、文明の違いが戦争や紛争を惹起するという議論がある。これは必ずしも文化、文明そのものが戦争を引き起こしているというわけではない。しかし後述するサッカー戦争の事例にも見られるように文化が戦争に人々を誘っているという見方がある以上、地球共生に向かって文化的側面からの努力も欠かせない。ただし誤解がないように付け加えておきたいのは、文化的支援のみで紛争は解決しないし、平和にもならないし、復興もしないし、経済格差も解消しないということである。政治、経済、文化という諸側面に包括的に取り組むことが真の共生に繋がる。その断りを踏まえて事例について思索したい。

◇北大西洋条約機構（NATO）の文化財保護への取り組み

二〇一五年六月東日本大震災の復興ぶりを調査に来たデンマークの学者フレデリック・ローゼンが、日本に来たついでにと筆者の研究室にやってきてくれた。てっきり東日本大震災後の復興を人間の安全保障の視点からどう考えるかを議論しにきたのだと思ったところ、「ＮＡＴＯで安全保障の視点から文化財保護の研究をすることになった。国際研究チームに入らないか」と言う。「いや、日本はＮＡＴＯ加盟国ではないから……」と絶句する私に「加盟国の学者であることは条件ではないし、日本はパートナー国だ。文化と紛争の研究をしているリソース・パーソンとして是非入って欲しい」と重ねて依頼された。紛争問題にＮＡＴＯが文化財保護の視点から取り組むという話に強い関心を持ち、渡されたコンセプト・ペーパーを読んでみた。その中には、コソボ紛争で展開したコソボ多国籍軍（ＫＦＯＲ）が地元の要請により教会やモスクも保護したという事例があった。また、他の地域で国際部隊が基地を作った場所がたまたま遺跡の上であったことで、現地の人々との信頼関係が大きく損なわれたという苦い教訓も語られていた。一方で紛争地の文化財保護にそれぞれの部隊がルールを作成し、取り組んでいることも記述されていた。また、兵士が道に落ちていた彫り物のある綺麗な石を本国に持ち帰り、フィアンセにお土産としてプレゼントした。彼女は大喜びでこれをＳＮＳにアップしたところ、これを見たアフガニスタンの人が「遺跡の一部を勝手に持ち帰った」と激怒し、返還するまでの大騒ぎになったこともあったというエピソードも関係者から聞かされた。このようなことを繰り返さないために、これまでのＮＡＴＯの平和維持や平和構築などの作戦における文化財の保護の実情を調査し、今後の方向性を検討したいという内容であった。ローゼンは重ねて第二次世界大戦中、「文化財保護のために君の故郷の京都は爆撃されなかっただろう。それを考えても文化財保護と安全保障の研究には是非参加して欲しい」と話してくれ、議論に加わることにした。

研究チームは、ボスニア・ヘルツェゴビナの首都サラエボに集まり、ボスニア紛争の爪痕を目の当たりにしながら紛争地における文化財の保護をどのようにするのが良いのか侃々諤々の議論を重ねた。無論NATOの中でも軍事組織であるのにもかかわらず文化財保護まで配慮する必要があるのか否かを巡って意見は分かれた。研究者は、文化財保護の視点がなければ、真の意味の平和構築、復興はできないことを強調した。研究者の問題意識としては、文化財は歴史上戦争が始まった古代から重要な要素として認識されていたが、最近では文化財が武力攻撃の標的となり、攻撃側の意図的な破壊対象となってきており、政治的にも文化財の持つシンボル的な意味は高まっていることが指摘された。特にイスラム国（IS）が二〇一五年からシリアの世界遺産に登録されているパルミラ遺跡――列柱や大劇場などローマと東方を結ぶ道の途中にある基地として栄えた都市で紛争前は年間一五万人が訪れていた遺跡――を破壊した。これは偶像礼拝を禁ずるという理由での破壊であったが、ISは活動資金源として文化財を略奪すると共に破壊することにより自らの力を顕示しようとしたという意見が多かった。パルミラ遺跡については修復計画があるが、簡単には進んでいない。文化財保護研究チームは具体的にバルカン、イラク、アフガニスタン、マリ、リビアからシリアまで、NATOが直接作戦を展開していない地域も含めて紛争による文化財の被害とそれに対する保護の実態調査を行った。なかなか証拠が集まりにくかったが、それぞれの紛争で文化財が次第に意識されるようになってきたことは判明した。

一方では紛争下の文化財の重要性が認知されるようになり、国際機関も文化財保護のためのルールの設定や、文化財の破壊の予防、破壊された文化財の修復について議論を進めていることもわかった。[44]二〇一五年には国連の安全保障理事会が憲章第七章に言及した三つの決議において文化財の非合法的収奪ならびに密輸がテロリストの資金源になっていることを指摘した。同年六月国連総会では「イラクの文化財を救おう」という決議が採択された。同決議では文化財が攻撃の標的となっており、文化財が未曽有の規模で収奪され、かつ密輸されていることが強く非難された[45]。さらに二〇一七年三月には国連安全保障理事会が「文化財保護を中心とした国際平和と安全保障に関する決議」二三四七号を採択した。同決議では国連平和維持活動（ＰＫＯ）でも文化財保護を派遣マンデートに加えるべしとされ、実際に北部紛争に端を発したマリの国内紛争を収め、国づくりを支援するための国連マリ多元統合安定化ミッション（ＭＩＮＵＳＭＡ）派遣計画ならびに実施にあたって文化財の保護に十分に配慮すべしとした。文化財保護を取り上げて、このような独立した決議が採択されたのは、国連史上初めてであった[46]。

ユネスコにおいても内戦やテロ行為により世界遺産に登録されているアフガニスタンのバーミヤンの石像の破壊や前述のシリアのパルミラの遺跡の破壊や収奪から、文化財保護が新しい焦点として注目されるに至っている。テロリストなどが文化財を意図的に自らの力を顕示することも目的に攻撃するようになったことから、国際場裏でも文化財の保護や戦略的コミュニケーションにおける文化の重要性が認識されるようになった。

一方で紛争地の文化財や文化遺産の修復そして保存は、平和構築のプロセスにおいて対立する民族の和解や紛争地に生きる人々の誇りの回復や連帯感の醸成に重要な役割を果たしている。また修復が済み紛争影響国に平和が定着すれば観光客も戻り経済的にも観光収入により潤う。例えば、ユネスコはカンボジアにおいて和平合意成立後アンコール・ワットの遺跡を修復した。アンコール遺跡は九世紀から一五世紀にかけてカンボジア北西部に繁栄したクメール王朝の旧跡である。優れた建設技術で知られており、カンボジアの伝統文化と国民統合の象徴といわれ、創建から王朝の衰亡や内戦を耐え抜いた姿はカンボジア国民の心の拠り所といわれている。しかしながら、長らく放置されたことで風化が進んだ。さらに一九七〇年の内戦勃発も追い打ちとなり、遺跡は大きな被害を受けた。さらにはカンボジアの建築専門家の多くがポル・ポト派によって命を奪われ、自らの手による修復ができない状態にあった。そこでユネスコが一九九二年にアンコール・ワット遺跡を世界遺産に登録するとともに修復・保存に取り組み、各国の専門家が参加した。この修復ではカンボジアの若手の遺跡修復・保存の専門家の教育も行われた。このプロジェクトによりカンボジアにとって再び未来を信じることができるようになったとされている。

同じような文化財修復の例をボスニア紛争の激戦地モスタルにも見出すことができる。モスタルを流れるネレトバ川に一六世紀に架けられたアーチ型の石橋「スタリ・モスト」がある。これはオスマン・トルコが建設した橋で、川を挟んでクロアチア人とボスニア人が住む。この石橋は一九九三年のボスニア紛争の際に砲撃で破壊された。その後かつての観光名所であった橋を再建しようという機運が高まり、ユネスコが主導して修復された。その修復プロセスにはボスニアに住む三民族、すなわちクロアチア人、ボスニア人とセルビア人がいずれも参加したことで知られ、ユネスコは橋の修復を民族の融和のシンボルとも位置付けた。現在ではボスニア・ヘルツェゴビナ情勢が安定したこともあり、このスタリ・モストをサラエボやクロアチアから観光に訪れる人も増えている。

不幸にして破壊されてしまった紛争地の文化財の修復にあたっては、紛争地のみの努力では資金的にも難しいので国際社会が乗り出すことが必要な場合が多い。しかし、修復にあたっては紛争影響国の住民が破壊に繋がった紛争の記憶を乗り越えて、修復の意味を理解した上で自分たちのプロジェクトとして参加することが不可欠である。さらに修復の過程では対立した紛争当事者が、いずれも共に汗を流すことで対立者間の融和にも繋がっていく。これは紛争影響国でかつて敵と味方に分かれて戦った人々が再び共生していくことに繋がる重要なプロセスである。

そして文化財保護問題は単に文化の世界に止まるものではなく、安全保障分野においても紛争解決や平和構築の局面においても受入国との信頼構築の面から重要な要素であることが認識され、ＮＡＴＯにおいても作戦の計画、実施の両面で文化財保護に配慮をする必要があるという考え方が次第に加盟国の間で共有されるようになっている。これまでもＮＡＴＯにおいて文化財保護は意識されていたが、作戦担当者によってその意識が違うことからＮＡＴＯとしての作戦上の文化財保護基準を設けるべきであるという議論に繋がっていった。

このように安全保障分野で文化財保護への意識が高まった背景としては戦争や紛争のグローバル化、アイデンティティ政治における文化財の新たな役割、ハイブリッド戦争の展開などがあげられる。敵対する国家もテロリストも歴史、宗教、民族などの帰属を自らのアイデンティティとして主張し、これを材料として攻撃に踏み切るケースも増えてきたという意見があり、それだけに安全保障の側面からもアイコンにもなる文化財が重視されるようになったというのが研究チームの意見であった。ハイブリッド戦争については概念としてまだ議論を呼んでいるが、脅威も伝統型のものと新しいサイバーや偽情報などによるものも増え、これに踊らされるような事態も増加している。そのような時には文化財が従前以上にシンボルとしてのパワーを持ち、時に操作されて紛争を惹起したり、あるいはエスカレートさせる道具として使われる可能性があることも懸念される。

研究チームは、会合やメールを介しての議論、草稿のやりとりなどを重ねてイタリアのサンレモで最終報告書「NATOと文化財――アイデンティティ戦争の時代の新しい挑戦（NATO and Cultural Property: Embracing New Challenges in the Era of Identity Wars）」[47]をまとめ上げた。結論としては、NATOは作戦展開中に文化財保護について道徳的・法的義務があるとした。そして二一世紀の戦争においては、文化財の新たな役割を理解し、紛争がグローバル化していること、遺跡から出土した品については非合法マーケットがグローバルにできていること、武装集団はこのような文化財を密輸することにより活動資金を得るようになっていることを念頭に、二一世紀の戦争に備えて文化財保護に対する規範の構築が必要であると提言した。

先述のように文化財は用い方を誤れば、地球化の波に乗って悪用されかねない。同時に十分に保護するという認識が広まれば、地球共生に役立つポテンシャルもある。次項では紛争地で対立するグループの間の架け橋の役割を果たしうる文化活動の事例をさらに考えたい。

◇地球共生の紐帯としての文化・芸術・スポーツ

紛争影響国における平和構築や復興への道のりは容易ではない。そもそも紛争に至る過程で対立するグループ間の関係は紛争勃発によって悪化し、それまではさほど激しく対立していなくとも一旦紛争になると各グループのアイデンティティも先鋭化して、対立の溝を深めることが多い。紛争終結後共存はできても、共生は難しい状況が多い。バルカン紛争に揺れたボスニア・ヘルツェゴビナでも現地の人々と話をしてみると紛争前は民族の境界を越えた婚姻も多く、民族的背景が異なっていても子どもたちは一緒に遊んでいたそうである。しかし、紛争中肉親を相手方に殺されたり、拷問を受けたり、家から追い出されたという恐怖に満ちた経験をすると激しい憎悪が残る。そしてその記憶は簡単には消えないし、自分たちだけが犠牲を払った被害者だという気持ちが強くなる。それだけに和平合意ができたからといって、紛争前と同じように対立したグループと同じあるいは近隣のコミュニティで共存していくのは容易ではない。それだからこそ、例えばコソボのアルバニア人居住区に住むセルビア人は一カ所の安全地帯に集まって居住し、通勤する、学校へ通う、病院に行く、買い物に行く、はたまた畑に農作業に行くなどの外出の都度、紛争後平和維持のために派遣されたＮＡＴＯを中心とする国際部隊であるコソボ治安維持部隊（ＫＦＯＲ）の警備を受けて移動することが長く続いた。対立がそこまで行かない地域でも、学校から帰る時にセルビア人居住区の近くを通る時は何かされるのではないかと恐怖感を口にするアルバニア人の子どもたちにも出会った。

このように一旦紛争によって先鋭化したアイデンティティは元に戻すことは極めて難しい。紛争後できることは対立軸を緩和するべく対立者間のコミュニケーションを図り、少しでも相手のことを知り、願わくは相互理解を進めるというところから始めなければならない。このプロセスを繰り返す中で紛争当事者同士が、少しずつ理解を深め、お互いに紛争中は苦労したということに気づき、相手を受け入れる寛容さを涵養し、できれば新しい共通のアイデンティティを見出すことは可能である。このようなアイデンティティの昇華があって初めて同じコミュニティの中での共生への道が開ける。これはいわば心の平和構築のプロセスであり、対立者の間の相互理解の機会を設けることによるアイデンティティの昇華の努力である。このプロセスには、対立を超えて共感し、協働し、共創することを必要とするだけに、文化、芸術、スポーツなど対立者も時空間を共有できる媒体が役立つ。

紛争地への支援は、何といっても緊急人道支援、政治的な紛争収拾、平和維持、和平後の経済復興支援、ガバナンス支援などの平和構築が不可欠であることはいうまでもない。文化・芸術・スポーツというとまずは衣食住が整ってからの話で、後回しといわれがちである。しかし、心の平和構築がなされなければ、平和の持続は難しい。

しかも文化といえば前述のようにむしろ紛争の誘因になっているのではないかとの論陣さえ張られる。歴史を振り返ってみるとアフリカの一部地域では子ども兵士の養成にあたり、その士気を高めるために一定のリズムの音楽を用いている。例えば、シエラレオネでは訓練基地で「僕らの任務はシエラレオネを救うこと、人々を救うこと、祖国を救うこと」という内容の革命ソングを歌うことを義務付けている。少年たちはカラシニコフを肩にかけ整列し、胸に拳を当てて、革命ソングを歌い、革命の歌に心酔し、戦闘意欲を養うといわれている[48]。また、ヒトラーがニーベルンゲン行進曲やバーデンヴァイラー行進曲を用い、ファシズム的美意識を高揚させ、党大会を演出したこともよく知られている。ヒトラーの宣伝大臣を務めたパウル・ヨゼフ・ゲッペルスは映像の持つ力を知り抜いており、プロパガンダに記録映画を多く利用したことも知られている。中でも一九三六年に行われたベルリン・オリンピックの記録映画は、ヒトラーをスーパースターに仕立て上げる結果となり、この映像を繰り返し見せられたドイツ国民の中に強いナチス支持を生み出していったと伝えられている[49]。

さらにより直截に文化が戦争を引き起こすという議論も展開されてきた。サッカーの試合が国同士の戦争に発展した俗に「サッカー戦争」と呼ばれる事例がある。サッカーはスポーツの中でも世界的に人気の高いだけにファンは熱狂しすぎ、そのあまり暴力行為に至ることもある。これが国家間の戦争に発展したといわれるケースは一九六九年にエルサルバドルとホンジュラスの間で勃発した戦争である。これは一九七〇年のサッカーのワールドカップ・メキシコ大会出場をかけた予選試合の勝敗が両国の国交の断絶や実際に戦争に繋がったように見えるため、サッカー戦争と呼ばれるようになったものである。もともと両国の間の国境線が曖昧であり、両者の間には土地と農業移民を巡る争いがあった。土地の面積に比べ人口が多いエルサルバドルからホンジュラスへ農業移民が多く入り、「国境線」のホンジュラス側の農地を耕していた。ところが一九六〇年代に入り、このような農業移民に寛大であったホンジュラスの農業政策が変わり。エルサルバドル移民たちが土地を追われ、各地で暴力を伴う争いが発生した。このような背景から両国関係の緊張が高まっていた最中にサッカー・ワールドカップ予選大会が開催された。初戦でホンジュラスに敗れたエルサルバドルでは、一八歳のサッカーファンの少女が怒りとショックのあまりピストル自殺を図り、二戦目を控えて行われた葬儀には政府要人やサッカー代表選手も参列した。この少女を悲劇のヒロインとしてエルサルバドルは二戦目に勝利した。最終戦に先立ち、エルサルバドル政府は試合結果如何では国交断絶も辞さないと発表した。結果的に最終戦に敗れたホンジュラス側が国交断絶を宣言、エルサルバドルは空爆して応戦し、戦争に突入、多くの死傷者を出した。この戦争ではサッカーが両国のナショナリズムを煽り、戦争へと発展したとして「サッカー戦争」と呼ばれている。しかし、サッカーの試合自体が戦争を引き起こしたわけでも、両国の対立を生み出したわけでもなく、もともと政治的な国境問題が存在していたのである。むしろサッカーが政治的に利用され、国民の民族意識、団結心、愛国心を煽って利用された側面が大きい[50]。文化的紛争と呼ばれる民族、言語、歴史、信仰などが原因といわれる事例を詳細に分析してみると表面的な文化的差異の背景には経済的な損得や政治的な処遇の格差やそれに対する不満などが長年あり、先鋭化する文化面の違いをむしろ利用して、市民を武力を伴う紛争に引きこんでいる事例が少なくない。

このサッカー戦争の事例のように文化活動が紛争勃発の誘因として利用されている以上、平和を定着させ、紛争当事者の共生を実現するためにも、多様な要因による文化的な対立や紛争当事者のアイデンティティ対立の解消に取り組まなければならない。特に紛争当事者間では、実際に暴力的な紛争を経ると肉親を失ったり、家を追われたりという経験を通して相手のグループへの憎悪が深まり、違いが先鋭化する。ここで重要なのは人間のアイデンティティが一つではないということである。そもそも人間のアイデンティティは複数ある。これを単一視しようとするところに紛争が待つ。紛争当事者は、紛争で敵対した相手を見ると紛争終了後も憎しみと恐怖、嫌悪感が体を巡るという。これを緩和ないし解消しなくては平和的共生への道は歩めない。特に内戦型の紛争では国家間紛争のように戦後国境線により分かれて居住するというわけにはいかず、敵対したグループは近隣に住む、あるいは同じコミュニティに混住するということも少なくない。サラエボでボスニア紛争後に話を聞いた時には、同じアパートの上下で対立した民族が住むということもあった。また、紛争を経るとどうしても悪者のレッテルを貼られる紛争当事者が出てくる。なかなか喧嘩両成敗というわけには行かず、何かと会話の中で悪者呼ばわりをされる。「ここは歴史のある図書館であったのに紛争中に〇〇が攻撃して破壊された」「〇〇に家を追い出されてこの線路を歩いて隣国に逃げた」などという話が出る、そうすると批判を受けることの多いグループの方は面白くなく、次第に口数が少なくなって、一緒にイベントやプロジェクトに取り組んでいても途中で帰ってしまうという光景にもなんども遭遇した。このコミュニティの中の対立の断層を少しでも緩和していかなければ本格的な平和の定着は期待できない。

また、紛争後和解を求めて政治的な話し合いの場を設けようとしても、紛争中に敵対した人々は同じ時空間に席を同じくすることには消極的である。たとえ参加したとしてもそれぞれの主張を繰り返すことに終始しがちである。経済復興にしても、国際社会が経済援助をする場合、対立者間の援助に差があると紛争地の人々が感じると新たな紛争の火種を撒くことにもなりかねず、慎重に中立不偏の立場を守らねばならない。しかし、紛争影響国では紛争中に爆撃や破壊などの被害が多いグループ、経済復興が自力ではなかなかできないグループが存在し、どうしてもその人々への援助が多くなり、「国際社会は〇〇民族を支援している」という不満の声があがる。

しかしながら、演劇、音楽、絵画、スポーツなどの文化活動の場合にはこのような対立の負荷が少ないものもある。かつ紛争地の人々がアイデンティティに関係なくこよなく愛する文化活動がある。このようなものであれば、例えば音楽を聴きたい、音楽を演奏したいというパッションから対立するグループと時空間を共有することが可能になる。しかも一緒に活動しなければこれらの文化活動は成立しないので、自ずから対立者の間にコミュニケーションが成立する。一部には文学や音楽で民族固有のものがあるが、そのようなものを除けば、文化活動は対立軸を超えて「共感」することを可能とする、いわば「共通言語」になりうる。文化活動には対立軸を超えて対立者の間に橋を架け、新たな絆を生み出すパワーがある。

文化活動は紛争を含む何らかの要因により亀裂が走るコミュニティにおいて、相互理解の促進、寛容性の涵養、究極的な和解へ向けてのプロセスを促す上で重要な役割を果たしうる。一旦対立が起きれば和解は非常に難しいが、文化活動は少なくとも相互に相手を理解し、許容して共存、さらには共生する段階へと共通言語として役割を果たしうる。

◇スポーツと共生

スポーツへの情熱は対立の断層を超える。その例がオリンピックであろう。オリンピックは「平和の祭典」とされ、紛争地でもオリンピック開催期間中は停戦も行われてきている。オリンピック停戦の歴史は古く、紀元前八世紀に遡る。古代ギリシャでオリンピック開会の七日前から閉会七日後まで停戦することが合意された。この停戦はオリンピックの開催期間中のみならずオリンピックに出場する選手や観客が、古代オリンピアに安全に到着し、帰路につけるようにと配慮したもので、以降オリンピックのたびに常に合意され、ほぼ守られてきている。

そして、国連では、一九九三年に国連総会の議題として取り上げられ、オリンピック会期中はオリンピック停戦を実施することが決議された（A/RES/48/1）。以来、この伝統が守られており、二〇一六年に開催されたリオデジャネイロ大会の際にも開催国のブラジルが中心になり、シリア、アメリカ、ロシア、日本を含むほとんどの加盟国の共同提案で開催期間中およびその前後は武力紛争を控え、停戦するよう加盟国に求める決議が採択された。シリア内戦が深刻な状況下での停戦は大きな意味があったとされた[51]。オリンピック停戦は、立場の違いを超えて、平和の祭典であるオリンピック精神発揚の機会にもなっており、オリンピックのため、スポーツのためという大義名分があれば、面子を捨てて紛争当事者も停戦合意に至ることができることを示している。

スポーツは多くの人が情熱を持ってプレーし、また観戦する。それだけに立場を超えて時空間を共有できるという特色がある。各種のスポーツの中でも世界的に人気の高いサッカーは平和構築の局面でしばしば活用されている。例えば、サッカーは前述のサッカー戦争として戦争を惹起したとも論じられているが、一方平和構築でも多様な役割を果たしている。サッカーはボールさえあれば、それも正式のサッカーボールでなくありあわせの木切れに布を巻きつけて作った手製のボールであってもすぐプレーができる。グラウンドにゴールはなくとも、地面にゴールを描いただけでもゲームはできる。かつ世界の子どもたちに共通に人気があるのがサッカーである。サッカーが上手になって、ヨーロッパのリーグで活躍することが国を超えて子どもたちの共通の夢でもある。日本のサッカーアニメ「キャプテン翼」のファンも各国に多く、各国語で放送されている。それだけにサッカーはアフリカや中東でも平和への共生を目指して活用されている。

具体的な例をサッカーの人気が高く優秀なサッカー選手を輩出してきたバルカン紛争の激戦地から紹介したい。旧ユーゴスラビア連邦諸国もセルビア、コソボ、ボスニア・ヘルツェゴビナなどと冷戦後独立を果たしているが、その過程では総称してバルカン紛争と呼ばれる武力紛争が勃発し、多くの犠牲者を生んだ。これらの諸国はいずれも過去に世界で活躍したサッカー選手や監督に就任している元選手も多い。それだけにバルカン地域の子どもたちのサッカー人気は高い。しかし、各国ではバルカン紛争の結果、民族別の対立が和平合意から二〇年を経た現在でも続いている。例えば、サラエボ包囲網でも知られるボスニア・ヘルツェゴビナでは、現在も民族別教育が行われており、町によっては住民が通うマーケットさえも民族別に分かれている。そのような土地柄では異なる民族の共存は実現しているが、共生は道遠しである。紛争時の憎悪は人々の心奥深くに根強く残っている。ボスニア・ヘルツェゴビナは独立後サッカーでも民族別のナショナルチームを結成したが、FIFAワールドカップに参加するには民族混合の統一ナショナルチームを作ることが求められた。しかしなかなかチームの一本化が実現せず、日本代表監督も務めたイビチャ・オシムが乗り出してようやくワールドカップへの参加が実現したという経緯がある。その地で日本人が子どもたちのサッカーのプロジェクトを通じた民族融和のために貢献している。例えば日本人で秋野豊賞を受賞した森田太郎は賞金を活用して二〇〇〇年からサラエボで子ども向けのサッカープロジェクトを民族混成で実施し、現在は現地の人々が運営している。

また、最近では日本代表チームでキャプテンを務め現在はガンバ大阪監督の宮本恒靖のモスタルにおけるキッズ・サッカー・アカデミーのプロジェクトがある。宮本は、ワールドカップ二〇〇二年日韓大会、二〇〇六年ドイツ大会においてキャプテンを務め、二〇一一年のシーズンを最後にプロサッカー選手を引退した。そしてFIFAの大学院であるFIFAマスターに進学した。FIFAマスターは国際サッカー連盟（FIFA）が運営するスポーツ学の大学院で、歴史学、経営学、法学を学び、卒業論文の代わりにプロジェクトを企画するというカリキュラムである。宮本はクラスメートと共に卒業制作でモスタルでの子どもたちの民族混成サッカー育成事業を考案し、卒業後にプロジェクトを実現した。モスタルは一九九二年から九五年のボスニア紛争で約二〇万人が死亡した激戦地でもあるが、和平合意後もボスニア人とクロアチア系住民が街の中を流れる川を挟んで分かれて居住している。風光明媚な観光地であり、紛争で破壊されたモスタルのスタリ・モスト橋は先述のようにユネスコが住民参加型で修復したことでも知られる。このような紛争時の対立軸が残るモスタルで融和を目指して民族混成の子どもを対象としたサッカー・アカデミーを開こうという企画である。このプロジェクトにはイビチャ・オシムも参加して支援している。このキッズ・サッカー・アカデミーは民族の間に橋を架けようという思いから「マリ・モスト（小さな橋）」と名付けられており、七〜一二歳の男女が参加している。モスタルはイスラム教徒も居住する土地であり、そこで女子も対象としたアカデミーを開校しているのは画期的である。このようなプロジェクトの実施にあたっては、現地のサッカー協会など諸団体の理解と協力が不可欠であるが、宮本は時間をかけて現地のサッカー協会を説得し連携を実現している。このプロジェクトには日本外務省の草の根文化無償資金も提供され、アカデミーのためにスポーツセンターの改修が行われた。宮本は「一緒にボールを蹴れば民族の違いは関係ない。スポーツを通じて相手をリスペクトすることやフェアネスを伝えたい」[52]と語っている。

このようなプロジェクトでは現地関係者との連携が持続性を持たせるためには不可欠である。たとえ時間がかかっても地元の団体や保護者の理解を得ることができなければ、一過性のプロジェクトに終わってしまい、地元に根付かない。コミュニティが分断されている地域では地元関係者よりも外部から来た第三者の方が断層に架け橋をかけるプロジェクトのイニシアティブはとりやすいが、第三者は永遠にその地にとどまることはできない。地元の関係者に理解して支援してもらう、地元にプロジェクトに対するオーナーシップを持ってもらうことは時間がかかっても工夫のしどころである。さらに、地元関係者の理解と協力がなければ、現地の複雑な断層の構造は外部の人間にはわからないことも多い。また、現地の関係者が安全に参加するコミュニケーションのルートも確保できなければ、国際的な支援グループ自身の安全確保もできないし、効果的なプロジェクト運営も難しい。筆者が見聞した事例の中では、紛争地で子ども向けの映画の上映会をしようとして集客のために首都の目抜き通りに大きなバナーをかけたもののほとんど人が集まらず、結局青年のデートスポットになってしまったというケースもあった。当該地域ではコミュニティの長老、村長に話をして、そこから伝えてもらうと許可が出たということで安心して村人が集まってくれたそうである。

ところで、サッカーを民族混成で練習することで対立している民族が折り合えるわけではない。しかし、サッカーを一緒に練習する中で、相手の子どもを当初は民族のラベルのみで特定するが、次第にその子どものポジションで特定するように変化し、相手に対するアイデンティティの見方が少しずつ複合化していく。つまり「ボスニア人の子」という見方から「うちのチームのゴールキーパー」というラベルに変化していくことが見て取れる。だからといって民族のラベルは決してなくならないが、両方のラベルをつけ、少なくともサッカーをしている時は練習であれ、試合であれ、ポジションのラベルの濃度が濃くなる。また、一緒に練習したり試合をすると、相手のサッカーのスキルを評価し、尊敬する気持ちも芽生えてくる。また、混成チームとして活動するにはチームの中の連帯も不可欠であり、そのためには相互にコミュニケーションを図らなければならない。そして、練習の休憩時間にサッカーの話をする以外に、飲み物や食べ物を一緒に楽しみながらおしゃべりをしていく中で「僕の親は殺された」「兄貴は戦争に行って死んだ」といった会話が時間の経過と共にポツリポツリと出てくる。そうなると被害者、犠牲者は自分のグループだけだと思っていた子どもたちは、憎い民族と思い込んでいた相手のグループも、また別の辛い思いをしたことを知る。紛争中の辛い記憶、憎しみは消えない。しかし対立した相手の苦しみを「知る」ことが民族対立の断層に橋を架けることに繋がる。和解までの道のりは遠くても、相互にコミュニケーションし、相互に理解することにより、知ることによる融和、さらに一緒にプレーして試合に勝ったり、負けたりすることで断層を超えた連帯感は生まれ、そこに民族共生への道は開ける。ＦＣバルセロナのジョルディ・カルドネル副会長は「かつてサッカーはただのスポーツだった。今は文化であり教育でもある。弱い恵まれていない子どもたちに喜びを与えることが重要だ」とも語っている[53]。サッカーを「うまくなりたい」と思っている子どもたちに練習の機会を与え、夢を与えることが平和構築のプロセスでは肝要である。

スポーツは紛争影響地以外において平時にも共生を促す役割を果たしている。スポーツは人と人の心を繋ぐ力があり、新たな出会いを生む可能性も秘めている。同じサッカーの事例を引用すると公益社団法人日本プロサッカーリーグ（Ｊリーグ）は二〇一一年から世界各地で「サポユニ for Smile」というプロジェクトを実施している。これはサッカーのサポーターが大切にしているユニフォームを発展途上国の子どもたちに届け、一緒にサッカーをするという企画である。二〇一七年までに七カ国、計四二二七枚のユニフォームを届けている。二〇一八年はツバル、セネガル、ボスニア・ヘルツェゴビナで活動し、集まった子どもたちは日本のプロリーグの選手たちをサポートするユニフォームと聞くとカラフルなユニフォームの中から好きな色を選び、着用。サッカーのミニゲームで楽しい時間を過ごしたと報告されている。紛争の傷跡の残る国のみならず、まだ経済的に恵まれない地域ではこのような時間が子どもたちに楽しみを提供すると共に遠い日本への関心も生むという。元プロサッカー選手もこのプロジェクトに参加してサッカー教室を開いており、サッカーが大好きな子どもたちはプロ選手にサッカーを習えると待ち遠しそうに長い行列を作るという。

セネガルは一九六〇年にフランスから独立し、国民の九五％がイスラム教徒、五％がキリスト教徒といわれている国だが、ＦＩＦＡワールドカップロシア大会で熱い試合をしたことでも日本が知られているという。サッカーが人気のあるお国柄だけに日本の選手の名前もよく知っており、子どもたちはクラブのサポーターユニフォームを嬉しそうに受け取り早速身につけてサッカー教室に参加した。女子もカラフルなユニフォームが大のお気に入りでダンスを踊ったりサッカーをしたりと楽しいひと時を持ち、これから「体育の時間はこのユニフォームを着たい」と先生に頼んでいたと報告されている。

ボスニア・ヘルツェゴビナのモスタルでは、ドラガン・ストイコビッチの故郷セルビア出身の子どもが当時ストイコビッチが着用していたデザインのユニフォームを受け取り、感激し、懸命にボールを追っていたという。世代や国境を越えて繋がりが生まれる。Ｊリーグの関係者は「サッカーやスポーツを通じて同じルールのもとで民族や歴史の壁を越えて一つになれること」をこの「サポユニ for Smile」から感じるとの感想を述べている(54)。このプロジェクトは日本のＪリーグのサポーターの方々のユニフォームの寄付があってこそ成り立っており、距離が離れた国々の人々との共生の一つの形といえよう。このようなサッカーをはじめとするスポーツは一つの共通の枠組みすなわちルールの中でのフェアな競争であり、子どもたちがこの規範を身につけることの意味は大きい。これがスポーツの持つ共生パワーに繋がっている。

◇音楽と共生

もう一つ紹介したいのが、音楽を触媒として用いる共生の事例である。サッカー戦争の事例のように音楽にも政治が影を落とすケースはある。例えば、二〇一一年九月世界最大級のイギリスの音楽祭「BBCプロムス」での出来事で、一九二七年にBBCがプロムスのラジオ中継を始めて以来初めて放送が中断された。ズービン・メータ指揮のイスラエル・フィルハーモニー管弦楽団がロンドンのロイヤル・アルバート・ホールでウェーベルンの曲を演奏し始めた時のことであった。イスラエルのパレスチナ占領政策に反対する団体が「パレスチナ」と書いた布を掲げて叫び声をあげ、ベートーベンの歓喜の歌を替え歌で歌って演奏を妨害した。その後ブルッフの「バイオリン協奏曲」では、ユダヤ系のギル・シャハムの独奏がシュプレヒコールに包まれるなどの騒ぎが起きた。しかし楽団はひたすら演奏を続け、そしてアンコールでは、プロコフィエフの「ロミオとジュリエット」から「ティボルトの死」を演奏し、対立が無残な死を生むというメッセージを表現したという。このように音楽が分断に利用されることもある。しかし、この時は音楽でメッセージが出されて収拾されたのであった。

「音楽に国境はない」といわれる。紛争時に対立した住民の相互理解、知るための一助、架け橋としてもオーケストラ活動が展開されている。オーケストラ指揮者ダニエル・バレンボイムはイスラエルとパレスチナの和平を願って、ウエスト＝イースタン・ディヴァン管弦楽団を設立し、アラブ地域の若手音楽家を集めて毎年夏に合宿し、世界各地で演奏会を開いてきた。バレンボイムはアルゼンチン生まれのロシア系ユダヤ人で、国籍はイスラエルであるが、パレスチナ系アメリカ人文学者の故エドワード・サイードと協力してこの管弦楽団を作った。設立のきっかけは一九九九年のゲーテ生誕二五〇周年の祝典の一環として組織委員会からドイツのワイマールで記念のコンサートを開いて欲しいとバレンボイムが依頼されたことにある。管弦楽団の名称もゲーテの『西東詩集』からとられている。バレンボイムはイスラエルとパレスチナの和平を願い、ワイマールに約七〇名のアラブ諸国の若手音楽家を招聘してコンサートを企画した。そしてこの式典終了後も同管弦楽団の活動を継続しようということになり、長くスペインのセビリアで毎年夏に三週間合宿し、公演してきた。この合宿の間には楽団員たちは演奏の練習をするのだが、その他サッカーや水泳、バスケットボールに興じる時間も設けられ、夜はサイードを中心に討論の場も持った。そして秋にはニューヨークをはじめ、パレスチナのラマッラも含めて世界各地で演奏会を開いてきた。

バレンボイムは普段接触することのないアラブ諸国とイスラエルの音楽家が寝食を共にして時間を共有することを通じ、音楽への情熱を触媒にして互いに知り合って欲しいと語っている。そして、この楽団に参加する若手音楽家に対しては「中東紛争の軍事的解決はあり得ないこと、お互いの違いを理解しなければならないことを学んで欲しい」と語っている。すなわち管弦楽団は平和の配達はできない。しかしオーケストラを通じて相手を知るという相互理解への足がかりを得て欲しいと語っている。サイードはこの楽団を「共存への架け橋」[55]と呼んだ。筆者がこの管弦楽団に毎年参加しているチェロ奏者と話した時に「この楽団の練習は厳しい。時に帰りたくなる。それでも世界一流の指揮者であるバレンボイムに指導を受けられるのだから、やはりまた参加したくなる」と気持ちを語っていた。まさに演奏をうまくなりたい、できれば世界で活躍できる音楽家になりたいという一心でオーケストラに参加している。また参加者の一人、イスラエル人のピアニストは夜の討論の時間に不満を持っていた。どうしてもイスラエルが批判の標的になることが多いらしく、「こんな攻撃の話をするためにわざわざセビリアに来たわけではない」と涙目でこぼしていた。それでもこのピアニストは参加し続けたそうである。音楽家にとって演奏会に出演できる魅力は大きい[56]。

そして、このバレンボイムの活動をさらに持続性のあるものにしようと恒久的な練習と公演の場がドイツのベルリンに「バレンボイム・サイード・アカデミー」として設立され、二〇一六年から第一期生を迎えている。このアカデミーでは奨学生として選ばれた中東諸国の若手音楽家が三年間学ぶ。ドイツ政府は中東和平へのドイツの貢献の一つとして、このアカデミーの建物の整備費三四〇〇万ユーロのうち二〇〇〇万ユーロを拠出した。さらにアカデミーの運営も支援する意向だそうだ。このアカデミーはバレンボイムが音楽監督を務めるベルリン国立歌劇場の隣に位置し、昔の劇場の収蔵庫を改造して作られたものである。そしてバレンボイムは毎週アカデミーで指導しているという[57]。このような場所で学ぶことにより、団員たちは次第に相手を国籍でラベルづけするよりも楽団の役割で見るようになっていき、お互いに話を重ねることで今までの思い込みとは違う世界があることに接するということである。そして、恒久的なアカデミーができたことによって楽団員である学生たちの仲間意識が強くなってきているのを二〇一七年に同アカデミーを訪問した時に感じた。このアカデミーが成立しているのは、ドイツ政府の支援とバレンボイム自身の中東和平を望む強い気持ち、そして何より若手音楽家を育てたいという気持ちがあると推測する。そして音楽家たちも練習は厳しくともやはりうまくなりたい、将来は世界で演奏したいという強い気持ちがある。出身国ではなかなか良い楽器も良い教師もいないと学生たちは語っていた。

このバレンボイム・サイード・アカデミーが存在することですぐにイスラエルとパレスチナの和平が実現するわけではないし、アラブ世界の共生が実現するわけでもない。しかしこのアカデミーには共生の小さな輪がアラブの音楽家の間に芽生えている。少なくとも対立している国・地域の出身者も共にオーケストラの練習に、それぞれの楽器の練習に一心不乱に励んでいる。そこには出身地の違いの垣根は次第に低くなっているように見受けられる。バレンボイムは取材に答えて「オーケストラで演奏する際、音楽家は皆平等です。検問所も警察の巡回もない。占領者も非占領者もいない。だから音楽では可能なのです。ウエスト＝イースタン・ディヴァン管弦楽団は人道的なプロジェクトです。この二〇年弱で少なくとも八〇〇人は参加した。彼らの生活、考え方は変化したのではないでしょうか」[58]と述べた。ここにこのプロジェクトの真髄が現れている。

日本人指揮者柳澤寿男は二〇〇七年にバルカン地域の民族共栄を願ってバルカン室内管弦楽団を設立した。前述のように旧ユーゴスラビア連邦が解体し、バルカン紛争に揺れた南東欧地域では、和平合意後二〇年余を経ても民族対立が残る。紛争が終わってからもコソボではセルビア系住民とアルバニア系住民の対立が続いている。柳澤が首席指揮者を務めるコソボ・フィルも紛争前は民族混成の楽団であったが、紛争中に徐々に楽団員が辞めていき、一旦解体された。紛争後は新たにアルバニア人の音楽家のみの楽団として発足した。

その地で柳澤はあえてやはり「音楽に国境はない」との信念から民族混成のオーケストラとしてバルカン室内管弦楽団を立ち上げた。この楽団には当初はアルバニア人とマケドニア人が参加していただけであったが、現在ではセルビア人、ボスニア人、クロアチア人、ルーマニア人も参加している。同楽団は本拠地を設けず柳澤が音楽監督兼指揮者を務め、二〇〇九年五月にはコソボ北部ミトロヴィッツァで国連開発計画（ＵＮＤＰ）やコソボ警察の協力を得て、コミュニティを民族別に分断するイバ川の両岸で演奏会を実現した。この時にはセルビア人音楽家が楽団に初めて参加し、多民族混成オーケストラの試金石となった。ミトロヴィッツァはコソボ紛争の激戦地であり、かつ街に流れる川にかかる橋――通称「分断の橋」――を挟んでセルビア系住民とアルバニア系住民が分かれて居住している地域である。ちなみにこの橋は私たち外部の者は渡れるが住民は身の危険があるとして決して渡らない。その両岸で民族混成チーム、すなわちセルビア人もアルバニア人も参加してオーケストラを編成し、演奏会を開催した[59]。ちなみに練習をミトロヴィッツァで行うことは危険ということでマケドニアでリハーサルを重ねたというのが土地柄を表している。その後同管弦楽団はニューヨーク、サラエボ、ジュネーブ、東京、ウイーンなどで公演を実現している。二〇一五年にはセルビアのベオグラードでの演奏会も実現している。また、二〇一六年には日本の国連加盟六〇周年の記念行事においてジュネーブの国連欧州本部で平和を求めるコンサートを開催した。柳澤は演奏後取材に答えて「多民族の楽団で音を作り出すのには信頼関係が必要。この信頼の音色を聴いて欲しい」と述べている[60]。

二〇一〇年のバルカン室内管弦楽団のサラエボのコンサートは筆者も会場のアーミーホールで耳を傾けたが、ショスタコービッチの「室内交響曲」の音色が特に耳に残っている。迫害や抑圧、爆撃や部屋のドアのノックの音など紛争中に家を追われ、空爆の中を逃げたことを思い出させる音が含まれる。柳澤はこの曲を演奏することで楽団員に「紛争に向き合い、自分自身を乗り越え」[61]て欲しかったと語っている。そして、この時の演奏を一緒に聴いたサラエボの人たちは、「久しぶりの音楽会。こういう時間と空間があることをようやく思い出した。とてもホッとする空気だ」と話し、一緒に演奏に拍手を送っていたことも印象的であった。まさにオーケストラはそこに参加する楽団員の共生だけではなく、演奏会に足を運ぶ聴衆の共生への橋渡しでもあり、異なる民族の人々の間に同じ演奏に感動しながら絆が芽生えていることを、アフター・コンサートのワインを楽しみながら感じた。同管弦楽団の奏でるハーモニーは、バルカンの音楽家にしか出せない音だと柳澤は語る。「セルビア人の音は深く弾力性があり、(中略)アルバニア人の音はセルビア人よりも繊細で透明感がある」[62]という。二〇一八年秋日本公演で再び同楽団の演奏に耳を傾けたがこれらの音がハーモニーになった時確かに他のオーケストラとは異なる独特の音色として耳にそして心にしみた。ドヴォルザークの「弦楽セレナーデ ホ長調作品二二」はこの楽団らしい独特の音色の演奏であった。レセプションでコンサートマスターは口ごもりながらも「バルカン室内管弦楽団として演奏することは時に難しいこともあるが、新しい挑戦の機会があり、ワクワクする」と語っていたのが印象的であった。

そして柳澤はバルカン室内管弦楽団の目的を語る時に、決して「民族和解」という言葉を口にしない。それは民族が対立したバルカン紛争の激戦地では民族が和解することが極めて難しく、それを目標に掲げた途端に異なる民族の出身である楽団員たちが集まること自体が危険になることを知っているからだろう。柳澤は同管弦楽団を「民族共栄」のための楽団だと常に紹介している。すなわち、バルカンの地の異なる民族が共に繁栄することを目指すオーケストラだという位置付けにしている。これは紛争地で時空間を共有する共通言語の一つである音楽の場合であっても、かつて紛争で対立した人々が一堂に会して演奏する時に必要な配慮である。共生に向かって歩むためにはきめの細かい慎重なアプローチが求められる。

このようなオーケストラの事例でも、常に政治的な対立の影は潜んでいる。紛争や対立が現在も続いている場合もあれば、あるいは一応の収束を見た元紛争地ながら今後の波乱のタネは一向になくならない場合もあり、違いはあるが共通項も多い。折角演奏をしにきたのだから、演奏をうまくなるために参加しているのだからと、音楽以外のことは考えたくない団員も少なからずいる。そして、かつてひどい目に遭わされたと思う民族、国籍の人々に対しては挨拶もしたくなければ口もききたくないという雰囲気も初めのうちはある。それでもオーケストラである以上演奏をしなければ始まらない。そして音楽家である以上、少しでも良い演奏をしたいという気持ちは出身国、民族に関係なく楽団員全員に共通である。オーケストラでは同じ楽器を弾く楽団員が譜面も共有しなければならないことが多く、オーケストラという小宇宙の中でコミュニケーションしなければ演奏ができない。最初は話し合うのは音楽、楽曲のことだけだが、次第に休み時間におしゃべりをして、自分の知らなかった体験を知ることでお互いの分断に風穴が開いていく。そしてお互いを民族や国籍のラベルだけで見るのではなく、演奏者として尊敬し、それぞれの楽器の役割で見るように変わっていく。これはサッカーの事例とも共通する。バレンボイムのアカデミーの場合は、三年間一緒に勉強していく中でアラブの若い音楽家の関係は次第に変化していく。音楽への熱情と夢がこの音楽家たちを繋いでいるように見える。

音楽は対立軸を超えた共通の時空間を提供し、分断された地域のコミュニティを少なくとも相互理解の道には誘う。そしてオーケストラの演奏は演奏者の間に対立を超えた絆を紡ぐばかりではなく、聴衆との間にも、そして聴衆同士の間にも分断を越えるきっかけを与えるように見受けられる。政治的な和解の話し合いの場を作ることも大事であるが、それだけではお互いにかねてからの主張を述べあって終わることも少なくない。そこに立場の違いを超えた、文化・芸術・スポーツの共通言語、触媒としての役割を見出せる。

また、このような音楽の役割は紛争地に限ったことではない。発展途上国、特に貧困に苦しむ地域の子どもたちを音楽を通じて支援する活動も展開されている。例えば南米パラグアイの首都アスンシオン近郊のスラムにゴミから作った楽器を演奏する子どもたちの楽団「カテウラ楽団」がある。この地域はゴミ処理場があるスラムで、貧しい家庭の子どもたちは再利用できるゴミを売って家計を助けている。学校に行けない子どもたちを支援したいと環境保全のエンジニアがドラム缶やフォーク、水道管を使ってチェロやバイオリンを作った。二〇〇六年に活動を始めて今では約四〇〇人がメンバーになっているという[63]。他にも、貧困に苦しむ家庭の子どもたちに日本で小学生が使った鍵盤ハーモニカやリコーダーを寄付し、現地に滞在する音楽家が教えているなど様々な努力が重ねられている。

◇共生への触媒としての文化活動と潜む落とし穴

ここまでスポーツと音楽の事例を紹介してきたが、その他の文化活動も重要な共通言語の役割を果たしている。その一つが演劇、特に演劇ワークショップである。この世界で有数の専門家であるイギリス人のクリッシー・ティラーは、パブロ・ピカソの「アートの目的は日常のダストを振り払うことだ」という言葉を引用して、演劇というフィクションの世界を通じて問題解決ができることを強調する。ティラーは、欧米やアジアで様々な理由から社会に亀裂が走った地域の再生に演劇を触媒として貢献してきている。二〇一六年にはロシアのクリミア併合、東部ウクライナへの侵攻でコミュニティの中がロシア派とヨーロッパ派に分かれて不安定になった時にイギリス外務省から依頼を受けてウクライナで演劇ワークショップを開き、人々が心の奥底に閉じ込めていた不安、怒りを引き出し、演劇に仕立て上げてコミュニケーションを促した[64]。

さらに平時にもコミュニティの問題解決のために役割を果たしている一例として、環境教育に演劇が用いられている例を紹介したい。日本の各地に美しい棚田が維持され、原風景として大切にされているが、フィリピンにも伝統的な棚田がある。その中でもイフガオ州の棚田は見事な風景で、ユネスコの世界文化遺産と国連食糧農業機関（ＦＡＯ）の世界農業遺産の両方に指定されている。しかしながら棚田を見たいと観光客が急増し、村にとって観光収入は増えたが、棚田の維持管理が難しくなった。世界文化遺産と世界農業遺産に指定を受けた場合は、棚田の景観を維持するのみならず、農業生産を継続し、環境面、文化面、社会面でも地域の独自性を維持することが要求されている。そのため、観光客を受け入れながらも、いかにして地元の棚田の伝統的な文化を維持し、かつ農業生産も維持するかという大きな課題を抱えた。そこで二〇一八年に「演劇ワークショップでアジアの農村を繋ぐ」活動をしているコーディエラ・グリーン・ネットワークが、イフガオ州の棚田の農業生産を担う若手を集めて、環境との共生をテーマに村民にインタビューをし、それぞれの農家の悩みを聞き出し、演劇に仕立て上げた、この演劇をきっかけに今後の棚田の維持に関する話し合いが行われた。直截に棚田の農業生産とツーリズムをどのように共生するかという問題を話し合おうとしても面と向かって村の長老に悩みを相談したり、あるいはお互いに実情を吐露しあうことには抵抗がある。しかし、演劇というフィクションの世界を活用することで村民の間で話し合いができるようになった。演劇ワークショップはほかにも各国におけるデジタル経済の登場により失業する人が急増した地域の再生など様々な局面で役割を果たしている。

また、紛争には至っていないが二国間関係が時に緊張する日本と中国において平時の文化交流の重要性が強調されている。四〇年近く歌で文化交流を続けてきたシンガー・ソング・ライターの谷村新司の言葉に文化活動の分断を超える力を垣間見ることができる。谷村の歌「昴」は日本は無論のこと、アジアでも盛んに歌われている。中国でも昴は人気の高い楽曲である。一九八一年から中国での公演を続けている谷村は「国と国との関係は政治や経済などを含め、いい時もあれば悪い時もあります。(中略)でもどんな時でも、人と人がダイレクトに交流すること、人々を繋げる文化交流は続けたいと思ってきた」と語り、「文化交流とは人に働きかけるものです。国と国との関係が悪くても、人と人との関係は変わりません」「歌った瞬間に国境が消える、それが音楽の力」(65)だと語っている。アクターが多様化する地球社会における文化・芸術の役割もまた侮ることができないことが示唆されている。

このように文化は今や地球社会に大きな影響力を持ち、「たかが文化」と一蹴できる時代は終わり、「されど文化」の時代に入った。文化には反地球化の急先鋒の一つになり、時に戦争さえも誘発してきたと思われる側面と、地球共生を促す触媒すなわち様々な人々の共通言語として機能してきた側面がある。渡辺靖は「文化芸術には認識の境界線を広げる力があり、共感力につながる」と論じている。

これまで述べてきたように国際関係において文化が周縁ではなく、重要な要素と認識されるにつれ、従来の国際文化交流については単なる一方通行の自国文化紹介ではなく、相手国の国民に対して自国の考え方や価値観、文化を伝え、相手国の人々と一緒にインタラクティブに双方向に交流することで、各国が自国のイメージを向上させ、ソフト・パワーを醸成する努力に力を入れるようになっている。このような活動には、政策広報としての情報発信、国際文化交流（知的交流、文化・芸術交流、人物交流などを含む）、国際放送などの活動がある。これを総称してパブリック・ディプロマシーと呼ぶ[66]。パブリック・ディプロマシーの歴史は古く、第一次世界大戦期にアメリカのウィルソン大統領が世論を意識して公開外交としてアメリカの参戦目的の広報に努めた例があげられることが多い。しかし、これは世論へ訴えるという宣伝の要素が強かった。現在の意味でのパブリック・ディプロマシーは第二次世界大戦後生まれたものである。特に大きく注目されたのは一九九〇年代以降でイギリスが自らのイメージを向上させようと「クール・ブリタニア」という国家ブランドを打ち出した頃からであり、前述のソフト・パワー論の台頭によりさらにパブリック・ディプロマシーへ力を注ぐ国が増えている。その背景には国際関係における市民社会の台頭、ＩＣＴの発達、さらにソフト・パワーに代表されるパワー認識の変化などがある。このパブリック・ディプロマシーについて渡辺靖が紹介しているように、相手国の心と精神を勝ち取る手段と見られているが、これは武器を文化芸術に置き換えただけにすぎないという議論もあることにも注意を払う必要がある。[67] 本節で論じた共通言語としての文化を地球共生、さらには究極的な世界平和のために「利用」しようという狙いが先行すると、人々から反発を食らう危険性があることに注意しなければならない。しかも共生が難しいコミュニティでの取り組みの場合には、前節のバルカン室内管弦楽団が「民族和解」のためという看板を掲げず「民族共栄」のためという目的を打ち出しているように慎重なアプローチが不可欠である。さもなくば、折角の共生への歩みであるはずの文化活動が触媒どころか対立を惹起するという逆効果になりかねない危険性を孕む。これが触媒としての文化活動の持つパワーの陰に潜む落とし穴である。経済と政治の関係が地球共生に向かって緊張関係にあることを先述したが、文化の場合も政治との関係を無視することはできない。無理に文化活動を政治に結びつけようとしたり、政治的に利用しようとすると逆効果になる。

文化活動はあくまでも文化として尊重し、大切にしようという姿勢が貫かれた時に初めて、多様な理由により対立している人々もスポーツ、音楽、アート、さらには生活様式を共有し、敵対心を乗り越えて時空間を共有し、かつ共感することが可能になるのだろう。それが可能になった時に文化は地球共生に有意な触媒的役割を果たしうると考える。このように文化には地球化の波が押し寄せるとともにそれへの反発や反動もあるが、同時に文化活動自体が分断されるコミュニティの中で接着剤として共通言語の役割も果たす両面がある。しかも文化活動が果たしうる役割は文化の分野を超えて政治、経済、社会にも及ぶ。

三 新しいグローバル関係のベースとしての地球共生

ここまで経済、政治、そして文化面からの地球化のベクトルと反地球化のベクトルの拮抗を検証し、衝突を回避する地球共生の可能性を模索してきた。この検証を経て地球化か反地球化かという二者択一の選択肢ではないことが明らかになってきた。地球化の進展とアンバンドリングの動きはもはや止めようもなく、自律的に進んでいる。これを無理に止めようとすることは地球に住む私たちの生活に人為的なひずみをもたらしかねず、誰の利益にもならないだろう。それを無理に減速させたり、ましてや反転させようとすればそのコストは大きく、地球をさらに分断しかねない。他方、反地球化のうねりもまた簡単に止めたり、抑制できるものではない。地球化の恩恵が世界中に均霑されているわけではなく、前述したように格差が拡大し、地球化のために犠牲を払わされているという不満、不安、さらには恐怖というまさに人間の安全保障自体が損なわれかねないと実感している人々もいる。このような問題に対処しない限り反地球化のうねりもまた爆発的な力を持ちかねず、地球を反対方向に引っ張って分裂させかねない。特に直近の損得しか視野に入れないと分裂へのベクトルは勢いを持ちやすい。それがポピュリズム（大衆迎合主義）にも結びつきかねない。それではこの二つのベクトルを衝突させずに折り合いをつけるにはどうしたら良いのか。何らかの知恵を働かせて新たな地球秩序を構築し、さらに地球共生へのモメンタムを生み出さねばならない。そのためには地球共生の利益と価値を明らかにし、その利得を示す必要があろう。

◇二一世紀地球社会の共通利益と共通価値

地球社会においてリベラルな国際秩序に代わる新たな秩序が構築されるためには前述のようにそのベースとなる共通利益と共通価値が何かを特定することが不可欠である。国民国家のみならず、市民社会、民間企業、NGO、NPOをも行動主体と位置付ける地球社会の二一世紀の新たな秩序はどのように構築されていくのか。そのような秩序の構築にはアクターが共有できるベースが必要である。地球社会の共通利益は地球規模課題（グローバル・イシューズ）の解決による人間の安全保障の実現に他ならないであろう。テロ、気候変動、感染症など越境問題を解決するためには地球規模の協力が必要であり、解決された時には地球に住む我々は尊厳を持って生きる自由を享受できる。これらの諸課題に対しては問題が国境で仕切られるわけではないだけに、そして主体が国家に限定されない時代が到来している以上、一国民国家の力だけでは解決できず、多様な行動主体が連携、協力することが求められる。国境という概念がなくなるわけでは決してないが、ICTの発達により、人々の情報圏も生活圏もまた地球化してきており、第三次アンバンドリングを超えた発想の転換が求められる。ICTで地球上ではもはや「距離ゼロ」という記事も紙面を飾る。仮想通貨の基盤技術であるブロックチェーンは参加者を承認する仕組みで国籍の代わりにIDを用いる。国家が介在しない生活圏が生まれており、国籍がなくとも銀行口座を開け、働ける時代である。[68] 国民国家が消える社会がすぐ実現するわけではないだろう。しかし、様々なこれまで想定されていなかった地球社会の変容に対して、考え方も柔軟にならなければならない。

そしてそのような変貌を遂げる地球社会の共通利益が確保されるということの価値は何か。究極的な共通の価値は地球平和ではなかろうか。平和なくして経済の発展は期待できないし、安心して生きていくこともおぼつかなく、多様な文化を楽しむこともできない。変化の波の中にあって厳然と残り、人々が共有できる価値、それが平和に繋がる地球共生であるというとやや大げさであろうか。しかし、もしもこのような共通価値が共有されたならば、地球共生は可能になるだろう。他方、言うは易し行うは難しである。地球共生にはコストとパフォーマンス、より正確にはコストとその見返りとしての利得がつきものであるが、この計算はコストが高すぎる方に傾くのだろうか、それとも利得が高いという方に傾くのだろうか。

そして、地球共生は米中貿易戦争から核兵器問題、さらには内外政治の混沌、そして新たな冷戦の勃発も噂されている今、果たして共通利益を目指して求心力を持ちうるのだろうか。前述のように散々批判されている地球化のモメンタムであるが、これを否定する人々が厳しく批判するように、地球化の進展は、地球にそしてそこに生きる私たちに悪影響を与えているのであろうか。私たちの人間の安全保障を損なうほどに、すなわち恐怖からの自由も欠乏からの自由も、尊厳を持って生きる自由も奪っているのであろうか。地球化の対価、すなわちコストは高くつきすぎているのだろうか。

◇地球共生のコスト

地球化のコスト、すなわち対価やマイナス面、いわば犠牲は目に見えやすい。地球規模課題への多国間協調、それを統治するグローバル・ガバナンスは、地球秩序の礎であるが、保護貿易主義の台頭、ブレグジット、気候変動に関するパリ協定やイラン核合意など諸合意からの脱退やＩＮＦ全廃条約の破棄など様々な試練に遭遇している。いわば反地球化の高波を浴び、津波にもなりかねない勢いである。このような反地球化の政策コストはどのようなものか。それぞれの要素についてはコストを予測することができよう。例えば、保護主義の道を選択すれば、海外からの製品の流入が減り、国内製の製品が一時的に売れるようになるかもしれない。それによって国内生産が活発になり、失業を免れる市民も出てくるであろう。失業率の改善は一時的には見られるかもしれない。しかしこのような保護主義は、長い目で見ると経済効率性は悪くなり、国内産業の衰退も招きかねず、そうなると失業率は高くなる。さらに高い関税の賦課により海外から輸入される製品も購入しなければならないアンバンドリング時代の市民の生活はむしろ苦しくなるかもしれない。しかもこのような国内産業への影響は、そこに部品を供給している海外の企業の業績にも影響を与える。部品の供給が減れば、当該国の輸出が減少し、その産業の衰退というような二次的効果はグローバルな生産ネットワークにそって越境して広がる。

気候変動に関するパリ協定から脱退すれば温室効果ガス排出削減の義務からは解放され、発展途上国への技術提供や資金供与の義務からは解放されるので、一時的には利得があるように見えるかもしれない。しかし、そのために地球全体の気候変動や温暖化が進めば、果たして当該国は無論のこと、地球上の市民の利得は増えるのだろうか。海面上昇により領土を失う島国のみならず、気候変動に誘発される激甚災害の被害も増え、異常気象で高温の続く夏や干ばつに苦しむ人々も増えるかもしれない。これは即、農業生産に響く。

これまでの国際秩序が崩れ、これに代わる新たな地球秩序が構築されなかった場合の究極のコストは新たな秩序が構築されるまでは地球社会のアナーキー（無秩序）が表面化し、より強い主導権を求める鎬の削りあいが激しくなり、そこからは間違いなく混沌（カオス）が生まれることだろう。しかし、そのような究極的なコストを払う前に地球社会では様々な努力はなされるはずであろう。

一方地球社会の多様な行動主体が、パートナーシップを結んで多角的に協力するということには、短期的な犠牲を払うことが自ずから伴う。まさにコストを払わねばならぬ。貿易の自由化のために関税を引き下げ、輸入品に自国市場を開放するということは、場合によっては比較優位のない国内産業が衰退するという犠牲が目に見える形で先に来る。しかし、長期的には多角的経済連携は利得を生む。ＴＰＰや日ＥＵのＥＰＡなどはそれぞれの国と市民に長期的にはメリットを与える。アメリカが離脱した後締結されたＴＰＰ11は二〇一八年一二月三〇日に発効、そして日ＥＵのＥＰＡは二〇一九年二月一日に発効し、これで世界の国内総生産（ＧＤＰ）の三割強を占める貿易圏が誕生した。これらの協定がそれぞれの社会に与える効果は大きい。日本に住む人々は今までよりも安いオーストラリア産の牛肉に舌鼓を打ち、手が伸びやすくなるヨーロッパ産のワインにチーズを楽しむ週末が過ごせるようになる。家計は大助かり、家族の楽しみは増える。

そして主要国が様々な協力を推進し、例えば限定的な抑制の効いた為替相場の安定策をとる、危機対応のために協力して財政出動を行う、温室効果ガスの排出削減のために必要な措置を導入する、さらには他国の気候変動対策に資金を援助する、あるいは技術を供与するというようなことをすれば、短期的には負担が大きくなるが、長期的にはこれらの問題の解決には至らなくとも軽減や緩和という利得が期待できる。

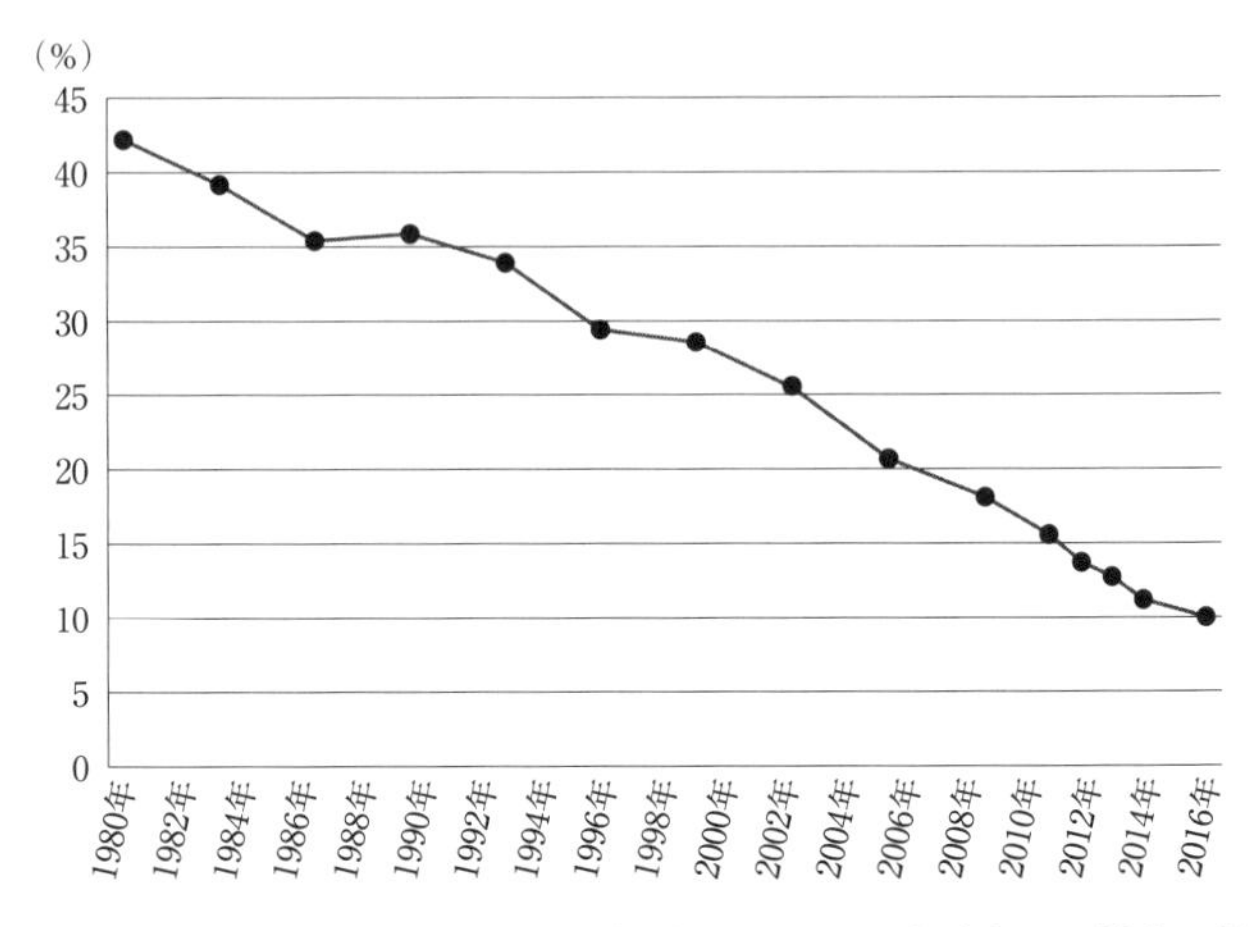

図3-8　1日1.90ドル以下絶対貧困率（2011 PPP）（人口に対する割合）

出典：世界銀行

しかしこれらの多国間協調は自国に短期的には犠牲を迫るものである。その代償すなわち利得としての地球規模課題の解決や究極的な地球平和はすぐに目に見える形の利得にならない。ここが地球共生のコストパフォーマンスの計算を難しくする。

◇地球共生の利得

地球化によるコストは前項で述べたように極めてわかりやすく、目に見える。しかし、地球化の利得は見えにくく、測るのはなかなか難しい。そこで世界経済が成長しているにもかかわらず課題としてあげられている貧困を取り上げて、このように進んできた地球化が貧困を削減したのか否かを検証してみた。統計の取り方が難しいが、例えば地球化の進展により絶対貧困のレベルは改善されているのだろうか。世界銀行のデータ(69)で一九八〇年から二〇一六年までの推移を見てみると、図3－8のように人口に占める絶対貧困レベルである一日一・九〇ドル以下で暮らしている人の割合は地球化が議論され始めた一九八〇年の四三%から二〇一六年の一〇%へと大幅に減少している。無論貧困の改善は地球化だけの成果ではないが、この統計の対象時期はまさに地球化が音を立てて進行した時期であり、この絶対貧困の改善幅を見るとある程度利得があったということはいえる。

地球規模課題に対して複数の行動主体が協力してもそれで問題がすっかり解決できるわけではなく、問題の進行を遅らせる程度の緩和策にしかならないことも多い。例えば保護貿易主義をなんとかある程度のレベルに抑えられたとしても、それが貿易量の目に見える拡大に繋がったり、各国の国内経済に即座に大きなメリットを与えるわけではなく、じわじわと時間をかけて効果が上がることが多い。はっきりと数字で見せる地球共生のパフォーマンス・モデルが必要だが、なかなか難しい。

◇地球共生のコストパフォーマンスの計算

コストパフォーマンスを考えるにはロバート・アクセルロイドが考え出した「reciprocity（互恵性）」という考え方が役立つ。すなわち互恵とはそれぞれのアクターの行動によりほぼ等価の利得が交換されることを指す。そしてこの利得を考える時には、ロバート・コヘインが提唱した「specific reciprocity（特定型互恵性）」と「diffuse reciprocity（不特定型互恵性）」という考え方が参考になる。行動主体にとって相互に恩恵があれば、すなわち互恵性が成り立てば協力が進むのではないかと多くの論者が語っているが、この互恵性というのが曖昧模糊としていてつかみどころがない。そこでコヘインはこの二つの考え方を用いて次のように説明した。すなわち「特定型互恵性」とは特定のパートナーの間で発生する恩恵の等価交換を指す。これに対して「不特定型互恵性」は対価もパートナーも特定されず、グループとして考えるものであると説明している[70]。これをもとに筆者は、多国間協調においては、直近ないし短期的に恩恵を特定できるものを「特定型互恵性」とし、長期間にわたって恩恵が期待できるものを「不特定型互恵性」と考えて多国間協調の論理を分析した[71]。

多国間協調の成果はその性質上、一つの国にとっての利益に目に見える形で直結するというよりも、中長期的に地球全体ないし地域全体にとって利得ないし便益があるという場合が多い。つまり、多国間協調では特定的互恵性はなかなか成立しにくい。換言すると多国間協調の恩恵は国際公共財なるものが多い。しかし、公共財となると自己犠牲を払わなくとも便益だけは享受できると考える行動主体も出てくるために、犠牲を払った主体が納得できず、多国間協調が崩れることが多いのが難点である。

不特定型互恵性の場合は、協力しても即恩恵を受けることが期待されておらず時間軸を長くとって協力へ誘う。地球社会の一員としての義務として必要な犠牲を払うべしという視点が共有される場合には多国間協調は可能になる。この両方を組み合わせることができるならば、国民国家にとって単独主義では得ることのできない協調による恩恵も見えてくる。そして多国間協調の究極的なコストパフォーマンスを正の方向に振れさせることもできる。この互恵性の考え方を地球共生に応用することができないだろうか。

本書でも検証してきたように地球化には確かに様々なマイナス面があり、ＩＣＴが未曽有のスピードで発達し、アンバンドリングがどんどん進行する世界にあっては、あまりにも急激な地球化の進展により得をする人と損をする人が分かれ、かつその格差が拡大しているように感じられる。そこから生まれる不満、不安、そして恐怖が上記の物理的な地球共生のコストに加えて大きいといえよう。

地球共生を考える場合、特定型互恵性を成立させようとするとかなり近視眼的な見方をしなければならない。もちろんこのような互恵性が成立する場合もあるだろう。しかし概ね不特定型の互恵性が成立するかどうか、それを認知できるかどうかが、行動主体が国家にせよ、市民社会にせよ、民間にせよ、地球共生を目指せるかどうかの分水嶺となろう。なかなか難しいが、かといってそのような努力を放棄すれば地球分裂の憂き目にも遭いかねないという危機意識を持たねばならないのである。

今、地球社会では国際政治や国際関係を専門にする学者の間で「多国間協調を守るには」というテーマの議論が世界各地で展開されている。それは新たな地球秩序のはっきりとした輪郭が見えない状況の中で本来この議論をリードすべきパワーを持つ国々（stronger states）が国益に目が向き、多国間協調には関心が低く、しかもこれまで多国間協調の旗手と目されてきた国々が身を引いているように見受けられるからである。地域協力のモデルといわれた欧州もブレグジットをはじめとして地域統合、地域協力への足並みがそろわず、多国間協調のほころびが取りざたされている。地球社会ではナショナリズム、保護主義、大国間のライバル競争が多国間協調の核心を揺るがす勢いである。一方でますます小さくなる地球では人の移動、保護主義、サイバー攻撃などが増え、コンサート（協調）なき状況ではとてももちこたえられないところまで追い込まれている。二一世紀の地球にふさわしい協調による共生はもはや選択肢ではなく、レトリックでもなく現実に必要不可欠な時代に入っているのではなかろうか。

終わりに
地球共生への道

本書では地球社会を駆け巡る地球化のモメンタムとそれに反発する反地球化のモメンタムを検証し、果たして地球共生の道は開けるのか、あるとすればどのような道なのかを考察した。地球化のモメンタムは打ち消しようもなく、加速度的に進行している。しかも科学技術の発達、その中でも情報通信技術（ＩＣＴ）の発達と共に未曽有のペースで地球化が進んでいる。ボルドウィンが想定した形での第三次アンバンドリングはそのままの形では実現していないが、当時想定されていなかった第四次産業革命により仮想空間が登場し、地球上の距離感覚は変化し、ホーキングが論じたように地球は小さくなっている。

◇地球共生の構図

地球化のペースがあまりにも速くそして広範囲に広がっていくがゆえに、これに対する不満、不安、時には恐怖が唸り声をあげてマグマのように溜まり、大きくなり、そのはけ口を探す。いわば反地球化のベクトルとしてこれもまた勢いがますます強くなっている。これが地球社会の政治に大きなインパクトを与えている。そして地球化と反地球化の相克とスピードに翻弄され、地球化の実態とそれへの対応にギャップや矛盾が生まれている。そのためなかなか相利共生の構図を描くことができない。

一方、地球社会の平和と安定を維持してきた第二次世界大戦以降のリベラルな国際秩序は次第に衰えを見せているが、これに変わる秩序、地球秩序の形はまだはっきりとは見えない。そしてそのような秩序を構築し維持する行動主体、すなわちアクター、そのリーダーもはっきりしない。その上にウエストファリア条約以降、グローバル関係の主体は国民国家であったが、今では地球化の進展と共に国民国家が主体であることに変わりはないものの、その他の行動主体も台頭している。それが民間企業、市民社会、ＮＧＯなどである。このように秩序の当事者たる行動主体が多様化すると様相はさらに複雑になる。一方で、秩序構築をリードする主体が明確でなかったり、あるいは不在である場合は、主要なアクター（stronger powers）が隙あらば自己の利益を伸張させるべく虎視眈々と窺うという状況になり、地球儀上には様々な思惑と利益が錯綜し、複雑な線引きが行われながらアクターが相対立するというカオスにも陥りかねない。

そしてこのようなカオスの背景には、地球化への底知れぬ「不満」「不安」「不信」、さらには「恐怖」が渦巻いているように思える。ここで筆者が思い出すのは、第三章第二節で紹介した、音楽を共通言語とする共生としてのオーケストラの事例である。指揮者バレンボイムが、中東和平を願ってアラブ地域の若手音楽家のために作ったオーケストラを、イスラーム文明も真摯に学んだゲーテの『西東詩集』から「ウエスト＝イースタン・ディヴァン管弦楽団」と名付けたことである。地球共生の道を思索しているとゲーテの戯曲『ファウスト』の一場面が目に浮かんでくる。グレートヘンの悲劇に遭遇したファウストは美を追究することで生の意義を見出そうとするがこれが果たせず、最後に人類のため、社会のための創造的活動によって初めて自己の救済に与る。その第二部の最後には四人の灰色の女が登場する。「欠乏」「罪責」「憂愁」そして「困窮」である。「憂愁」だけが鍵穴から灰色の煙と共に入ってくる。ファウストは追い払おうとするが「憂愁」はファウストに息を吹きかけて盲目にする様が描かれており、メフィストフェレスの魔法に乗せられ理想の世界を実現したと思ったファウストの悩みは深い(1)。地球社会には格差拡大への不満、地球規模課題への不安、恐怖、そしてアクター間の不信が膨らんでいるが、このような「灰色の女性」と対峙するには地球共生へ取り組む強固な意志が必要なのではなかろうか。もしそれができた時、ファウストの魂のように救い出されるといえば大げさか。

これまでの国際秩序は、ブルが論じたように共通の価値や共通の利益がベースとなって維持されてきたが、今後の新しい地球秩序のベースとなるのは何かを本書では考察した。その中で共通の利益は地球規模課題の解決であり、そのためのアプローチは地球共生であり、これが目指す共通の価値は地球平和ではないかという考察である。そして本書第一章第一節で共生とは何かを考察したが、その中で多くの論者が考え方に差異はあるものの共生の要素として共通にあげていたのが平和であったことも想起したい。地球共生の究極的価値は地球平和であろう。これならば様々な差異を超えて共有できるベースになるのではなかろうか。

二一世紀的な地球社会の共生への道は究極的な目標としての地球平和を共有しつつ、多様な地球規模課題に対処して、様々な違いを超えて平和裡に共生、協働、共創する道を模索しなければならない。これをあえて図示してみると図Aのようになる。すなわち、私たちは地球上で内側の円の中に示したような共通の課題、地球規模課題を抱えており、これを解決することが共通の利益である。そしてその解決に当たる行動主体であるところのグローバル・アクターズは国家から地方自治体、市民社会、NGO、NPO、地域機構、国際機構、民間企業など多様である。これらのアクターが地球上で個々の目先の利益を追求しようとすればその利害は図Aに示すように衝突の運命にある。地球化とそれに反発する反地球化が衝突のコースを進めば地球は分極し分裂する憂き目に遭いかねない。しかし、こ

図Ａ　地球共生という新しい共通の価値への道

の二つのベクトルを止揚させ、何らかの形で手を結ぶことができれば、そこから究極的な地球の共通の価値である地球平和への芽が芽生えると考えたい。無論地球上のグローバル・アクターズにはそれぞれに多様な価値観が存在しており、これは受け入れなければならない。しかしそれを相互に否定しあうのではなく、また押し付けあうのでもなく、相違を容認しつつも、共通の価値を探しこれを共有する包容力を育む懸命な努力をすることが求められよう。ここにいう地球共生とはもはや他者と関わらない共生ではなく、地球化が進む中で他者と積極的に共生すること、すなわち積極的地球共生を考えたい。

◇地球共生への覚悟

しかしながら、同時に明らかになったのは、地球共生の実現は決して容易ではないことである。本書の初めに生物の共生、特に相利共生から話を起こした。片利共生では地球共生は成り立たないのはいうまでもない。ヤドカリとイソギンチャクの相利共生はお互いのメリットがコヘインの言葉を借りるならば「特定型互恵性」があり、恩恵が目に見えるし、即これを享受できる。ヤドカリはイソギンチャクに寄生することで天敵のタコから身を守ることができ、自走できないイソギンチャクはヤドカリのおかげで移動が可能になる。明らかに共生するコストとしてタコを撃退することよりヤドカリに運搬してもらえるメリットが大きく、ヤドカリにとっては天敵から守れるのであるからイソギンチャクを背負って移動する負担より利得が大きい。イソギンチャク、ヤドカリ、どちらにとってもコストパフォーマンスはすこぶる良い。特定型互恵性が目に見える形で成立する。ところが地球共生の場合にはそのコストばかりが目につき、特定型互恵性がすぐには成立しないことが多い。非特定型互恵性への期待を持ち続けてメリットを享受できるところまで耐えられるかが課題である。ところが地球共生の場合には生物の共生の場合と異なり、これを放置すると紛争に至らない平時にあっても人間の安全保障そのものが損なわれてしまう危険がある。それを防ぐためのコストが共通の利益に見合うと認識された時に地球社会の行動主体の間で地球共生が共通の利益への有効なアプローチとなり、究極的な共通の価値である地球平和を目指すことができる。そうなった時にこそ真の共生が可能となるが、これでは時間的に間に合わない可能性もある。

今、反地球化の声に耳を傾けていると、グローバル化に反対する議論、例えばシアトルでのＷＴＯ反対デモや二〇一八年一一月に始まったフランスのガソリン税引き上げに反対する反政府デモが想起される。後者ではデモ参加者が交通規制の時に係員が使う黄色のベストを着用してのデモであったため、「黄色ベストデモ」とも呼ばれ黄色の色が洪水のように広がり圧倒された。このデモは毎週土曜日に繰り返され、パリでは車両への放火や銀行、商店の破壊、略奪が行われ、観光スポットも混乱し、地下鉄の駅も封鎖される事態にまで発展し、クリスマスのパリへの観光客のキャンセルが相次いだ。筆者は第一回のデモの前日までパリで仕事をしていただけにこの光景は強く記憶に残る。ドイツのメルケル政権と歩調を合わせてＥＵの結束をリードしてきたマクロン政権であるが、その構造改革路線への反発が吹き出したといわれる。中東からの難民の大量流入から域内の共通ルールの実施に不満を持つ人々もデモに参加したと伝えられた。(2) マクロン大統領がガソリン税を撤回した後もしばらくデモが収まらなかったのは、不満の根が深いことを示した。そして人の移動問題に対して寛容な政策に踏み切ったメルケル首相もまた国内で厳しい政治的局面に立ち、自ら政党の党首を辞した。世界の各地で政治が大きく動いている地球社会である。

日本もまた地球次元の共生に取り組むと共に国内における共生の課題を抱える。第一章で述べたように人口減少、高齢化から、外国人人材を積極的に受け入れることが労働力確保の上でも経済の活性化の上でも必須の時代である。このような在留外国人との共生を目指す上では人の移動を積極的に受け入れてきた国々の経験が参考になる。あわせて日本社会にふさわしい文化多様性の共生の道も模索していかなければならない。単に在留外国人が増えることを受け入れるという姿勢ではなく、在留外国人と共に相利共生の道を歩んでいく必要があろう。また、今後とも外国人人材を受け入れる以上、日本が海外に働く場や教育の場を求める人にとって魅力がある社会であり続けたいものである。

ICTが発達し、SNSがコミュニケーションで大きな役割を果たすこの時代には、不満、不安、不信、恐怖が渦巻く中で体制に反対する声は格好良くも見える。それだけにアピール力もあり、求心力も持ちやすい。これはチュニジアから始まった「アラブの春」が一つの例である。マスメディアの時代にはみんなが同じラジオを聴き、テレビ番組を見た。しかし、二一世紀にはこのようなマスメディアと並行してソーシャル・メディアが発達している。そうなるとSNSで知り合いが小さな集団を作り、それがヒットした時に膨大なフォロワーに広がっていく。これが政治体制への反発という形で世論を動かすことも増えてきた。しかし、批判することで私たちの人間の安全保障が担保されるのだろうか。好むと好まざるとにかかわらず、地球化は進展する。その時に私たち全てのためになる地球化を促進するべく、立ち止まって考えてみたいものである。しかも今後はSNSに代わる媒体がまた登場してこのペースを加速することも考えられる。地球上の距離は生活の中で事実上意味を持たなくなるかもしれない。ＩＣＴの発達、人工知能（ＡＩ）の発達は私たちを今まで想像もしなかった地球社会へと誘う。これに対応するには共生の価値を抱かなければならないのではないか。しかも私たちは外なる地球化と国内のコミュニティにおける、いわば内なる地球化の両方に対応して内外連続体の地球化、そのための共生を考えていかなければならない。共生はもはや選択肢ではなく必要条件である。

しかしながら、その時の地球共生への思索は地球化礼賛一辺倒であってはならないことを最後に強調したい。反地球化のベクトルの鳴らす音によく耳を傾け、それを念頭にどのような地球共生の道を切り開いていくか、あるいはいかねばならないかを考えなければならない。さもなければ地球共生への道は開かれない。いかに難しかろうとも現実的に可能な共生こそが地球市民の目指すべき究極の理念であろうと確信する。生物は無意識的に本能的に共生への動きを見せるが人間は意識的に努力して初めて積極的な地球共生を達成できる。優位に立つものは努力を怠ることに目先の痛痒を感じないことが多い。弱者は虚しい絶望感に逃避するしかない。今こそ内なる共生も外なる共生も含めて英知を持って共に生きる努力を行動に移すことが地球市民としての務めではないだろうか。

あとがき

地球共生の課題は多岐に及び、また極めて難しい。とても本書で全てを網羅することもできないし、またさらなる思索も必要である。そのような中でここまで研究し考えてきたことを本書にまとめた。この地球共生の問題を研究テーマにした発端は一九九〇年代後半、欧州安全保障協力機構（OSCE）で紛争予防の責を担っておられた初代少数民族高等弁務官のマックス・ファン・デア・ストール元オランダ外務大臣の薫陶を受けて、バルカンの地で予防外交と平和構築を研究した時に遡る。同高等弁務官は紛争地の中に躊躇なく入り、「静かな外交」を心がけ、「予防の方が、紛争勃発後の介入よりははるかに効果的、対費用効果も高い」との信念のもと、自らの業績作りなど一顧だにせず、ひたすら粉骨砕身OSCE地域の紛争予防・解決に取り組んでおられた。現地の敵対するグループのいずれからも信頼を寄せられていた高等弁務官の指導を受けつつ、私は一九九〇年代のバルカン紛争後民族対立に揺れたボスニア・ヘルツェゴビナ、コソボ、クロアチアそしてマケドニア（現北マケドニア）で調査研究をする機会に恵まれた。和平合意が成立した後も紛争中敵対したグループ・民族が混在して暮らすコミュニティにおいて、紛争中に敵対した民族が同じ場所に存在するという意味での「共存」はできても、一緒に生きる、お互いに交流を持ちながらの「共生」は極めて難しいという厳しい現実を目の当たりにした。教育も民族別の分断教育であった。冷戦中の戦争の多くが国家間で戦われ、和平合意が成立した後は敵と味方は国境線によって仕切られて生活していたのに対して、内戦の場合は和平合意後、敵対したグループが棲み分けるというよりも入り混じって同じコミュニティで暮らさなければならないことが多く、難民として一度はコミュニティを後にした人々も帰還する中で、共生することの難しさをひしひしと痛感した。サラエボ郊外の小学校を訪問すると「僕のお父さんが殺された民族だから憎らしい」「僕のお兄さんは、僕の目の前で殺されたから、今でもこの人たちは恐ろしい」と語り、NATOの警護を受けて通学する子どもたちに簡単に和解や共生ということを口にすることはできなかった。子どもたちが授業で描く絵が過去をテーマにするとほとんど絵が描けずに暗い目に涙を浮かべる、その底知れない悲しい表情が私の研究の原動力となっている。また、同じ授業で元気のある男の子が自慢げに私に見せてくれた絵は黒いクレヨンが画用紙の三分の二ほどに塗りたくられてそこから真っ赤な炎が出ていた。この絵を見た時の衝撃を私は生涯忘れることはできない。紛争から二~三年経つとようやくパステルカラーの絵を描くようになった子どもたちに私の方が慰められ、平和への道の遠さも身につまされた。そのボスニア・ヘルツェゴビナではいまだ民族別教育が続く。その地に日本人が民族混成のサッカー・アカデミーやオーケストラを作って活動しておられることに尊敬の念を持つと共に、その成果をひたすら祈る。再び戦火に見舞われることがないようにと。

国内でも人口動態の変化による人口減少と高齢化もあいまって、経済的なダイナミズムを維持するために外国人人材の受け入れに本格的に舵を切ろうとしている。国内での共生が大きな課題になっているが、受け入れイコール外国人人材への支援が注目される。しかし、外国人人材が入り、在留外国人が増えていくプロセスでは日本人が在留外国人を「支援する」という発想から卒業しなければならない。在留外国人は私たちの生活にダイナミズムを与え、少子化と高齢化の課題を抱える日本の将来を明るくする大きな可能性も持つ人材でもある。そして日本の異文化理解を現実のレベルで促進することも手助けしてくれるのである。筆者は地球共生は、地球レベルと国内レベル、外なる共生と内なる共生の両方が連続体であると考えたい。換言すると地球共生は国内から始まり地球に広がる。したがって共生の担い手は市民社会から地方自治体、民間企業、国家、国際機構と多様である。この点は客員教授としてカナダで勤務した時に肌で感じた。多様性社会で知られるカナダでは移民にせよ難民にせよ受け入れに際し、様々な市民団体が新たに流入してきた人々に対して実にきめの細かい親切なサポートをし、受け入れ業務の三分の二を市民社会が担っていた。このような経験からも同時に日本社会が外国人人材にとって住みたい国、働きたい国という魅力を高めなければ来てもらえないと思う。

そして、「共生」という課題はその後調査の機会を得た紛争後の東ティモールやアフガニスタン、南スーダンにおいても常に大きな研究課題であり続けた。この共生への思いは、二〇一一年の東日本大震災後にさらに強まった。発災後の被災者の苦しみ、肉親や友人を失った悲しみも癒えないうちに、半年ほどで祭りなどの文化活動が被災地で開催されたことに驚愕を覚えた。被災した寺院を活用した仙台フィルのコンサート活動、東京在住のアーティストの炊き出しや寄付から現地でのミニコンサートなどを始め、村祭りの再開、東北の代表的な祭りを一堂に集めた六魂祭などを通じて、喪失感にさいなまされている被災者のヒーリングのみならず、仮設住宅に分かれて住まざるを得なくなったコミュニティの連帯感の復活に繋がっていることも教えられた。また津波でほとんどの家屋や船を失った三陸海岸の漁村で獅子振りという村祭りが再興されて、村の人々の連帯感が戻った話にも心を動かされた。被災後一本松が保存されたり、その地域固有の花が再び咲くことが再生への共生を促したことも聞かされた。共生は草の根からも様々なきっかけからも始まる。

私たちの生きる空間、暮らしの空間、認知する空間はそれらの距離がどんどん縮まっている。新たな地球秩序を模索し、議論を重ねる中で、地理的至近性（proximity）の感覚の変化についてドイツのシュタインマイアー大統領と意見を交わす機会があった。欧州連合が二〇一八年に発表した文書でヨーロッパとアジアの距離は縮まったというくだりがあり、それを問うた私に同大統領は「至近になったからこそ摩擦が生まれ、問題が拡大しやすい、だからこそこれをどのようにマネージしていくかを考えなければならない」と語られた時、私の頭の中でいなずまが光った。アンバンドリングの進行により、地球上の距離と時間はますます短くなったが、そこに生まれる不安、不満、不信、恐怖はこれまで以上のスピードで駆け巡る、かつ膨らむ。そのような時代にどのようにお互いに付き合い、生きていくか、これまでの思い込みを捨てて、考えなければならないと思い知らされた瞬間でもあった。

この会話を含めて地球共生について様々な場で議論をさせていただき、内外の知識人から多くのご助言や示唆、そして励ましをいただいた。英語では生物学でいう共生を国際政治に当てはめて考えることと理解して海外の方々からは色々なサジェスチョンをいただいた。英語では「*Kyosei*」ないし

「global collaboration for global peace」と表現しながら議論をさせていただいた。紙幅の関係や匿名性の関係で全ての方々のお名前を記すことはできないが、ここに皆様のアドバイスに対して深く感謝を申し上げたい。特にこの共生についてのロジックに耳を傾け、時間を割いて調べたり、意見を頂戴したドイツのケーバー財団（Körber-Stinftung）ノーラ・ミューラー国際担当専務理事、フランスのパリ政治学院（Sciences-Po）ベルトランド・バディー名誉教授、フランス国際問題研究所（ＩＦＲＩ）のセリーヌ・パジョン研究員、アメリカ人でシンクタンク仲間であり現在マッカリー（Macquarie）大学のベイツ・ギル教授、イギリスの演劇の専門家クリッシー・ティラー、ＮＡＴＯの文化財保護研究チームのリーダーでデンマーク国際問題研究所のフレデリック・ローゼン研究員などに感謝申し上げる。また、共生を研究する過程においては恩師でもある黒澤満大阪大学名誉教授には「国際共生」に関する研究プロジェクトなどを通じて薫陶を受けた。また公益財団法人国際高等研究所の「平和的共生」プロジェクトに参加する中で座長の位田隆一滋賀大学学長からは法学者の視座から数多くのご指導をいただいた。さらに青山学院大学地球社会共生学部の藤原淳賀教授には「多元共生」の研究プロジェクトで多くを学ばせていただいた。さらにアメリカ政治思想史を専門とされる会田弘継同大教授からは政治思想史の面から貴重なご示唆をいただいた。各位には心から感謝申し上げる次第である。

そして、明石書店の大江道雅社長には本書の構想の段階から色々な有り難いご示唆をいただき、また本書の編集の労をおとりいただいた岡留洋文氏には具体的に多くの貴重な提案をいただいた。ここに深く御礼申し上げたい。

最後に本書執筆にあたっては、執筆時点で青山学院大学地球社会共生学部四年に在籍されていたゼミ生の岡崎真由巳さんにリサーチ・アシスタントをお願いし、データ収集、分析、作図を助けていただいた。その優れたサポートに感謝する。また同じくゼミ生であった佐藤怜奈さんと出口茉奈香さんには、岡崎さんと共にそれぞれに地球共生をしっかり考えたいからとの自主的な申し出があり、執筆段階の原稿に若者の視点から内容面や読みやすさの面で率直なコメントをいただいた。いずれも演習や卒論の作業を進めながら時間を捻出して議論に参加していただいたことにお名前を記して感謝したい。

地球共生はまだ思索を続けなければならない課題ではあるが、理想論と一蹴せず、地球共生とは何か、どのように実現すべきかをさらに考えて参りたい。本書に皆様から率直なご批判、ご意見をいただくことでさらに研鑽を積み、論を深めたいと肝に銘じつつ筆を擱きたい。

二〇一九年四月

福島　安紀子

『朝日新聞』2018年6月18日。

59）柳澤寿男『戦場のタクト』実業之日本社，2012年，150-170頁。

60）柳澤寿男「多民族協奏　平和の音色」『日本経済新聞』2016年10月17日。

61）同掲書（柳澤），181頁。

62）同掲書（柳澤），169頁。

63）「ゴミから音楽　スラム発世界へ」『朝日新聞』2018年11月7日。

64）クリッシー・ティラーと筆者の2016年11月15日の東京における意見交換に基づく。

65）「『昴』がつないだ日中」『朝日新聞』2018年12月6日。

66）金子将史、北野充編著『パブリック・ディプロマシー――世論の時代の外交戦略』PHP研究所，2007年，15-18頁。

67）渡辺靖『文化と外交』中公新書，2011年，119-121頁。

68）「国境を決めるのは自分」『日本経済新聞』2019年1月6日。

69）The World Bank "The Poverty headcount ratio at $1.90 a day（2011 PPP）（% of Population） https://data.worldbank.org/topic/poverty

70）Robert O. Keohane, "Reciprocity in International Relations," *International Organization*, Vol.40, No.1（Winter 1986）, pp.1-27.

71）Akiko Fukushima, *Japanese Foreign Policy: The Emerging Logic of Multilateralism*, Macmillan, 1999, pp.11-12.

終わりに

1）ゲーテ（相良守峯訳）『ファウスト』第1部，岩波書店，1991年，385-387頁，『ファウスト』第2部，岩波書店，1991年，449-463頁。

2）「マクロン急進改革離反」『日本経済新聞』2018年12月4日。

er: Rising Authoritarian Influence," *National Endowment for Democracy*, November 2017. https://www.ned.org/wp-content/uploads/2017/12/Sharp-Power-Rising-Authoritarian-Influence-Full-Report.pdf（最終アクセス2019年1月10日）。

41）入江昭「文化と外交」『外交フォーラム』140号，2000.4，13頁。

42）欧州連合「文化を国際関係の中核に据えるEUの新戦略」*EU MAG*，2016年7月号，2016年7月28日　http://eumag.jp/feature/b0716/（最終アクセス2018年12月25日）。

43）BBC Global Poll　https://globescan.com/images/images/pressreleases/bbc2017_country_ratings/BBC2017_Country_Ratings_Poll.pdf（最終アクセス2019年1月10日）。

44）UNSCR 2199(12 Feb 2015)，UNSC 2249(20 Nov 2015）およびUNSC 2253(17 Dec 2015)。

45）国連総会決議　A/RES/69/281，2015年6月9日。

46）Nordic Center for Cultural Heritage and Armed Conflict（CHAC），"NATO and Cultural Property: Embracing New Challenges in the Era of Identity Wars," *Report of the NATO Science for Peace and Security Project*, 2018，14頁。

47）同掲書（CHAC）。

48）福島安紀子『紛争と文化外交』慶應義塾大学出版会，2012年，26頁。

49）同掲書（福島），26-27頁。

50）同掲書（福島），63-64頁。

51）東大作編著『人間の安全保障と平和構築』日本評論社，2017年，161頁。

52）同掲書（東），170-171頁。

53）「貧困・紛争　サッカーは立ち向かう」『朝日新聞』2016年10月4日。

54）筆者の2018年11月26日Jリーグ海外事業部関係者との懇談に基づく。

55）同掲書（福島），105-119頁。

56）ウエスト＝イースタン・ディヴァン管弦楽団のチェロ奏者との話し合いから（2014年11月来日時）。本人の名前は伏せる。

57）筆者の2017年11月29日のサイード・バレンボイム・アカデミー関係者との意見交換に基づく。また、このアカデミーの存在を教えてくれたのはクーバー財団の関係者であった。

58）「イスラエル国籍の指揮者バレンボイム氏　異なる音色　混迷の世界で」

333818076846575045825661203619273 32（最終アクセス2018年12月11日）。

20）同掲書（ブル），17頁。

21）同掲書（細谷），244-245頁

22）Council of Councils, "Report Card of International Cooperation 2017-2018," https://www.cfr.org/councilofcouncils/reportcard2018//#!/（最終アクセス2018年12月12日）。

23）G・ジョン・アイケンベリー（細谷雄一監訳）『リベラルな秩序か帝国か上』勁草書房，2012年，23-29頁。

24）国連総会でのアントニオ・グテーレス事務総長演説，国連広報センター，2018年10月4日プレスリリース。

25）経産省　関税データより　http://www.meti.go.jp/committee/summary/0004532/2018/pdf/02_05.pdf（最終アクセス2018年12月28日）。

26）同掲書（渡邊），101頁。

27）中川淳司『WTO　貿易自由化を超えて』岩波新書，2013年，149-150頁。

28）川瀬剛志「経済教室　WTOは生き残れるか　下　紛争解決機能の回復急務」『日本経済新聞』2019年3月29日。

29）「リーマン10年　G20瀬戸際」『朝日新聞』2018年12月23日。

30）同上。

31）同上。

32）川島真「経済教室――超大国米中と日本　下中国　非対称な世界観前面に」『日本経済新聞』2018年8月3日。

33）ジョゼフ・S・ナイ（山岡洋一訳）『ソフト・パワー』日本経済新聞社，2004年，26-29頁。

34）同掲書（ナイ），30頁。

35）Samuel P. Huntington, "The Clash of Civilizations?" *Foreign Affairs*, vol. 72, no.3, Summer 1993, p.24, pp.38-39.

36）ネイトー・トンプソン（大沢章子訳）『文化戦争』春秋社，2018年，17頁。

37）同掲書（トンプソン），18-40頁。

38）Stanley Hoffmann, "Clash of Globalizations," *Foreign Affairs*, vol.81, no.4, July/August 2002, p.108.

39）Sophie Meunier, "The French Exception," *Foreign Affairs*, vol.79, no.4, July/August 2000, p.105.

40）Juan Pablo Cardenal, Jack Kuchaczyk, Grigorij Meseznikov, "Sharp Pow-

stream/handle/10986/29001/9781464810466.pdf（最終アクセス2018年12月14日）。

2）International Organization for Migration, *World Migration Report 2018*, p.2　https://www.iom.int/sites/default/files/country/docs/china/r5_world_migration_report_2018_en.pdf（最終アクセス2019年4月1日）。

3）Migration Data Portal, "International migrant stock (%)," IOM　https://migrationdataportal.org/?i=stock_abs_&t=2017（最終アクセス2018年12月14日）。

4）Hanns W. Maull, "The Once and Future Liberal Order," *Survival*, April-May 2019. The International Institute for Strategic Studies, pp.7-8.

5）ヘドリー・ブル（臼杵英一訳）『国際社会論――アナーキカル・ソサイエティ』岩波書店，2000年，9頁。

6）同掲書（ブル），14頁。

7）Richard Haass, "How a World Order Ends; And What Comes in Its Wake," *Foreign Affairs*, January/February 2019 Issue, https://www.foreignaffairs.com/articles/2018-12-11/how-world-order-ends?cid=nlc-fa_fatoday-20181211（最終アクセス2018年12月12日）。

8）同掲書（Haass）。

9）細谷雄一『国際秩序』中公新書，2012年，68頁。

10）同掲書（Maull）。

11）同掲書（Maull）。

12）同掲書（Maull），10頁。

13）同掲書（Haass）。

14）G・ジョン・アイケンベリー（鈴木康雄訳）『アフター・ヴィクトリー』NTT出版，2004年，233-274頁。

15）Graham Allison, "The Myth of the Liberal Order: From Historical Accident to Conventional Wisdom," *Foreign Affairs*, July/August 2018 Issue.

16）フランシス・フクヤマ『歴史の終わりに　上』三笠書房，2005年，172-187頁。

17）同掲書（Allison）。

18）同掲書（Allison）。

19）Stephen Fidler「習主席のダボス演説、識者の目にどう映ったか」*The Wall Street Journal*，2017年1月18日　https://jp.wsj.com/articles/SB105044

39）エイドリアン・ファベル「多文化主義の理想今や誰も口にせず崩壊した国際感覚」『朝日新聞』2019年2月14日。
40）同上。
41）同上。
42）熊谷徹「難民問題に臨んでメルケル首相が行った歴史的決断」『日経ビジネスオンライン』2015年9月10日　https://business.nikkeibp.co.jp/atcl/opinion/15/219486/090900005/（最終アクセス2018年11月7日）。
43）IPCC第5次評価報告書　http://www.jccca.org/ipcc/ar5/wg.html
44）「地球温暖化の影響は想定より深刻、IPCCが警告」ナショナルジオグラフィック日本語サイト，2018年10月11日　https://natgeo.nikkeibp.co.jp/atcl/news/18/101000436/（2018年10月15日アクセス）。
45）「米トランプ政権、気候変動取り組みのパリ協定を離脱」BBCニュース，2017年6月2日　https://www.bbc.com/japanese/40128669（最終アクセス2018年11月8日）
46）亀山康子「パリ協定　アメリカ離脱の波紋」NHK 視点・論点，2017年6月9日。
47）同上（46）。
48）同上（45）。
49）平野健一郎『国際文化論』東京大学出版会，2000年，53-60頁。
50）レスター・C・サロー『知識資本主義』ダイヤモンド社，2004年，139-144頁。
51）同掲書（福島），16頁。
52）同掲書（サロー），166-167頁。
53）D・ヘルド，A・マッグルー（中谷義和・柳原克行訳）『グローバル化と反グローバル化』日本経済評論社，2003年，46-54頁。
54）同掲書（福島），10-11頁。
55）ジョン・トムリンソン（片岡信訳）『グローバリゼーション――文化帝国主義を超えて』青土社，2000年，141-143頁。
56）同掲書（セン），51-52頁。

第3章

1）The World Bank, “The Changing Wealth of Nations: Building a Sustainable Future, 2018,” 2018年1月30日。https://openknowledge.worldbank.org/bit-

MIT Tech Review, 2018年4月3日。
20）福島安紀子『紛争と文化外交』慶應義塾大学出版会，2012年，15-19頁。
21）マンフレッド・B・スティーガー（櫻井公人・櫻井純理・高橋正晴訳）『グローバリゼーション』岩波書店，2005年，88-89頁。
22）David Held, Anthony McGrew, David Goldblatt, Johnathan Perraton, *Global Transformation*, California: Stanford University Press, 1999, p.3.
23）Paul Hirst and Grahame Thompson, *Globalization in Question*, Cambridge, Policy Press, 1999, pp.8-9.
24）Paul Hirst & Grahame Thompson, *Globalization in Question*, Polity Press, 1996, pp.1-17, 195-201.
25）ヘドリー・ブル（臼杵英一訳）『国際社会論――アナーキカル・ソサイエティ』岩波書店，2000年，4-5頁，10-14頁。
26）同掲書（ブル），302-304頁，314-317頁。
27）同掲書（ブル），304-306頁。
28）アマルティア・セン（加藤幹雄訳）『グローバリゼーションと人間の安全保障』ちくま学芸文庫，2017年，15頁。David Held, Anthony McGrew, David Goldblatt, Johnathan Perraton, *Global Transformation*, California: Stanford University Press, 1999, p.3.
29）同掲書（セン），3頁。
30）ジョゼフ・E・スティグリッツ（楡井浩一訳）『世界に格差をバラ撒いたグローバリズムを正す』徳間書店，2006年，392-93頁。
31）同掲書（セン），20-27頁。
32）Charkes Kenny, “The Bogus Backlash to Globalization,” *Foreign Affairs*, November 9th 2018.
33）会田弘継「右からの反乱に揺さぶられるアメリカ」『中央公論』107(1)，1992-01，128-146頁。
34）Patrick J. Buchanan, “America's Purpose: America First—and Second, and Third,” *The National Interest*, No. 19, Spring 1990, pp.77-82.
35）Michael Mandelbaum, *Mission Failure*, Oxford, 2013, pp.367-370.
36）「APEC首脳宣言、初の採択見送り　米中対立の影響で」『朝日新聞』2018年11月18日。
37）「G20 危うき自己否定」『日本経済新聞』2018年12月3日。
38）「G20 風前の多国間主義」『日本経済新聞』2018年12月2日。

Asia Economic Papers 3.1, 2004, The Earth Institute at Columbia University and the Massachusetts Institute of Technology. pp.109-110

第2章

1）ロビン・コーエン，ポール・ケネディ（山之内靖監訳，伊藤茂訳）『グローバル・ソシオロジー I』平凡社，2003年，58頁。

2）筆者の2018年11月のフランスの有識者との意見交換に基づく。

3）アンソニー・ギデンズ（松尾精文・小幡正敏訳）『近代とはいかなる時代か？――モダニティの帰結』而立書房，1993年，85頁。

4）同掲書（ギデンズ），85頁。

5）ジョゼフ・E・スティグリッツ（楡井浩一訳）『世界に格差をバラ撒いたグローバリズムを正す』徳間書店，2006年，36-37頁。

6）マンフレッド・B・スティーガー（櫻井公人・櫻井純理・高橋正晴訳）『グローバリゼーション』岩波書店，2005年，17頁。

7）ジョン・トムリンソン（片岡信訳）『グローバリゼーション――文化帝国主義を超えて』青土社，2000年，15-16頁。

8）同掲書（トムリンソン），15頁。

9）同掲書（コーエン，ケネディ），56頁。

10）リチャード・ボルドウィン（遠藤真美訳）『世界経済　大いなる収斂』日本経済新聞出版社，2018年。

11）同掲書（ボルドウィン），16頁。

12）同掲書（ボルドウィン），19-20頁。

13）同掲書（ボルドウィン），167頁。

14）同掲書（ボルドウィン），201-204頁。

15）「シリア3歳児の溺死写真が波紋、世界中が難民問題から目を背けられなくなった」『ハフィントン・ポスト』2015年9月2日，https://www.huffingtonpost.jp/2015/09/03/story_n_8080888.html（最終アクセス2018年8月9日）。

16）同掲書（ボルドウィン），364頁。

17）小学館　日本大百科全書　https://kotobank.jp/word/プロジェクションマッピング-682531（最終アクセス2018年11月30日）。

18）「プロジェクションマッピングは一時の流行？　ライブメディアの未来」『月刊事業構想』2018年7月号。

19）「激しい荷動きにぴったり追従、東大のプロジェクション・マッピング」

39）厚生労働省「地域共生社会の実現に向けて」2017年2月7日，1-3頁。
40）「復興・共生を伝える五輪」『朝日新聞』2018年7月31日朝刊。
41）閣議決定「経済財政運営と改革の基本方針2018～少子高齢化の克服による持続的な成長経路の実現～」2018年6月15日，27頁。
42）「移民はダメだが、最長5年の在留資格」『朝日新聞』2018年8月14日朝刊。
43）「選ばれる国へ制度設計」『日本経済新聞』2018年12月8日。
44）総理官邸「外国人材の受け入れ・共生のための総合的対応策（案）」2018年7月24日。
45）「外国人と共生　対応策」『朝日新聞』2018年12月18日朝刊。
46）「共生社会　実現は未知数」『朝日新聞』2018年12月18日。
47）西川長夫，渡辺公三，ガバン・マコーマック編『多文化主義・多言語主義の現在』人文書院，1997年，77-85頁。
48）「カナダのトルドー首相　難民歓迎姿勢を表明」BBC NEWS JAPAN，2017年1月30日　https://www.bbc.com/japanese/38792956（最終アクセス2019年1月10日）。
49）Greg Clancy, *The Conspiracies of Multiculturalism: Betrayal that Divided Australia*, Suda Pub., 2006.
50）Gilroy, P., *After empire: Melancholia or convivial culture?* London: Routledge, 2004, pp.153-168.
51）ジェラール・ブシャール（丹羽卓監訳）『間文化主義　インターカルチャリズム』彩流社，2017年，3頁。
52）「スペインに移民流入急増」『日本経済新聞』2019年2月3日。
53）「NZ乱射、死者四十九人」「乱射FBでネット中継」朝日新聞，2019年3月16日。
54）トーマス・フリードマン（伏見威蕃訳）『フラット化する世界（上）増補改訂版』日本経済新聞出版社，2008年，15-79頁。
55）「タイ洪水　復興の現場を歩く――揺らぐ日本の裏庭」『日経ビジネス』2012年3月5日，28-35頁。
56）Wen Hai, Zhang Zhao, Jian Wang, Zhen-Gang Hou, "The Short-Term Impact of SARS on the Chinese Economy," *Asian Economic Papers 3.1*, 2004, The Earth Institute at Columbia University and the Massachusetts Institute of Technology. p.58.
57）Donald Hanna, Yiping Huang, "The Impact of SARS on Asian Economies,"

15）同掲書（黒川），81頁。
16）同掲書（黒川），264頁。
17）同掲書（片倉），160-167頁。
18）井上達夫『共生の作法――会話としての正義』創文社，1986年，240-263頁。
19）竹村牧男・松尾友矩『共生のかたち』誠信書房，2006年，7頁。
20）尾関周二『多元的共生社会が未来を開く』農林統計出版，2015年，10頁。
21）同掲書（尾関），11頁。
22）同掲書（尾関），170頁。
23）尾関周二・矢口芳生監修，亀山純生・木村光伸編『共生社会Ⅰ』農林統計出版，2016年，2頁。
24）幣原喜重郎『外交五十年』原書房，1974年。
25）五百旗頭真『占領期――首相たちの新日本』講談社，2007年，145-146頁。
26）黒澤満編著『国際共生と広義の安全保障』東信堂，2017年，ⅱ頁。
27）公益財団法人国際高等研究所「多様性世界の平和的共生の方策」研究会最終報告書『多様性世界の平和的共生の方策』2018年，2頁。http://www.iias.or.jp/wp/wp-content/uploads/309ef421181b95fc9b498760fedeb99f.pdf（最終アクセス2018年7月16日）。
28）同上（公益財団法人国際高等研究所），6-7頁。
29）同掲書（尾関・矢口），137-139頁。
30）同掲書（尾関・矢口），ⅰ頁。
31）「人口問題――パニックを起こさずアイデアを出そう」*France Japon Eco*, 2018，夏 N 155，3頁。
32）山田貴夫「川崎における外国人との共生のまちづくりの胎動」『都市問題』1998年6月。
33）総務省「多文化共生の推進に関する研究会報告書～地域における多文化共生の推進に向けて～」2006年3月，5頁。
34）総務省「地域における多文化共生推進プランについて」2006年3月27日。
35）総務省　多文化共生事例集作成ワーキンググループ「多文化共生事例集～多文化共生推進プランから10年　共に拓く地域の未来～」2017年3月。
36）同掲書（総務省 2017），15頁。
37）同掲書（総務省 2017），103-104頁。
38）同掲書（総務省 2017），155-157頁。

注

はじめに

1）スティーヴン・ホーキング（青木薫訳）『ビッグ・クエスチョン』NHK出版，2019年，164頁。

2）World Bank Development Report 2011: Background Paper "Conflict Relapse and the Sustainability of Post-Conflict Peace," September 13, 2010 pp.2-3　http://web.worldbank.org/archive/website01306/web/pdf/wdr%20background%20paper_walter_0.pdf（最終アクセス2019年3月26日）。

第1章

1）NHK「ダーウインが来た：生きもの新伝説」「海の名ドクター　ホンソメ先生の正体」2018年6月24日放送。

2）堀内俊郎「仏教における共生の基盤の可能性としての『捨』」『国際哲学研究』第1号，2012年，129-130頁　https://www.toyo.ac.jp/uploaded/attachment/637.pdf（最終アクセス2018年11月20日）。

3）黒川紀章『新　共生の思想――世界の新秩序』徳間書店，2001年，1頁。

4）同掲書（黒川），21頁。

5）同掲書（黒川），96頁。

6）河森正人・栗本英世・志水宏吉編『共生学が創る世界』大阪大学出版会，2016年，i頁。

7）竹村牧男・松尾友矩『共生のかたち』誠信書房，2006年，42-43頁。

8）東方敬信『地球社会の神学――シャローム・モデルの実現をめざして』教文館，2015年，94頁。

9）大塚和夫・小杉泰・小松久男・東長靖・羽田正・山内昌之編『岩波　イスラーム辞典』岩波書店，2002年，207-208頁。

10）片倉もと子『イスラームの世界観』岩波現代文庫，2008年，151頁。

11）同掲書（片倉），153頁。

12）同掲書（片倉），154頁。

13）同掲書（片倉），154-155頁。

14）同掲書（黒川），6-7頁。

〈著者略歴〉

福島安紀子（ふくしま　あきこ）

京都生まれ。1994年米国ジョンズ・ホプキンス大学高等国際問題研究大学院（SAIS）より修士号（国際関係論、国際経済学）。1997年大阪大学より博士号（国際公共政策）。総合研究開発機構（NIRA）国際研究交流部主任研究員、同機構主席研究員、国際交流基金特別研究員、カナダ ブリティッシュ・コロンビア大学客員教授、防衛施設中央審議会委員等を務め、現在は青山学院大学地球社会共生学部教授。2013年、安倍総理の国家安全保障と防衛力に関する懇談会有識者委員、2014年より外務人事審議会委員、在ブラッセルEU-Asia Centre国際諮問委員、Global Governance誌Co-editor、東京財団上席研究員等を兼務。

主な著作に*Japanese Foreign Policy: A Logic of Multilateralism*（英国マクミラン社、1999年）、『レキシコン――アジア太平洋安全保障対話』（日本経済評論社、2002年）、『人間の安全保障』（千倉書房、2010年）、『紛争と文化外交』（慶應義塾大学出版会、2012年）、共著に*Human Security in East Asia*（Routledge、2009年）、*Asia's New Multilateralism*（Columbia University Press、2009年）、*Public Diplomacy and Soft Power in East Asia*（Palgrave、2011年）、『ヒューマン・セキュリティ――ヒューマンケアの視点から』（医学評論社、2013年）、『日米安全保障同盟』（原書房、2013年）、*Human Security and Japan's Triple Disaster*（Routledge、2014年）、『安全保障論』（信山社、2015年）、『グローバル・コモンズ』（岩波書店、2015年）、『国際共生と広義の安全保障』（東信堂、2017年）、『人間の安全保障と平和構築』（日本評論社、2017年）、*"Multilateralism Recalibrated," in Postwar Japan*（CSIS、2017）、*Japan's New Security Partnerships*（Manchester University Press、2018）等。

2011年日本NPO学会優秀賞受賞。

地球社会と共生
――新しい国際秩序と「地球共生」へのアプローチ

2019年6月30日　初版第1刷発行

著　者　福島安紀子
発行者　大江道雅
発行所　株式会社明石書店
〒101-0021 東京都千代田区外神田6-9-5
電　話　03（5818）1171
FAX　03（5818）1174
振　替　00100-7-24505
http://www.akashi.co.jp
装丁　明石書店デザイン室
印刷・製本　モリモト印刷株式会社

ISBN978-4-7503-4861-2
（定価はカバーに表示してあります）

新しい国際協力論［改訂版］
山田満編 ◎2600円

東南アジアの紛争予防と「人間の安全保障」
武力紛争、難民、災害、社会的排除への対応と解決に向けて
山田満編著 ◎4000円

21世紀東南アジアの強権政治
「ストロングマン」時代の到来
外山文子、日下渉、伊賀司、見市建編著 ◎2600円

新版 グローバル・ガバナンスにおける開発と政治
文化・国家政治・グローバリゼーション
笹岡雄一著 ◎3000円

現代アフリカの紛争と国家
ポストコロニアル家産制国家とルワンダ・ジェノサイド
武内進一著 ◎6500円

紛争と国家建設
戦後イラクの再建をめぐるポリティクス
山尾大著 ◎4200円

ワークショップで学ぶ紛争解決と平和構築
上杉勇司、小林綾子、仲本千津編著 ◎1800円

チェチェン 平和定着の挫折と紛争再発の複合的メカニズム
富樫耕介著 ◎7000円

現代中央アジアの国際政治
ロシア・米欧・中国の介入と新独立国の自立
湯浅剛著 ◎5400円

アラブ・イスラエル紛争地図
マーティン・ギルバート著 小林和香子監訳 ◎8800円

変革期イスラーム社会の宗教と紛争
塩尻和子編著 ◎2800円

現代ヨーロッパと移民問題の原点
1970、80年代、開かれたシティズンシップの生成と試練
宮島喬著 ◎3200円

フランス人とは何か
国籍をめぐる包摂と排除のポリティクス
パトリック・ヴェイユ著
宮島喬、大嶋厚、中力えり、村上一基訳 ◎4500円

現代フランスにおける移民の子孫たち
都市・社会統合・アイデンティティの社会学
エマニュエル・サンテリ著 園山大祐監修 村上一基訳 ◎2200円

グローバル化する世界と「帰属の政治」
移民・シティズンシップ・国民国家
ロジャース・ブルーベイカー著
佐藤成基、髙橋誠一、岩城邦義、吉田公記編訳 ◎4600円

難民を知るための基礎知識
政治と人権の葛藤を越えて
滝澤三郎、山田満編著 ◎2500円

〈価格は本体価格です〉